开放与可控之间
网络安全国际合作法律制度研究

林婧 著

有效性

合理性

公平性

北京大学出版社
PEKING UNIVERSITY PRESS

图书在版编目(CIP)数据

开放与可控之间：网络安全国际合作法律制度研究／林婧著．--北京：北京大学出版社，2025.6． -- ISBN 978-7-301-36356-0

Ⅰ.D912.174

中国国家版本馆 CIP 数据核字第 2025RR0548 号

书　　　名	开放与可控之间：网络安全国际合作法律制度研究 KAIFANG YU KEKONG ZHIJIAN：WANGLUO ANQUAN GUOJI HEZUO FALÜ ZHIDU YANJIU
著作责任者	林　婧　著
责任编辑	孙　辉
标准书号	ISBN 978-7-301-36356-0
出版发行	北京大学出版社
地　　　址	北京市海淀区成府路 205 号　100871
网　　　址	http://www.pup.cn　http://www.yandayuanzhao.com
电子邮箱	编辑部 yandayuanzhao@pup.cn　总编室 zpup@pup.cn
新浪微博	@北京大学出版社　@北大出版社燕大元照法律图书
电　　　话	邮购部 010-62752015　发行部 010-62750672 编辑部 010-62117788
印　刷　者	三河市北燕印装有限公司
经　销　者	新华书店 650 毫米×980 毫米　16 开本　14 印张　236 千字 2025 年 6 月第 1 版　2025 年 6 月第 1 次印刷
定　　　价	88.00 元

未经许可，不得以任何方式复制或抄袭本书之部分或全部内容。
版权所有，侵权必究
举报电话：010-62752024　电子邮箱：fd@pup.cn
图书如有印装质量问题，请与出版部联系，电话：010-62756370

序 言

在当代世界,网络技术的发展与运用可能是最激动人心但又让人感到忐忑不安的一个因素。一方面,网络技术让"全球村"真正地变成了现实。由于网络技术,信息交换的速度大幅度提高,经济交往的成本大幅度降低,相隔千里的人们可以即时、在地化地开展国际交流。另一方面,网络技术也加剧了各种风险,助长了虚假信息、犯罪活动、网络冲击等,世界似乎正迈向一个不可知的未来。

人们已经比较全面地认识到网络技术的发展与运用对法律造成的冲击。从国际法角度看,网络技术迫使人们重新定义作为近代国际法制定与实施之基础的领土与主权概念,也重新定义了作为国际法制定与实施之基础的国家实力概念。因而,网络技术的发展与运用对于国际法的影响是根本性和系统性的。

尽管国际法在促进有效利用网络技术及防止网络技术风险方面取得了一些重要成果,然而,人们也不能不承认,既有的成果相对于网络技术所产生的影响,还是极为初步的。

进入 21 世纪以来,网络安全及其相关问题成为国际法研究的一个热点。针对网络技术运用涉及的许多具体国际法问题,如武力使用,已经有相当数量的中外著述,但整体性的研究却颇为少见。既然网络技术对国际法的影响是根本性和系统性的,虽然局限于具体技术性问题的研究重要,但却是不够的。

从这个意义上说,林婧老师的著作具有重要的价值。该书不是讨论涉及网络技术的具体国际法问题的著作,而是一本通论性著作。在我看来,当一个法律制度尚未形成或还在形成初期时,讨论其基础动力、价值理念等原理性问题至关重要,因为对这些问题的理解很大程度上决定了制度建构的基本方向与具体内容。为了回答这些问题,林婧老师引进国际关系理论、借鉴一般法律原理的努力,体现了一位青年国际法学者对于新兴的网络国际法律秩序的想象、期待与抱负。这一努力无疑还是初步的,但却是值得赞赏的。

蔡从燕

复旦大学法学院教授

2024 年 11 月 29 日

目 录

绪 论 ······ 001
  一、问题源起 ······ 001
  二、研究现状 ······ 006
  三、分析框架 ······ 021

第一章 网络安全国际合作的概述 ······ 034
  第一节 网络安全及有关概念的含义 ······ 034
    一、网络安全的界定 ······ 034
    二、网络安全国际合作的范畴 ······ 036
  第二节 网络安全国际合作的进程 ······ 038
    一、探索发展期(1999—2012年) ······ 038
    二、快速推进期(2013—2016年) ······ 040
    三、曲折前行期(2017年至今) ······ 041

第二章 网络安全合作的国际规范体系 ······ 043
  第一节 国际规范体系的构成 ······ 043
    一、国际法体系 ······ 043
    二、指导性国际规则 ······ 047
  第二节 网络安全合作国际法律制度的现状 ······ 054
    一、网络安全合作国际法律制度的条约依据 ······ 054
    二、网络安全合作国际法律制度的具体内容 ······ 057
  第三节 网络安全国际合作的指导性规则体系 ······ 061
    一、联合国安理会决议 ······ 061
    二、联合国大会决议 ······ 064
    三、联合国各专家组报告 ······ 069

四、其他指导性国际规则 …………………………………………… 075

第三章　网络安全国际合作法律制度的运行障碍 ………………… 080
第一节　法律制度运行的障碍表现 ………………………………… 080
一、合作模式之争仍在拉锯 …………………………………………… 080
二、制度构建的多元性与效率性难以兼顾 …………………………… 083
三、信息安全合作是否纳入网络安全合作范畴存在争议 …………… 085
四、网络主权作为基本规则的适用不一致 …………………………… 087
第二节　法律制度运行的障碍根源 ………………………………… 091
一、各行为体的利益驱动各异 ………………………………………… 091
二、合作成本分摊的博弈 ……………………………………………… 095
三、对主权与人权理念"工具价值"的不同判断 …………………… 096
四、各国网络安全保障能力存在差距 ………………………………… 098

第四章　完善网络安全国际合作法律制度的理论基础 …………… 100
第一节　网络主权理论 ……………………………………………… 100
一、国家主权理论的演化 ……………………………………………… 100
二、国家主权理论被引入网络领域 …………………………………… 103
三、网络空间的分层主权理论 ………………………………………… 111
四、有助于国际合作的网络主权理论 ………………………………… 112
第二节　防御性现实主义的安全理论 ……………………………… 115
一、"安全困境"理论 ………………………………………………… 116
二、制度化合作是获取安全的较优方式 ……………………………… 119
第三节　"包容的普遍性"理论 …………………………………… 121
一、"国际法普遍性与包容性""新世界主义"的辩证逻辑 ………… 121
二、"过程建构主义"与"道义现实主义"具有方法论意义 ………… 123
三、"新天下"理论难以发展出"包容的普遍性" ………………… 126
四、遵循"包容的普遍性"思维的网络安全国际合作 ……………… 130
第四节　多边主义理论 ……………………………………………… 130
一、"真正的"多边主义 ……………………………………………… 131
二、开放的区域主义属于"真正的"多边主义 ……………………… 135

三、适当的少边主义是多边主义的补充 …………………………… 137

第五章　完善网络安全国际合作法律制度的多元进路 ……………… 142
　第一节　网络安全国际合作法律制度的推进方向 …………………… 142
　　一、体现网络空间的双重属性 ………………………………………… 142
　　二、注重国家主导下的公私协同 ……………………………………… 145
　　三、超越"大国政治"思维 …………………………………………… 147
　　四、接纳合作前景的不确定性 ………………………………………… 151
　第二节　网络安全国际合作法律制度的规范拓展 …………………… 153
　　一、以发展网络空间国际法为重心 …………………………………… 153
　　二、细化国际法中的网络安全信任措施 ……………………………… 156
　　三、重视网络安全负责任国家行为规范的谈判 ……………………… 158
　　四、配套制定网络安全国际标准 ……………………………………… 160
　第三节　网络安全司法协助的机制优化 ……………………………… 162
　　一、遏制网络安全跨境司法单边化 …………………………………… 162
　　二、提升网络安全司法协助的效率 …………………………………… 163

第六章　完善网络安全国际合作法律制度的中国方案 ……………… 166
　第一节　中国的网络安全国际合作规范 ……………………………… 166
　　一、中国法律与国家政策有关网络安全国际合作的规定 …………… 166
　　二、中外双边网络安全合作共识文书 ………………………………… 170
　第二节　中国网络安全国际合作的制度经验 ………………………… 173
　　一、辩证地看待"大国责任" ………………………………………… 173
　　二、提升制度方案的系统供给能力 …………………………………… 176
　　三、助力中国互联网机构进入"多利益攸关方"决策层 …………… 179

结　　论 ………………………………………………………………… 182

参考文献 ………………………………………………………………… 191

附　　录 ………………………………………………………………… 209

后　　记 ………………………………………………………………… 211

绪　论

一、问题源起

自 1993 年 WWW 项目源代码向公众发布、互联网开始成为真正的全球性网络至今,互联网走过了 30 多年的迅猛发展历程。对网络技术加以善用可以促进社会的发展,当它被不当利用的时候则可能造成难以估量的损失。网络安全国际合作正是为了确保对网络技术的合法、正当使用,让整个世界都能安全地享受网络带来的便利与收益。

(一) 网络空间开放性与安全性存在固有矛盾

网络给人们带来巨大便利与收益的同时,也产生了巨大的安全风险。网络要发展,就必须保持网络空间的开放性,但开放就意味着难以避免安全威胁。在全球互联互通的局面下,网络安全事件的发生可能由无恶意的人为因素诱发,如疏忽懈怠、技术不精、业务依赖性(依靠第三方通信设施传送信息、外包业务)等,也可能由恶意的人为因素所致,如病毒释放、信息武器攻击及境外不良信息渗透等。网络犯罪层出不穷,疑似国家发动的网络攻击也并非空穴来风。

早在 1991 年海湾战争中,美军就曾向伊拉克防空系统使用的打印机植入计算机病毒,致使伊拉克防空指挥中心主计算机系统程序错乱;在 1999 年科索沃战争中,南联盟与北约也使用多种计算机病毒相互攻击。此后,从 2007 年爱沙尼亚遭受大规模网络攻击,2008 年俄格冲突中格鲁吉亚的交通、通信、媒体和金融互联网服务因网络攻击而瘫痪,2010 年伊朗核设施遭受 Stuxnet 病毒攻击,2012 年起中国政府、科研院所、海事机构、海域建设、航运企业等相关重要领域受到境外黑客组织"海莲花"高级持续性威胁(Advanced Persistent Threat, APT)和攻击长达三年,到 2013 年"棱镜门"事件,国家的网络主权意识被激发,网络安全是国家安全与世界和平重要组成的事实日渐凸显,各国对网络安全威胁也愈发警惕。然而在此后,各类网络安全事件仍频频发生,2015年"伊斯兰国"(ISIS)持续不断发起网络攻击,同年乌克兰电力系统遭受网络攻击,2017年WannaCry勒索病毒利用美国国家安全局(National Security Agency,NSA)泄露的危险漏洞"永恒之蓝"(EternalBlue)波及全球,2019年委内瑞拉电力系统遭受网络攻击,2022年俄乌战争至今暴露多方面的网络安全问题,这些事件都需要我们更加重视网络安全国际合作的研究。

我们也必须承认,网络安全只可能是相对的安全,只能尽早发现、尽可能减少安全漏洞,提高遭遇网络攻击时的应急反应与修复能力。网络安全又是动态的安全,由于网络技术的快速迭代,网络空间的安全状况每时每刻都可能发生变化。网络安全问题持续作为各国国家安全的"痛点",这反映出网络安全国际合作的必要性。

(二)网络安全国际合作伴随着斗争

网络安全国际合作有其必要性及必然性。这是因为网络安全威胁无处不在,且"牵一发而动全身",各国无一能够置身事外;这也是因为网络系统的发展与利用又能够产生丰富的收益,所以只有网络安全得到基本保障,方能言及网络发展红利的释放与共享。网络安全国际合作主要有四大目标:维护世界秩序、保障国家安全、保护个人合法权益和促进全球互联互通。同时,要正视全球网络空间不对称性所造成的网络技术弱势国在网络安全国际合作中的不利地位。因此,将合作安排制度化、规范化是当务之急。

在寻求网络安全国际合作的同时也难免竞争(斗争),只有有能力竞争(斗争),对方才愿意合作。在尊重各方价值理念与制度选择的基础上,逐步扩大共识,维持适度竞争的合作关系,寻求战略合作而非战略替代。斗争是手段,斗争更是为了能够走向合作。网络安全国际合作需要反抗权力控制、唤起权力合作。权力控制与权力合作的区别在于:权力控制可以被汇聚、储存和使用,它由少数人持有,是封闭的、难以接近的、由领导者驱动的;权力合作则不是一种能力,而是一种涌现的属性,它不能被保持或积聚,而是自发的且必须反复涌现,也只有当它涌现时才可以被引导,权力合作只能在与他人建立联系的情况下才可以行使,权力合作的参与者必须超越已有偏好,真心实意地调整它;在网络化的世界里,衡量权力的标准是连通性,即建立最大数量有价值连接的能力,网络是一种唤起而不是强加的力量,它不会被指挥和控制,尽管它可以被管理和精心安排。①反抗权力控制、不懈斗争的目的仍是促进公平的合作。

现今世界各国面临的网络安全挑战大致可以分为三大类:一是网络犯罪和网络恐怖主义,前者包括网络基础设施安全威胁、黑客攻击、电信网络诈骗、网络盗窃、网络传销、侵害公民个人信息、网络商业窃密、网络黄赌毒、网上走私、网络洗钱、网络贩枪等,后者则主要指出于政治或宗教目的利用网络进行的恐怖活动,其意图造成巨大恐慌、动荡与损失;二是网络战和网络攻击,后者如高级持续性威胁等;三是网络间谍活动和他国网络干涉,前者存在平时行为与战时行为的区分。

针对不同种类的网络安全挑战,相应的国际合作有着不同侧重:打击网络犯罪和网络恐怖主义的国际合作,旨在促进网络安全技术的共享以及各国司法制度的衔接;规制网络战和网络攻击的国际合作,旨在设置规则来限制网络军备竞赛、网络战以及网络攻击,避免零和甚至负和博弈;而对于遏制网络间谍活动和他国网络干涉的国际合作,鉴于某些不言自明的原因,各国之间除了相互指责,尚难以组织有效合作。故而,当前的网络安全国际合作主要集中在打击网络犯罪和网络恐怖主义以及规制网络战和网络攻击两大方面。其中,由于网络犯罪与所有人的生活都息息相关,对其合作打击显得更为急迫。

然而,虽然在应对网络安全挑战的合作上,各国存在着较为广泛的共同利益,具有较大的合作意愿,但对具体议题谈判先后次序以及合作范围与形式的分歧仍然不小。比如,信息安全能否被纳入网络安全合作范畴加以谈判,是将发达国家更关注的打击网络儿童色情等问题作为优先合作事项,还是侧重发展中国家更关注的网络成人色情、网络赌博等问题;又如,数据本地化、电子数据域外取证、互联网审查等问题,是扩大解释或类推适用现有国际法还是制定新的规范。尽管有关磋商仍在频繁开展,但这些问题仍阻碍了打击网络犯罪与网络恐怖主义国际合作的推进。

---

① 参见〔美〕安妮-玛丽·斯劳特:《棋盘与网络:网络时代的大战略》,唐岚、牛帅译,中信出版社2021年版,第150—160、176页。

而对于网络战和网络间谍问题，各国则存在更大的利益冲突，国际合作进展得更为艰难。

与此同时，需要警惕一些国家以网络技术和资源优势维持对网络安全国际合作的主导权的意图。在网络安全国际合作中，不仅要谈利益，更要谈权益。权益不同于利益，权益具备正当性，意味着权责匹配。网络空间是一个人造空间，在其缔造的初始，权力关系已被嵌入。对于网络技术弱势国来说，其网络安全面临的不仅是来自非国家行为体的网络犯罪与网络恐怖主义威胁，还有来自网络技术先进国的网络战、网络间谍威胁，而后者这种威胁背后所蕴含的权力压迫，很大程度上源自网络空间肇始之际，网络技术先进国霸权的植入。美国太空探索技术公司（SpaceX）发起的"星链"计划（Starlink）自2019年起在太空搭建一个由数万颗卫星组成的网络，这相当于建立第二套独立的互联网——不受地面基础设施限制的太空互联网，不仅可供商用，更重要的是，还具备巨大的军用潜力，这将对各国的网络主权和网络安全构成挑战。2022年5月，韩国成为北约网络合作防御卓越中心（NATO Cooperative Cyber Defence Centre of Excellence, CCDCOE）的正式会员，它是首个加入该中心的亚洲国家。虽然该中心的主要职能是培训、研发、演习，但其毕竟从属于北约这样一个军事同盟组织。这在推进网络安全国际合作方面或许是一个积极信号，而在地缘政治层面则是一个消极信号。

（三）网络安全国际合作法治化的探索

网络空间与海洋、极地、外空并称为全球治理的四大"新疆域"，除网络空间以外的三大领域都已制定了统一的国际条约。海洋领域有1982年通过的《联合国海洋法公约》（United Nations Convention on the Law of the Sea, UNCLOS），极地领域有1959年签署的《南极条约》（Antarctic Treaty）及其1991年有关环境保护的议定书（Protocol to the Antarctic Treaty on Environmental Protection）等，外空领域有1967年联合国通过的《关于各国探索和利用包括月球和其他天体在内外层空间活动的原则条约》（Treaty on Principles Governing the Activities of States in the Exploration and Use of Outer Space, including the Moon and Other Celestial Bodies）等一系列条约。虽然这些条约不乏模糊之处或未能与时俱进，但至少形成了论争的"基本盘"。四大"新疆域"中唯有网络空间可以说是人人触手可即的,层出不穷的网络安全威胁连续不断地撞击着各国各界的防卫壁垒,但直到2024年底网络空间领域才通过第一部全球性国际条约。

现阶段,按照不同的分类方式,网络安全国际合作的模式可以分为政府主导的合作模式与多利益攸关方参与的合作模式,全球性合作模式与区域性合作模式。全球性合作模式又可以分为国际组织模式、国际会议模式以及国际条约模式。产生较大影响的网络安全国际合作模式主要包括联合国框架下打击网络犯罪全球性公约谈判,联合国信息安全政府专家组(Group of Governmental Experts on Developments in the Field of Information and Telecommunications in the Context of International Security, GGE)、信息安全开放式工作组(Open-Ended Working Group on Developments in the Field of Information and Telecommunications in the Context of International Security, OEWG)以及网络犯罪问题政府专家组(Open-ended intergovernmental expert group to conduct a comprehensive study of the problem of cybercrime, IEG)三大专家组议事,以及信息社会世界峰会(World Summit on the Information Society, WSIS)、联合国预防犯罪和刑事司法大会(United Nations Congress on Crime Prevention and Criminal Justice, CCPCJ)等。联合国之外还有不少非政府主导的网络空间治理国际会议,如网络空间国际会议(Global Conference on Cyberspace, GCCS)、世界互联网大会(World Internet Conference, WIC)等。另有主要发达国家支持的在《网络犯罪公约》下打击网络犯罪的合作模式,美国主导的全球反恐论坛(Global Counter Terrorism Forum, GCTF),英国大力支持的国际网络安全保护联盟(International Cyber Security Protection Alliance, ICSPA),上海合作组织(Shanghai Cooperation Organisation, SCO)成立的国际信息安全专家组,亚非法协网络空间国际法问题工作组以及欧盟、东盟、金砖国家等区域性网络安全合作平台。当然这些合作平台产生的制度性安排未必都属于国际法律制度或都能够转化为国际法律制度。

在诸多网络安全国际合作渠道中,存在的问题包括路径选择的困惑、决策机制的混乱以及制度推广的不畅,为此需要洞悉网络安全国际合作法律制度的运行障碍,透视其形成根源并把握革新方向,改善网络安全国际合作法律制度效率不高、有失公允的状况。

中国作为现行国际秩序的创建者之一,也是贡献者、参与者和责任践行者,力求突破网络安全国际合作中的障碍,着力推进网络安全国际合作法治化。我们需要形成一套有中国特色的、有理有据的话语体系,作为中国引领网络安全国际合作实践的理论指导和基本方略,从宏观上全面解释中国对待网络安全国际合作的立场和未来方向,传递中国相关法律法规政策与具体措施的意图,以学理性、规范性的阐释避免误解、增进中外理解,同时回击西方话语对中国的恶意指摘。

二、研究现状

当前有关网络安全的研究分布于信息技术、国际关系、新闻传播、公共管理、政治学和法学等诸多学科领域,研究方法因学科而异,研究成果非常丰硕。但是,从国际法的角度探究网络安全合作,仍有进一步挖掘的空间。需要说明的是,广义的网络安全也可以涵盖信息安全、数据安全,但如果对有关主题的文献均予梳理,不免过于庞杂,故本部分未将其纳入。

(一)国内研究述评

我国对于网络安全的法学研究从1992年开始起步,此前有关网络安全的研究大多属于工业技术类。网络安全的法学研究大致可以分为以下三个阶段。

1. 第一个阶段(1992—1999年)

最早的网络安全法学研究大多围绕计算机犯罪,被囊括在计算机法学的研究中,如《计算机法律概论》(〔美〕刘江彬,1992)、《计算机法学》(车俊主编,1992)、《计算机法》(唐广良、董炳和、刘广三,1993)等。有学者认为不需要构建新的法律体系,可以以司法解释、管理细则的方式对现有法律法规作出补充完善,如《网络呼唤法律》(陆群,1996)。随着1997年《刑法》设立"非法侵入计算机信息系统罪"、国务院修改《计算机信息网络国际联网管理暂行规定》以及公安部发布《计算机信息网络国际联网安全保护管理办法》(2011年修订),相关研究更多地从刑法的角度探析计算机犯罪对国家安全、社会治安的影响,并研究其规制路径,如《计算机信息网络的法律问题》(马秋枫等,1998)、《计算机法律保护通论》(蒋坡,1998)、《计算机犯罪论》(刘广三,1999)等。其中,《计算机信息网络的法律问题》专章论述"网络安全与法律",虽然诸多内容仍围绕计算机,但也显露出更广阔的互联网视野。

2. 第二个阶段(2000—2012年)

2000年全国人民代表大会常务委员会《关于维护互联网安全的决定》(2009年修正)发布,国内关于网络安全的研究成果逐年递增,并愈发具备国际视野,比较法研究也渐渐增多。不过2003年至2012年这段时间,有关网络安全的法学研究无论在数量上还是质量上都远远滞后于互联网发展,重复性的研究较多。有关研究主要集中在以下五个方面:

第一,网络安全对国家安全、国家主权的影响,包括对网络霸权、网络犯罪管辖权、网络恐怖主义、网络战等问题的研究。例如,《计算机信息网络安全的法律对策》(汤啸天,2000)认为,计算机国际联网既是实现全球信息资源共享的必备途径,也可能成为威胁国家安全的魔鬼通道;《因特网对国家主权的冲击及对策》(肖永平、郭明磊,2001)历数了互联网对国家政治、经济和文化主权形成的威胁,强调各国须加强合作以应对互联网对主权的负面影响;《互联网对国家的冲击与国家的回应》(周光辉、周笑梅,2001)预见到互联网时代国家在国际政治中的地位进一步弱化,政府间组织、非政府组织、跨国公司、特殊利益集团等国际政治新角色的进一步崛起,国家要适应与跨国、跨地区的各种非国家的组织既竞争又共处的关系,在有效的国际合作中促进自身的进步和全球化的进程,同时防止互联网可能引起的技术控制与集权主义等;《论我国信息网络法治化的必要性与对策》(刘德良、班志刚,2003)提出了"网络主权"的概念,将其定义为"国家主权在信息网络空间的自然延伸,其主要内容就是国家在网络空间行使主权管辖权";《论网络主权与新的国家安全观》(李鸿渊,2008)认为"国家的基本权利包括独立权、平等权、自卫权和管辖权,在网络空间一样要加以保护"。当然,如今"网络主权"的内涵比之21世纪初有了极大的丰富与发展。

第二,互联网对国际法的影响,主要是互联网发展给国际法带来的新挑战。《因特网对国际法的影响》(杨泽伟,2001)预测网络可能加快国际法从以国家为中心的传统中挣脱出来的趋势;《网络对国际法的冲击和影响》(秦晓程,2000)认为,就网络对国际法的影响存在两种观点,一种是将现有的法律规则延伸到网络,另一种是网络时代需要全新的国际法律框架,两种观点至今仍在交锋;《网络社会的国际法律问题研究》(郭玉军主编,2010)对网络相关的国际法问题进行了较为全面的梳理分析。

第三,网络违法犯罪相关研究的内容更为精细化,对 2001 年《网络犯罪公约》的研究也逐渐增多,如《〈网络犯罪公约〉中的证据调查制度与我国相关刑事程序法比较》(皮勇,2003)。但总体而言,这些研究成果尚缺乏理论深度,多是政治性的宣示或新闻类的描述,对一些问题所提出的解决方案较为笼统。此外,对网络法相关问题进行全面梳理的教材或专著也不断涌现,涵盖了网络领域的刑法、行政法、民商法问题研究,如《网络安全法》(孙昌军、郑远民、易志斌,2002),《互联网安全法》(马民虎编著,2003),《网络法律制度——前沿与热点专题研究》(饶传平,2005),《网络安全与法律应对》(吕波,2008),《网络法学》(刘品新,2009)等。

第四,网络空间的个人数据与隐私权保护以及网络信息传播监管,在促进网络信息传播、发挥网络言论自由积极作用的同时,也必须强化对其负面作用的规制,如《网络空间的个人数据与隐私权保护》(汤啸天,2000)提出要警惕以个人数据为表现形式的个人隐私权在网络空间受到侵害。

第五,关于完善我国网络安全立法的呼吁。《网络安全立法问题与对策》(沈木珠,2001)认为短期内全球不会出现统一的网络安全法律体系,中国的网络安全立法必须自行探索、自我完善;《我国信息网络安全保障法的价值思考》(马民虎、赵林,2002)认为,我国信息网络安全保障法应以社会公共利益为本位,适度干预私法领域;《我国信息网络安全法律体系的缺陷及完善对策》(赵林,2002)总结了我国网络安全立法存在内容重复或矛盾、与上位法相抵触等问题。

3. 第三个阶段(2013 年至今)

以 2013 年"棱镜门"事件爆光以及《适用于网络战的国际法之塔林手册》(Tallinn Manual on the International Law Applicable to Cyber Warfare,简称《塔林手册 1.0 版》)发布为标志,网络安全相关研究在我国呈现井喷之势,有关网络安全全球治理的研究日益繁荣,研究深度也显著加深。有关研究主要集中在以下方面:

其一,网络空间全球治理(包括网络安全国际合作)的制度构建与发展。《网络安全的国际合作机制探析》(王孔祥,2013)将网络安全的国际合作机制划分为以互联网治理论坛为代表的国际会议机制、以国际电联和联合国为代表的国际组织机制、以《网络犯罪公约》为代表的国际条约机制(含"软法")。虽然一些合作平台在当下已失去"热度",但前述三种机制仍不失为网络安全国际合作的重要路径。《论网络信息安全合作的国际规则制定》(张新宝,2013)提出,以 2011 年中俄等国起草的《信息安全国际行为准则》为范本探讨制定"网络信息安全国际公约",确立尊重主权、尊重公民基本权利、保障信息安全和互联网自由、国家行为合法性、企业自律等基本原则,设置具有可操作性的网络信息使用准则以及执行机制、争端解决机制。《2011 年"伦敦进程"与网络安全国际立法的未来走向》(黄志雄,2013)认为,网络空间国际会议应当是对联合国框架下相关行动的补充而不是"另起炉灶",《网络安全困境与国际治理探析》(刘胜湘、石磊,2014)认为,网络安全国际治理的最佳路径是在修改和推进《网络犯罪公约》的基础上,建立一个以联合国为基础的具有普遍约束力的国际法治理机制。《基于国家安全的互联网全球治理》(刘志云、刘盛,2016)将互联网全球治理的路径总结为:以互联网治理论坛为指导,信息世界峰会论坛为核心,国际电信联盟、互联网名称与数字地址分配机构、国际互联网协会等专业性组织为支持,其他国际社会主体积极参与、相互配合的网状治理结构。《网络安全国际合作的障碍与中国作为》(林婧,2017)认为,网络安全国际合作虽受到各行为体的持续推动,但仍面临不小障碍,中国需要从有关谈判的诸种机制中以及解决问题的优先次序上有所选择、有所侧重。学界也开始探求联合国框架下网络空间国际规则谈判"双轨制"之外的网络安全国际合作路径。《网络空间国际治理的规则及适用》(王贵国,2021)指出,国家、国际组织与其他机构及实体之间的合作,应被视为一个正在形成的习惯规则。这不同于国际合作是国际法基本原则的通说。《国际安全视角下的中国参与网络空间国际法建构的路径选择》(田立,2021)提出,利用区域机制推动缔结以建立信任措施和能力建设为主要内容的认识论合作型条约,探索能够在国际层面"有效传达"本国立场、意见与建议的单方面行为,完善能够为"有效参与"网络空间国际法建构服务的本国法律实践。另有一些涉及网络空间全球治理的综合性专著,如《因特网治理的国际冲突与合作研究》(段祥伟,

2015)、《网络空间全球治理:国际规则的起源、分歧及走向》(徐培喜,2018)和《中国参与全球互联网治理研究:基于国际法理的视角》(吕晓轩,2018)。

其二,对网络主权的系统研究。《国家主权与互联网国际行为准则的制定》(王虎华、张磊,2015)指出,尽管发达国家也承认网络主权的存在,却提倡国家主权在互联网领域应当最大限度地克制。《域名系统、网络主权与互联网治理历史反思及其当代启示》(刘晗,2016)回顾了围绕根域名管治权威中心的互联网治理历史,指出国家主权从互联网创立之时就一直没有离开,因为单一主权国家美国以特定公司为授权主体进行治理的私有化模式,一直实际控制根域名治理权,故而主权国家并未成为互联网时代的过时之物;在美国作为互联网事实主权者(de facto sovereign)滥用其权力的情况下,人们有理由期待网络空间能够基于多边力量形成"宪法时刻",未来互联网治理取决于个人信息自由和公共安全秩序的平衡。《网络空间主权的治理模式及其制度构建》(张新宝、许可,2016)指出,我国主流观点将网络空间主权简单视为国家主权在网络空间的自然延伸,回避了虚拟空间与真实领土之间的差异与矛盾,无法有效回应西方否定网络空间主权的种种主张。《国家的"浮现"与"正名"——网络空间主权的层级理论模型释义》(杨帆,2018)认为囿于其底层技术逻辑的先决性限定,网络空间不太可能完全"再主权化",而"网络空间版主权原则"也将以其独特方式塑造法律秩序;《网络主权的分层法律形态》(刘晗、叶开儒,2020)同样认为,不能简单强调网络空间与现实空间的同构性,采用总体化的直接迁移路径来制定、执行和解释相关法律法规,而仍需进一步厘清网络空间与现实空间的微妙差异,依循网络空间不同的分层架构来建构网络主权概念体系。《国际法视野下的网络主权问题》(朱雁新,2017)认为,由于网络技术日新月异,对网络主权所做界定应是开放、包容和简明的,网络主权兼有绝对性和相对性的特点,其中相对性体现为网络主权必须受到国际法的限制。《网络主权否定论批判》(程卫东,2018)通过马克思主义理论与方法,对网络主权否定论进行深入的批判性分析,其认为网络主权否定论在很大程度上只看到了网络所表现出来的表象性特征,没有从整体的、普遍联系的立场认识到:网络活动实质上影响的是现实空间,网络空间的主要矛盾不是网络的全球性、无边界性与国家主权之间的矛盾,而是网络空间虚拟性与现实性之间的矛盾,网络空间现实性是矛盾的主要方面。《论国际法协调互联网权利与网络主权的进路反思与重构》(林婧,2019)认为互联网权利与网络主权可能相互成就又相互掣肘,国际法致力于协调互联网权利与网络主权的问题,至今悬而未决,互联网权利与网络主权没有绝对的优先顺序,都必须放在具体的情境中去考察。《主权原则在网络空间适用的理论冲突及应对》(王超,2021)认为当下关于网络空间主权原则适用的论战主要集中于"间接适用论"与"直接适用论"之间,后者又存在相对适用路径与绝对适用路径之分,中国应在绝对适用路径下坚持网络空间主权的直接适用论。另有专著《论网络空间主权》(方滨兴主编,2017)、《网络主权论——法理、政策与实践》(黄志雄主编,2017)和《网络主权论》(赵宏瑞,2019)。

其三,有关网络战、网络攻击对国际法治的挑战及其规制。不少学者强调现有国际法难以应对网络战、网络攻击产生的新问题,有必要重新制定规则,尽可能缔结新的国际公约来应对挑战,同时坚决反对网络空间军事化和西方国家的双重标准,如《区分原则在网络战中的适用》(王孔祥,2013)、《数字空间的战争——战争法视域下的网络攻击》(朱雁新,2013)、《论网络战及战争法的适用问题》(李伯军,2013)、《论网络攻击在国际法上的归因》(黄志雄,2014)、《国际法视角下的"网络战"及中国的对策——以诉诸武力权为中心》(黄志雄,2015)、《论间谍活动的国际法规制——兼评2014年美国起诉中国军人事件》(黄志雄,2015)、《论网络空间自卫权的行使对象问题》(张华,2021)和《网络空间适用禁止使用武力原则的法律路径》(张华,2022)。此外,《国家安全视域下的网络安全——从攻守平衡的角度切入》(左亦鲁,2018)是具有代表性的跨学科研究成果,从美国的国际政治学学者罗伯特·杰维斯(Robert Jervis)的攻守平衡理论(offense-defense balance)出发,基于网络具有超越地理和空间的限制、架构脆弱性(易攻难守)、攻击不对称性(防守成本高于进攻成本)、攻击归属难以确定四个特点,作出网络有利于进攻的判断,那么,想要使网络变得更安全,就要通过技术、法律和国际合作三管齐下,设法让防守占据优势。

其四,对2017年《适用于网络行动的国际法之塔林手册》(Tallinn Manual 2.0 on the International Law Applicable to Cyber Operations,简称《塔

林手册 2.0 版》)及其 2013 年版的比较评介。《网络空间国际规则制定的新趋向——基于〈塔林手册 2.0 版〉的考察》(黄志雄,2018)指出,《塔林手册 2.0 版》新增了主权、管辖权、审慎(due diligence)、国家责任等有关和平时期网络行动的国际法规则,但其片面注重适用现行国际法,加之其汇编规则的宽泛性、原则性以及评注中国际专家组内部对同一规则的不同解释,都有可能降低有关规则的确定性和规范价值;《从〈塔林手册 2.0 版〉看网络攻击中国家责任归因的演绎与发展》(朱玲玲,2019)在肯定《塔林手册 2.0 版》将现行归因规则演绎适用于网络空间的同时,也指出其出现了机械套用的情况,相关规则设计也有待国家实践的支撑,特别是在归因的具体判断标准与举证问题上;《论国际法对网络战的规制——兼评〈塔林手册 2.0 版〉》(盛红生,2021)认为,网络作战手段即使无法禁止,也应对其限制,但短期内无法形成适用于网络战的国际法原则和规则体系。

其五,结合《网络犯罪公约》以及我国《刑法修正案(九)》《反恐怖主义法》,对网络犯罪、网络恐怖主义的制裁进行研究。主要有《论信息网络技术滥用行为的刑事责任——〈刑法修正案(九)〉相关条款的理解与适用》(刘宪权,2015)、《网络犯罪公约的修正思路》(郭旨龙等,2016)、《防控网络恐怖活动立法研究》(皮勇,2017)、《网络恐怖主义犯罪的制裁思路》(潘新睿,2017);在此基础上,国际法角度的研究主要是对打击网络犯罪全球性公约制定的分歧及其谈判进展进行追踪,如《打击跨国网络犯罪国际法问题研究》(李彦,2021)和《〈联合国打击网络犯罪公约〉的制定历程、核心内容与我国动态调适》(裴炜,2024)。

其六,从比较法的视角出发,评析各国国内网络空间治理模式、方法与途径、网络安全战略以及中外双边合作。主要有《美国网络信息安全治理机制及其对我国之启示》(尹建国,2013)、《美国网络安全立法近期进展及对我国的启示》(刘金瑞,2014)、《美国网络空间政策国际法研究》(朱路,2014)、《反思与借鉴:美国网络安全信息共享规制研究》(马雷,2019)和《欧盟网络安全立法最新进展及其意义》(刘金瑞,2017)。

此外,述评类论文如《网络空间规则博弈中的"软实力"——近年来国内外网络空间国际法研究综述》(黄志雄,2017),其梳理了网络空间国际法诸多议题的国内外研究状况,指出我国现有研究存在"中国元素"缺失、研究方法单一、研究内容单薄等问题。

除了法学研究,网络安全相关的国际关系学研究数量自2013年起也呈现快速增长的态势,对网络空间治理存在的问题及所需的变革进行了积极探讨,在理论和方法上皆有创见。如《国家—市场—社会互动中网络空间的全球治理》(蔡翠红,2013)、《多元合作主义与网络安全治理》(董青岭,2014)、《网络空间治理的力量博弈、理念演变与中国战略》(鲁传颖,2016)、《网络空间治理与多利益攸关方理论》(鲁传颖,2016)、《网络空间国际冲突与战略稳定性》(刘杨钺,2016)、《网络空间国际秩序的形成机制》(郎平,2018)、《网络空间治理机制探索:分析框架与参与路径》(李艳,2018)和《新兴领域国际制度改革的路径选择》(朱杰进、孙钰欣,2022)。述评类论文如《网络空间治理的学术研究视角及评述》(李艳,2017),其梳理了20世纪90年代以来政治学、国际关系学领域的国外文献,指出现有研究的盲点在于:一是对于"互联网治理"(internet governance)、"互联网全球治理"(internet global governance)与"网络空间治理"(cyberspace governance)等核心概念缺乏明确界定;二是对网络空间治理主体、客体与机制三大基本构成要素的研究还存在诸多空白,尤其由于"多主体"被视为网络空间治理的基本前提,却对各主体发挥的实际作用及其互动、协调缺乏进一步研究;三是对整体治理机制的研究缺乏发展中国家视角。

(二)国外研究述评

国外研究也可以基于一些大事件分为三个阶段,阶段划分与我国差别不大。第一阶段是互联网治理的基础研究。自1993年WWW项目源代码向公众发布、互联网开始成为真正的全球性网络,到联合国于2003年、2005年分别召开两次信息社会世界峰会,互联网治理中扮演重要角色的主要是私营部门与技术社群。第二阶段是对诸多争议的探讨。自2006年至2012年,就国家主权是否适用于网络空间、何为网络空间属性以及网络空间治理模式选择等问题展开讨论;由于在2012年国际电信世界大会上,美欧与中俄围绕《国际电信规则》的修改分庭抗礼,有关争议成为研究的热点。此时,网络安全的重要性不断上升,但尚未升至国家战略层面。第三阶段自2013年至今,争议继续发酵,研究重点随着主渠道合作平台的转移而变化。"棱镜门"事件导致美国网络霸权的合理性遭到强烈质疑,也因此各方取得一定共识,但 2018 年以来受到中美、俄美关系的影响,网络安全国际合作法律制度建设再次遭遇阻滞。不少国家的政府亦加大了对互联网企业的各方面监管,减少了对网络安全国际合作谈判的精力投入,相关法律制度建设道阻且长。国外研究的主题主要有:

第一,多中心、多层次的网络安全治理体系建构与发展。Cyberspace Self-Governance: A Skeptical View from Liberal Democratic Theory(Neil W. Netanel, 2000)对网络空间自治提出批评,认为自治的网络空间并不必然保障自由民主理想的充分实现,不受制约的网络空间可能带来"多数人暴政"、歧视、"窄播"(narrowcasting)、信息过滤、侵犯隐私以及资源分配不均等恶果,需要国家审慎而坚定地予以干预。不过,国家干预并非总是适当的,国家干预的益处必须与其对言论和联合利益可能造成的危害相平衡。Toward Cyberpeace: Managing Cyberattacks through Polycentric Governance(Scott J. Shackelford, 2013)认为有效的网络空间多元治理体系应当具备法律与标准、市场导向激励(Market-based incentives)、自律、公私伙伴关系(Public-Private Partnerships, PPP)以及双边、区域、多边合作;又如,The Limits of National Sovereignty: Issues for the Governance of International Telecom(Pekka Tarjanne, 2000)中提到国际主义(internationalism)、普遍主义(universalism)、监管对称(regulatory symmetry)、监管独立(regulatory independence)以及开放获取(open access)应成为全球信息治理结构的五大基石。The Global War for Internet Governance(Laura DeNardis, 2014)认为,防范网络安全威胁的责任是分散的,其中私营企业承担了核心角色,其他责任由政府以及相关的互联网治理机构承担。这或许与中国学界普遍认知的网络安全责任主要在政府,私营企业受政府指导与监督不太一样。The Regime Complex for Managing Global Cyber Activities(Joseph S. Nye, 2014)采用新自由制度主义(neo-liberal institutionalism)与建构主义(constructivism)的分析框架,提出了"网络治理制度复合体"的概念,认为短时间内不太可能出现网络空间活动管理的单一、总体性制度,碎片化会继续存在,不同的子议题领域可能以不同的速度发展;其同时认为,网络空间治理不只有单一的制度,而且还并存着介于一体化制度与碎片化安排之间松散耦合的一系列制度,虽然"网络治理制度复合体"

缺乏一致性,但这也恰恰是其灵活性和适应性之所在;该研究从深度、广度、结构和遵约度四个维度,分别考察制度的层次连贯性、接受制度的行为体数量、国家行为体与非国家行为体的比例以及制度被遵守的程度,并区分域名(DNS)/技术标准犯罪、战争/破坏、间谍、隐私、内容控制等子议题。"网络治理制度复合体"框架沿袭了新自由制度主义一贯的分析手法,侧重对制度成熟度的静态衡量。中国的国际关系学者鲁传颖评价"网络治理制度复合体"的分析框架过于简单,缺乏严谨的分析和基本的量化指标,赋值仅凭经验观察,将四个变量对于治理子议题的重要性等同,忽略了不同子议题下、不同维度中的某一个或某几个可能更具决定性意义,而这种重要程度可能随着情势变化而变化。其设计了"多利益攸关方"模式框架,区分了互联网层面(侧重技术)、数据层面(侧重内容)以及行为规范三个层面的议题,每个层面的议题都从合法性、能力、利益和资源四个维度衡量政府、私营部门和市民社会三个行为体的影响力及互动,在每个层面都辨别出具有主导作用的行为体;还归纳出行为体的四种基本互动模式,分别为基于共识(国际非政府组织)、基于主权(政府间组织或条约)、基于对话(信任建立措施)和基于权威(国内法律法规),同样识别出每种模式的主导行为体。[①]另一位中国的国际关系学者李艳同样认为,"网络治理制度复合体"的分析框架缺失了一些重要的治理要素与治理热点,局限于现状描述,未能作出规律性总结与趋势性预判,并对这样一个分析框架能否适用于不同议题的制度分析表示质疑;其也设计了一个网络空间治理分析框架(Cyberspace Governance Analysis Framework,CGAF),以"时间轴"为横坐标(考察历史)、"分层轴"为纵坐标(区分物理层、逻辑层、应用层),纵横交叉处是"特定节点"(分析主体、客体、机构、决策程序与力量格局五要素);但其本人也承认,该分析框架并不完美,时间划分、分层标准、节点择取都未必精准,只是大概把握。[②]CGAF 分析框架加入了历史演进、决策过程等动态分析的指标,并联系不平衡发展、力量格局等宏观背景,以"层次"作为议题归类标准。上述分析框架,无法简单被断定

[①] 参见鲁传颖:《网络空间治理与多利益攸关方理论》,时事出版社 2016 年版,第89—116 页。

[②] 参见李艳:《网络空间治理机制探索:分析框架与参与路径》,时事出版社 2018 年版,第 29—30、101—139、224 页。

孰优孰劣，更多的是形成互补，丰富了网络空间国际制度的观察视角。

第二，网络主权的绝对性、相对性以及层次性。Freedom of Information versus Information Sovereignty: The Need for a New Global Forum for the Resolution of Transborder Data Flow Problems（Lisa J. Damon, 1986）认为，信息的跨国流通实际上造成了各国间新的壁垒，这个壁垒就是各国为保护隐私权、国家安全与主权而对网络信息跨国流通施加的限制。网络空间主权这一概念最早在 Cyberspace Sovereignty? —The Internet and the International System（Timothy S. Wu, 1997）一文中被提出。Cyberspace, Sovereignty, Jurisdiction, and Modernism（Joel P. Trachtman, 1998）从制度经济学、法律经济学的角度，在解析国家主权概念的基础上阐释了网络空间的兴起对国家主权及其有关制度的影响；认为国际法是修改权力分配的工具，权力分配是动态的、复杂的、临时性的，国家并未消亡，但绝对领土主权理论（theory of absolute territorial sovereignty）长眠已久；该文将主权划分为绝对主权（conclusory sovereignty）和临时主权（contingent sovereignty），前者固守自然法假设下的固定、完整、不可攻击，否定国家制度的可塑性，通常与绝对的领土性相匹配，但这不符合现实情况，后者作为一种基于自由主义理论的程序正义，以人民的权力和权威去形塑国家权力，比永久主权更民主。网络空间在主权争论中是中立的，既非诋毁主权，也非维护主权。网络空间的发展只会渐进地改变我们的司法生活，而不应被视为法律关系的根本变革，也不意味着社会决策全然交由市场或国际治理。科斯定理同样适用于国家和国际组织，在承认制度偶然性的基础上，网络空间既拓展了技术生产边界（technical production frontier），也拓展了结构性生产边界（structural production frontier）：就前者而言，网络空间极大降低了私营部门和公共部门协调的交易成本；就后者而言，网络空间降低了各种制度结构所涉的交易成本，从而影响制度结构的选择。Borders in Cyberspace: Can Sovereignty Adapt to the Challenges of Cyber Security?（Forrest Hare, 2009）提出，不要依赖通过锁定边界来打击网络空间中的恶意行为者，而应致力于加强国际协调，因为在网络空间相互依赖更明显，而单方面保护边界的努力无法奏效。Layered Sovereignty: Adjusting Traditional Notions of Sovereignty to a Digital Environment（Przemysław Roguski, 2019）提出了网络空间的分层主权理论以及"接近程度"标准（criterion of proximity）：网络空间的独特性就植根于它的"分层"结构,这种"分层"结构可以将网络空间概念化为由主权递减的不同区域或层次组成,主权强弱取决于同排他权力范围(主权核心)的接近程度,因此网络空间的主权可以被理解为涵盖多个领域或多个层次的重叠权利、责任和政治权威。

第三,网络主权的义务、责任与规则。Cyber Sovereignty: The Way Ahead(Eric Talbot Jensen,2014)认为,网络主权可以沿用传统主权的国际法理论,主权原则将继续适用于网络行动,这不仅意味着国际法赋予各国在网络空间的权力,也意味着国家必须履行相应的义务、承担相应的责任。Law, Borders and the Territorialisation of Cyberspace(Nicholas Tsaugourias, 2018)认为,问题早已不在于网络空间是否受主权和国际法的约束,而在于国家在网络空间行使主权的范围;问题还在于主权原则是否是一种法律规范,违反主权原则是否会导致法律后果,如果主权原则是一种法律规范,那么即使未达到干涉或使用武力的程度,也构成对一国主权的侵犯。Territorial Sovereignty in Cyberspace after Tallinn Manual 2.0(Luke Chircop, 2019)归纳了评估网络操作干扰的程度等级表(Scale Chart,分为7级),基于此划分,主要有四种界定网络空间"领土干预"(territorial interference)的方法:一是"物质损害方法"(material damage approach),只有造成网络基础设施功能永久丧失的网络操作(6级)属于"物质损害";二是"中间方法"(intermediate approaches),中等严重的网络行动属于侵犯领土主权(2—5级);三是"严格不可侵犯的方法"(strict inviolability approach),所有干扰目标国网络基础设施的网络行动,只要它们造成的影响超过最小限度,都属于侵犯领土主权;四是所有侵入他国网络基础设施的行为都等于侵犯领土主权。该文赞同第三种方法,虽然该方法也存在局限性,但并非不可克服。Contesting Sovereignty in Cyberspace(Alaa Assaf & Daniil Moshnikov,2020)指出,国家间及学界辩论主要围绕主权是可能被网络攻击违反的具体规则,抑或不具可操作性的一般原则(不产生国际义务);鉴于网络空间中主权表现形式的模糊性,"功能理论"(functional theory)是网络主权辩论中最有吸引力的解决方案。In Defense of Pure Sovereignty in Cyberspace(Kevin Jon Heller,2021)认为,主权是国际法主要规则,这一观点得到了大量的国家惯行及其法律确信,以及ICJ的司法裁判、高水准公法学家著作的支持,进而提出"纯粹主权主义"和"相对主权主义"立场的区分,论证了"纯粹主权主义"的立场比"相对主权主义"的立场在一般国际法中具有更坚实的基础。On the Politics and Ideologies of the Sovereignty Discourse in Cyberspace（Henning Lahmann, 2021）则认为,主权原则本身并不具有规则的地位,且受到人权原则的限制,还没有足够统一的实践表明中俄等国主张的源于主权原则的规则正在形成。

第四,将网络空间与海洋领域、空气空间、外层空间进行类比。Sovereignty in Cyberspace: Can it Exist?（Lieutenant Colonel Patrick W. Franzese, 2009）对各空间领域的主权发展进行类比,为主权在网络空间的发展提供了五种重要参照方面:一是网络主权的发展需要一个国际制度;二是国家利益战胜了最初(自由)的网络乌托邦理想;三是国家有关网络主权概念的实践,以及国家对侵犯网络主权的反应,将影响网络主权相关国际制度的发展;四是识别网络空间行为者的能力是至关重要的;五是国家必须有能力对网络空间实施严格的控制。Establishing Cyberspace Sovereignty（Kris E. Barcomb et al., 2012）提出要在网络空间物理层、应用层等结构分层的基础上探讨网络主权的建立,其特别指出将网络空间视作外层空间和国际水域一样"全球公域"的想法,忽略了网络物理层的存在,甚至协议栈的链路层和网络层分配的 MAC 和 IP 地址都可以为建立国际公认的(法律)主权提供基础。与网络空间不同的是,太空和公海是在它们被发现和使用之前就已存在的自然领域,人类在太空和公海的形成过程中没有发挥任何作用。Territorial Sovereignty and Neutrality in Cyberspace（Wolff Heintschel von Heinegg, 2013）认为,网络主权的行使可能受到习惯国际法或一般国际法的限制,如外交通信的豁免或"无害通过""过境通行"(类比国际海洋法)。

第五,国际法应对网络犯罪、网络恐怖主义、网络战及网络攻击。《打击网络犯罪和网络恐怖主义中的国际合作》（〔加〕唐纳德·K.皮雷格夫,卢建平等译,2003）指出,有效应对国际性的网络犯罪需要各国的通力合作,协调各自的实体法和程序法,《网络犯罪公约》为打击网络犯罪的国际合作提供了新的法律框架。The Legal Status of Cyberspace（Nicholas Tsaugourias, 2015）认为,网络空间在国际法上并没有任何特殊的法律地位,现有的国际规则和原则将继续适用于网络空间,要求国家与非国家行为体采取负责任的行为。另有专著,如 Cybercrime: Criminal Threats from Cyberspace（Susan

W. Brenner, 2010), Cyber Warfare and the Laws of War(Heather Harrison Dinniss, 2012), Cyber Operations and the Use of Force in International Law(Marco Roscini, 2014), Cyber Espionage and International Law(Russell Buchan, 2019), International Law As We Know It: Cyberwar Discourse and the Construction of Knowledge in International Legal Scholarship(Lianne J. M. Boer, 2021)。

第六,各国有关网络安全的法律与政策立场。Baseline Territorial Sovereignty and Cyberspace(Sean Watts, Theodore Richard, 2018)对比分析了美国国防部1999年"信息行动中国际法律问题"的评估报告(An Assessment of International Legal Issues in Information Operations, 1999 DoD assessment)、联合国信息安全政府专家组(GGE)2013年报告与2015年报告、2017年《塔林手册2.0版》以及2017年奥巴马政府"军事行动中使用网络能力的国际法框架"(International Law Framework for Employing Cyber Capabilities in Military Operations)备忘录等具有代表性的文件,总结了有关网络安全各个问题的共识与分歧。需要注意的是,美国有关网络安全的立场既非一以贯之,也非"铁板一块",可能由于执政党的更替而转变,或因出自不同政府部门而相异。因此,无论是上述美国国防部1999年的评估报告、2017年奥巴马政府的备忘录,还是美国国务院先后两任法律顾问高洪柱(Harold H. Koh)、布莱恩·依根(Brian J. Egan)分别于2012年、2016年发表的演讲,都仅体现了美国网络安全政策的若干面向,故而需要对美国有关政策的变动保持敏感性。

此外还有若干法学类中文译著(括号中的年份为原版出版时间)。例如,《网络法:关于因特网的法律》(〔美〕约纳森·罗森诺,1997)主要阐释美国国内法;《代码2.0:网络空间中的法律》(〔美〕劳伦斯·莱斯格,第1版1999,修订版2006)深度结合法律与技术;《从根上治理互联网:互联网治理与网络空间的驯化》(〔美〕米尔顿·L. 穆勒,2002)基于制度经济学的理论框架来展现有关制度变迁以及多利益攸关方博弈;《网络行动国际法塔林手册2.0版》(〔美〕迈克尔·施密特主编,2017)与《网络空间国际公法》(〔泰〕克里安沙克·基蒂猜沙里,2017)主要解读《塔林手册2.0版》。

(三)国内外研究总评

总体来说,网络安全相关研究越来越体现出多学科交叉的特点,国内外研究自2013年后愈发深入。政府、智库、学界以及私营企业等都对此表现出浓厚的兴趣,但目前国内对网络安全国际合作法律制度的研究仍稍欠系统性与理论性。

第一,对比国内外有关网络安全的研究,受限于网络技术的发展,国内研究的起步慢于国外,不过现已基本能够追踪至国际最前沿。例如,在网络战研究方面,我国的研究可以追溯至论文《电子战的新领域:计算机对抗》(曾君伟,1992);国外的研究则是美国兰德公司(RAND Corporation)于1993年的首次提出"网络战"概念的一份研究报告 Cyberwar is Coming。换言之,我国对网络的认知还停留在"电子战"的时候,国外已经留心"网络战"了。就专门针对网络恐怖主义的法学研究,我国第一篇译文为《打击网络犯罪和网络恐怖主义中的国际合作》;国内第一篇论文是《网络恐怖活动犯罪及其整体法律对策》(皮勇,2013),两部专著是《防控网络恐怖活动立法研究》(皮勇,2017)、《网络恐怖主义犯罪的制裁思路》(潘新睿,2017)。国外则早有 Cybercrime: Criminal Threats from Cyberspace 及 Cyber Terrorism and Law: Cyber Crimes(Gurmanpreet Kaur et al.,2012)等。幸而如今我国的研究基本能够紧跟国际前沿。有关网络主权、网络攻击溯源、各大平台网络安全谈判进展等研究都不逊于国外。这也是因为,无论对于哪个国家,网络安全都是非常新且变化很快的问题域,我国与网络技术先进国的研究不至于差距太远,甚至可能实现"弯道超车",这也是我国研究的机遇。

第二,就有关研究的成果数量而言,除去国际关系学、公共管理学、新闻传播学的研究成果,法学研究成果的数量并不算多;如果再减去纯国内法学的研究成果,属于国际法学的研究成果就更少了。

第三,国内研究对于网络安全国际合作面临的难题以及背后不同利益集团之间的利益分歧有着较好把握,但在理论分析与问题解决方案的创新性方面不如国外研究,译介痕迹较重,务虚大于务实。

第四,论及网络空间治理国际合作时,多从维护网络技术弱势国网络主权的视角加以论述,而忽略了一个重要前提——网络主权是每一个国家都享有的,无论是网络技术先进国还是网络技术弱势国,其网络主权都是独立而平等的,这是网络安全国际合作的基石。

三、分析框架

本书以唐世平的"国际政治的社会演化理论"为基础性分析框架,将在权力政治背景下强调国际法作用及二者互构的国际社会理论作为补充,兼采批判国际法学、马克思主义国际法批判论以及"以国际法为基础"的国际秩序和国际体系视角去看待国际法律制度问题,多元的理论或方法相辅相成。国家是网络安全国际合作最重要的行为体,同时又主要是利己主义者,国际体系的基本权力结构制约着国际法律机制作用的发挥。但即便为了达到国家的自利目标,也需要建立合作制度,非国家行为体在网络安全合作相关国际法律制度的形成、运行与发展中也扮演着重要角色。

(一)权力主导国际(法律)制度

中国的国际关系学者唐世平在批判性借鉴防御性现实主义以及新自由制度主义理论的基础上提出"国际政治的社会演化理论",秉持"社会演化"范式下基于问题且具有批判性的国际制度研究路径。其受到演化生物学的启发,主要观点有:(1)国际政治已从进攻性现实主义世界稳固地演化到防御性现实主义世界(进攻性现实主义世界是自我毁灭的系统,其内在动力最终导致该系统灭亡),但并不意味着防御性现实主义世界里不存在进攻性现实主义国家(进攻性现实主义国家尽管少见但仍有可能出现),它仅仅意味着国际系统已发生根本转型且不会回头;(2)防御性现实主义国家认为合作是外部自助的可行方式,国家间至少有避免代价高昂的竞争(如军备竞赛、战争)的共同利益,国家对相对收益的关注也并非绝对,在许多情况下国家能够克服对相对收益的关注并且达成合作,而最大化相对权力则并不总是外部自助的一种好手段,其并不总是导向安全;(3)相互依存不会自动地导致系统的制度化,反过来,则是成立的,制度往往需要相互依赖而存在,且行为体必须处于规律性的互动状态;(4)防御性现实主义同样认可国际制度是实现国家战略的更好的方式之一,但制度在国际政治中能发挥一定作用并不自动表明现实主义就是错误的,制度往往是由权力来建立(产生于权力政治而非反复合作)并且由公开或隐秘的权力来维持,没有权力(有时被委婉地称为"领导力")支撑,制度难以延续,即使重复的合作固化为促进合作的制度,权力也渗透在制定规则的整个过程中,只是制度使权力舒缓化、合法化并且得到强化;也因此,制度未必是提升福利的公共产品,它往往是为私利服务的私人物品,所以我们要去揭示现存国际制度和秩序中的伪善、不公正与不合逻辑,坚持更加基于问题的且具有批判性的国际制度研究路径;(5)新自由制度主义、建构主义和英国学派(English school)都存在根本性缺陷,它们受到结构功能主义的影响,对功能主义而言,任何制度都是为了提升集体福利而存在;在新自由制度主义中,虽然(狭义的)权力卷入的利益冲突可能存在,但制度是为了合作与协调而反复讨价还价的结果,其强调正式的规则;英国学派的多元主义既强调正式规则(如条约),也强调非正式规则(如规范);(6)规则与规范的传播不可避免地需要权力的支持,有时候是长期和野蛮的权力;国际法的产生就是由使非西方民族"文明化"的"使命"驱动的,即便今天国际法也许服务于人类利益,但它走过的道路却是由非西方民族的鲜血染红的;我们不应否认人类群体共享某些共同的规则与规范,但我们必须仔细审视它们,并保留向更好的规则与规范改变的可能性;(7)就第二次世界大战(以下简称"二战")后的历史来看,防御性现实主义与新自由制度主义对于现实的解释存在很大重合,只是防御性现实主义侧重于国家安全议题,关乎现在及一部分未来,新自由制度主义侧重于国际政治经济与环境等议题,更关乎未来;新自由制度主义世界只能从防御性现实主义世界演化而来,只有在防御性现实主义世界(虽然并不意味着和谐的"世界社会"),合作才成为一种可行的自助手段(虽然达成合作依然是困难的),从反复合作中产生的观念和规范有机会被固化为制度,国际系统变得更为规则化、制度化;(8)国家应依据防御性现实主义的行为准则,在可能的时候寻求合作,并尽可能利用制度或规则来规制合作,以提升福利的规则来相互社会化,进而期待每个国家会将这些正式的和非正式的规则内化。[①] 简言之,防御性现实主义是当今世界的"底色",国家间的合作往往具有更大的可能性与可行性,由此固化而成的国

[①] 参见唐世平:《国际政治的社会演化:从公元前8000年到未来(修订版)》,董杰旻、朱鸣译,天津人民出版社2022年版,第162—311页;唐世平:《我们时代的安全战略理论:防御性现实主义》,林民旺、刘丰、尹继武译,北京大学出版社2016年版,第28—34、167—168、241页。

际(法律)制度发挥着重要作用,国际系统正在变得更为规则化、制度化;与此同时,不能忽略的是,国际制度本质上仍然是由权力建立并维持的,它未必是提升集体福利的公共产品,其存在不公平、非正义的一面,国际法及其他国际规范亦是如此。因此,一方面我们需要对现行的国际制度、国际法保持评判性的审视,另一方面也要承认人类共享某些共同的规则与规范,尽可能利用制度或规则来规制合作。

首先,在国际制度研究方面,"国际政治的社会演化理论"是对新自由制度主义理论的继承与超越。新自由制度主义理论放大了国际制度在国际合作中的独立作用,高估了国际制度对霸权的制约,忽略了国际制度公平性、合法性以及国际法(国际法律制度)的作用。"国际政治的社会演化理论"在肯定权力主导作用的前提下,不仅"看见"了国际法(国际关系学者常以"正式规则"指代),并且对国际法的作用加以中肯评价,其一方面评判国际法同样存在不公平、非正义的问题,另一方面也认识到国际法可以被完善,可以被用于规制合作。"国际政治的社会演化理论"具有很强的原创性,同时仍然对接了西方主流的国际关系理论,因此在海外也得到了极大肯定。

其次,"国际政治的社会演化理论"以"社会演化"的范式兼顾了现在与未来,立足于较之"二战"前更为规则化、制度化的防御性现实主义世界,也预判了规则化、制度化程度将进一步提升的新自由制度主义世界,可以说是一种务实、谨慎的乐观,既直面权力,又正视制度,契合于本书对安全制度(非经济制度)的研究。

综上所述,我们既要看到国际社会现实主义(权力主导)的一面,又要不放弃对规则的完善。权力并非唯一变量,甚至在不同情势之下也并非决定性变量,国际法律制度也具有一定独立性,但无法完全摆脱权力政治的变量。虽然国际法律制度的生成有时源自霸权的主导,但其他行为体自愿或非自愿的配合也必不可少。对权力政治的理解,不仅要从军事实力拓展到经济实力、文化实力,更要在互联网时代的背景下加以审视,网络、信息、数据正在成为新的、举足轻重的权力资源(并不完全取代传统权力资源)。

本书聚焦于国际法如何与权力互动,如何更好地发挥国际法的正面效用,制定更完善的国际法,形成对权力的协调与制约,以推动高质量合作。虽然网络安全争端和摩擦不断涌现,但解决争端、促进合作的制度性手段也在增加。

(二)国际法律制度促进国际合作

首先,在直面权力、正视制度的基础上,本书进一步聚焦于国际法律制度。这就绕不过重视国际法作用、强调国际法与国际制度紧密联系的国际关系学之国际社会理论(Theory of International Society),又被译为"英国学派"。同时也要保持警觉,该理论是否如前文唐世平所言,因受到结构功能主义影响而存在缺陷。不同于新自由制度主义借鉴经济学的理论成果,国际社会理论将社会学的理论成果引入研究。国际社会理论代表人物赫德利·布尔(Hedley Bull)主张,国际制度是国际社会秩序维持的必要条件之一(另外两个条件是共同利益观念和行为规则),而只有均势(balance of power)、国际法、外交、大国管理体系(managerial system of the great powers)以及战争等先于国际组织而存在的制度才是国际社会的有效制度;其中,国家本身就是国际社会中的主要制度(principal institutions),它们可以认可规则、传达规则、实施规则、解释规则、改变规则、保护规则、使规则合法化;国际制度并不否定国家在国际社会中所具有的核心政治地位,也不充当国际体系的中央权威代理机关,只是表明国家在发挥各自作用的过程中可以相互合作,有助于国家避免忽视公共利益;国际法的作用包括阐明"共处规则"与"合作规则",其局限性则在于它是形成国际秩序的必要但非充分条件,有时会对均势造成破坏,从而对维持国际秩序产生阻碍作用;未来,维持国际社会秩序所需要的共同价值观念需要更多地吸收非西方的成分,只有这样,才能具有真正的普遍性,才能为国际社会提供赖以生存的基础。[①]可见,作为维持国际社会秩序的制度手段,布尔认为均势是高于国际法的,也就是说确保任何大国都不享有主导地位是最重要的,进而其强调大国协调的作用。国际社会理论的另一位代表人物马丁·怀特(Martin Wight)则提到,国际法似乎与国际政治背道而驰,如果外交领域充斥着暴力与无耻,那么国际法就会上升到自然法的领域;如果外交领域需要一定的合作习惯,那么国际法就在法律实证主义

[①] 参见〔英〕赫德利·布尔:《无政府社会:世界政治中的秩序研究(第四版)》,张小明译,上海人民出版社2015年版,第3、59—66、120—123页。

的泥潭中缓慢前进。①在这个意义上,国际社会理论对国际法的看法是介于理想主义与现实主义之间、兼顾自然法与实证法的立场,同时强调国际社会需要更多规则(包括国际法、操作指南、道义准则)与制度的"供给"。总而言之,国际社会理论认为国际法是形成国际社会秩序的必要但非充分条件,有序国际社会的形成还需要均势以及共同价值观。

其次,在对国际法作用的强调上,国际关系学之建构主义的力度更大。建构主义代表人物美国的政治学家亚历山大·温特(Alexander Wendt)强调"共有文化",即国际体系中的共有观念、共有价值的形成,促生国家认知,引导国家行为,并最终塑造了国际规范和制度,国际规范和制度反过来又影响国家身份的建构,确定国家的利益,同时国际规范和制度也正是"共有文化"本身。②因此,建构主义非常重视国际法在国际合作中的作用,其认为国际法既源于国际社会的"共有文化",蕴含着一定的"认同",甚至国际法本身就是"认同",即对国际法治的信仰。

虽然国际社会理论的代表作《无政府社会:世界政治中的秩序研究》(〔英〕赫德利·布尔,1977)的出版早于建构主义的代表作《国际政治的社会理论》(〔美〕亚历山大·温特,1999),但国际社会理论的影响却不如建构主义,后者与同属"美式学派"的现实主义、自由主义一道并列为国际关系学的三大流派。其原因部分在于国际社会理论的学术立场摇摆不定,加之其立论的模糊性、非连贯性、不彻底性,从而招致其他各派的诟病,如何构建出庞而不杂的理论,是其面临的一大难题。③易言之,国际社会理论较为"中庸",特点不够鲜明,不像三大流派一般直击重点——现实主义推崇权力政治的主宰地位,自由主义提倡制度的作用,建构主义强调观念的影响。当然,这与"二战"后美国作为超级霸权国家,又是国际关系学的发源地不无联系,"美式学派"自是较为强势的。

国际社会理论与建构主义的核心思想具有较大一致性,同样重视观

---

① 参见〔英〕马丁·怀特:《为什么没有国际理论?》,载〔美〕詹姆斯·德·代元主编:《国际关系理论批判》,秦治来译,浙江人民出版社2003年版,第32页。
② 参见〔美〕亚历山大·温特:《国际政治的社会理论》,秦亚青译,上海人民出版社2014年版,第167—184页。
③ 参见徐崇利:《国际社会理论与国际法原理》,载李琦主编:《厦门大学法律评论》(2008年上卷,总第十五辑),厦门大学出版社2008年版,第41页。

念的作用,强调规范、制度等社会因素的重要性。正所谓"可怕的不是权力,可怕的是人人都认为获取权力并利用权力追求无限制的目标是正当的"①。国际社会理论与建构主义的区别在于国际社会理论认为观念受制于物质,而建构主义则认为观念的作用超过了物质。因此,国际社会理论注意到国际法作用的有限性,对国际法作用的认识仍在权力政治范围内,不否认国际政治对国际法存在支配或制约关系,但肯定了国际法对国际政治的影响。

最后,新自由制度主义的代表人物美国学者罗伯特·基欧汉(Robert. O. Keohane)在其代表作《霸权之后——世界政治经济中的合作与纷争》(1984)中,提出国家利益的主观性以及"移情"(empathy)因素。而其后另一部代表作《权力与相互依赖》(1989年再版)对"认知与学习"②已有涉猎,但更多的是在阐述国际制度对国际政治"学习"的影响。在其主编的《观念与外交政策:信念、制度与政治变迁》(1993)一书中,他对新自由制度主义的观点补充到,利己主义假设是理论对于现实的一种有用简化,而非真实反映;理性主义方法常常是一个有价值的起点,但存在实证异常,只有把观念的因素考虑进来,才能解决这一问题;观念嵌入制度之后,就会通过制度的运行产生影响,但观念依然只有同物质利益或权力关系的变化相联系,才能在政治上产生影响。③这标志着新自由制度主义的逐步完善,它超越了现实主义,同时又与建构主义相互启发,但新自由制度主义将利益和权力作为影响国际合作主要因素的方法论依然不变。

国际社会理论与新自由制度主义的共同点在于:均认可国际社会处于"无政府但有序"状态,均肯定国际制度的作用。国际社会理论与新自由制度主义的区别则在于:前者认为共同的文化底蕴和价值(包括国际法)对国际合作与协调的成败有直接的关联,国际法不仅外在地制约国家行为,而且内在地塑造国家的利益与偏好;后者则认为国际合作的成败不

---

① 苏长和:《即将到来的大国冲突?——〈大国政治的悲剧〉及其思考》,载《世界经济与政治》2003年第4期,第76页。
② 〔美〕罗伯特·基欧汉、〔美〕约瑟夫·奈:《权力与相互依赖(第四版)》,门洪华译,北京大学出版社2012年版,第317—321页。
③ 参见〔美〕朱迪斯·戈尔茨坦、〔美〕罗伯特·O.基欧汉编:《观念与外交政策:信念、制度与政治变迁》,刘东国、于军译,北京大学出版社2005年版,第5—25页。

在于道德标准的统一,而在于各国的合作意愿和国际制度的制约作用。简言之,新自由制度主义并不像国际社会理论那样关心共同观念潜移默化地影响合作,而是关注国际合作及其制度化本身。此外,国际社会理论主要从历史、哲学和社会学的角度阐述问题,而新自由制度主义则主要用博弈理论来阐述问题,更关注跨国经济合作;新自由制度主义的现实性向度更为突出、更侧重实然,国际社会理论的未来性向度更为突出,不仅立足当下,还设想远景、兼顾应然。当然,"某某主义"都只是简化的统称,同一阵营中不同学者的观点还有区别,不可一概而论,只是它们在基本的学术理念上是通约的。

国际法律制度作为国际制度的一种类别,是国际法规定各类国际行为体的权利、义务及责任所产生的一系列具体安排。国际法的主要功能在于:第一,提供一套规则体系作为国家行为规范和责任分配的依据;第二,为国家间纠纷提供争端解决机制。[①]国际法既是规范、制度,也是观念、信仰。国际法律制度的形成与运行同样受到权力、利益、观念、认知的影响,也同样需要接受公平性、合理性与有效性的检视。国际体系中的权力政治制约着国际法律制度的作用发挥,但国际法律制度的重要性与影响力亦不容小觑,它不仅仅是权力斗争、利益争夺的附庸,还是权力斗争、利益争夺的重要途径,它更与权力、利益双向互构,能够反向重塑国家权力与利益。国际法律制度不仅影响行为体的行为,也影响行为体的观念。想要令国家在自利的基础上兼顾利他,不仅需要国家自觉地从长远的角度看待本国利益,还必须借助国际法律制度的约束力量。国际政治催生了国际法律制度,国际法律制度重塑了国际政治的"游戏规则"。

同理,网络安全国际合作法律制度包括网络安全合作的促成、常态化及合作关系形成后的障碍移除,其必然无法脱离权力政治的影响。然而,一旦将网络安全国际合作以国际法律制度的形式加以确立,就会增加有关行为的可预期性、规范性与持续性。即使权力政治的影响始终缠绕,网络安全国际合作法律制度亦会反作用于权力政治;即使某些国家对网络安全国际合作法律制度有所背离,辨别是非善恶的种子也已在国际

[①] 参见王江雨:《中国视角下的国际法与国际关系:一个交叉分析的研究进路》,载《中国法律评论》2021年第3期,第95页。

社会种下。

因此,本书在"国际政治的社会演化理论"的批判性视角下,将强调国际法作用的国际社会理论作为补充。在运用这些分析框架的过程中还必须警惕,国际关系理论采用的简化模型未必适用于所有状况或所有时期;在理论指导实践的过程中,也需要着力摆脱一些"自我实现的悲观预言"的影响。

(三)超越西方中心主义的国际法律制度话语

在国际关系、国际法领域,绝大部分创见都来自西方,它们具有很大的学术价值,却也存在一定缺失,有些缺失来自西方中心主义的偏见,有些缺失源于缺乏非西方的视野。因此,在上述分析框架的基础上,还需要继续深化对国际法律制度的话语批判。批判国际法学(Critical International Law)、马克思主义国际法批判论(Critical Marxist International Law Scholarship,CMILS)以及"以国际法为基础"的国际秩序和国际体系视角是可资利用的分析框架。

第一,批判国际法学。自20世纪80年代发展起来的批判国际法学的三位代表人物分别是最早将批判法学的观点应用于国际法研究的哈佛大学法学院教授大卫·肯尼迪(David Kennedy)、芬兰赫尔辛基大学国际法教授马尔蒂·科斯肯涅米(Martti Koskenniemi)以及北京理工大学法学院国际法学教授、英国阿伯丁大学法学院前教授安东尼·卡蒂(John Anthony Carty)。他们的观点较为多元,核心理念在于:(1)国际法本质上是一种话语(International legal discourse),是一种语言学上的修辞策略(Rhetorical strategy),因此,国际法存在不确定性;(2)国际法话语存在内在矛盾,根源在于主权概念和自由主义理论预设各自的内在矛盾;(3)国际体系的规范、规则和制度(国际法)是由在国际体系中占支配地位的集团创造和建立的,再以普遍接受的法律话语的名义强加于其他国家之上,因此,(实在)国际法的合法性基础存在瑕疵。[①]对批判国际法学持批评态度的学者认为,该学说的危险性在于不仅否定了国际法律规则的客观性,也否定了人们评价这些规则合法性的能力,甚至拒绝了国家主权的效用性

---

① 参见柳磊:《国际法批判法学派述评》,载廖益新主编:《厦门大学法律评论》(2007年上卷,第十三辑),厦门大学出版社2007年版,第200—227页。

概念,以致为人道主义干涉提供理论支持。①也有学者认为,批判国际法学没有进一步提出可以操作的改革法律制度的方案,因此缺乏持久的力量。②简言之,该学说长于解构,疏于建构。但也有学者在批判国际法学中找到了可贵的力量:斗争是批判国际法学的出发点和分析主线,它要描述法律现实并揭露其不平等、不正义的阴影;国际法的不确定性意味着有必要转向国际法实用主义,将注意力放在国际法的作用以及如何用的问题上,国际法的语言和形式都可以为强弱双方所用,即使像"和平""正义""对一切的义务"这样抽象的国际法话语同样具有很强的实践价值,因为它们所代表的身份认同有可能促使素昧平生的人们想象他们是同一共同体的成员,并进而导致其共同的社会实践;与政策定向说更加重视政治对法律的作用不同,批判国际法学更加关注国际法对政治的作用。③不过也要看到,正义这一基础角色不应被无限制地夸大,国家间的正义标准要低于国内社会的标准,在各国对国际正义存有争议的情形下,只有以"起码正义"得不到伸张为由,方才主张"破旧立新"。④还有学者认为,国际法的不确定性使论辩主义在国际法学研究领域迅速崛起,因而要关注多元主体对国际法规则不同解释之间的竞争和对抗关系,关注各主体在争夺解释权方面采取的各种法律、政治和技术性策略。⑤这同样强调了国际法具有一定的开放性,关键在于它的"用法"。简言之,对于国际法可能存在的不公平,需要加以提防、改变;对于国际法"相对的"不确定性(结合语境仍具有一定的确定性和预见性)除了予以批判、揭示,还需要予以接纳、善用。

第二,马克思主义国际法批判论。该理论运用马克思主义有关阶级、

---

① 参见〔美〕罗伯特·贝克:《国际关系与国际法学者视野下的"国际规则"》,刘志云编译,载刘志云主编:《国际关系与国际法学刊》(第1卷),厦门大学出版社2011年版,第279页。
② 参见张文显:《二十世纪西方法哲学思潮研究》,法律出版社2006年版,第292页。
③ 参见李鸣:《国际法的性质及作用:批判国际法学的反思》,载《中外法学》2020年第3期,第805—824页。
④ 参见徐崇利:《国际经济法律秩序与中国的"和平崛起"战略——以国际关系理论分析的视角》,载《比较法研究》2005年第6期,第87页。
⑤ 参见陈一峰:《国际法的"不确定性"及其对国际法治的影响》,载《中外法学》2022年第4期,第1116页。

国家、帝国主义、辩证法等理论或方法对国际法加以批判性分析。代表学者有印度的国际法学者B.S.契姆尼(B. S. Chimni)、英国的国际法学者苏珊·马克斯(Susan Marks)等。B.S.契姆尼揭示了主流国际法学未触及的实质问题:(1)当代国际法民主转型中存在结构性局限——在外部层面上,至少自16世纪以来,资本主义世界经济的形成就制约着国际法的民主化;从内部来看,国际法渊源被锁定于僵硬的"权力说",缺乏真正的民主协商;(2)国家在成为"资本主义国家"之后才成为国际法主体,"国际法所指的国家"自始是资本主义经济的组成部分,这种经济结构不允许所有国家共同发展,而是在国家间形成不均衡的发展;(3)现有的主权国家体制至少使得当代国际法尚未成为直接代表跨国资本家阶级以及大国利益的工具;(4)特定集团或阶级利益决定着国家利益的内容,只有强者的意志才能升格为法,民主协商和分配正义的理想则不被认为是法,由此使帝国主义能够逃避跨国责任。[①]可以看出,马克思主义国际法批判论与自由主义国际法学形成一定对照,在揭示资本主义世界经济阴暗面的基础上,马克思主义国际法批判论同样注意到非国家行为体在法律制定过程中发挥着越来越重要的作用,同时警示,越来越多的立法保护跨国公司的利益而牺牲底层阶级利益和真正的全球民主这一现象。

第三,"以国际法为基础"的国际秩序和国际体系视角。中国的国际法学者徐崇利指出,美国等西方国家关注的只是国际法作为一种规则的政治属性,只支持其可操纵的"国际法";而在"以国际法为基础"的国际秩序中,中国强调的是应然的国际法,其应有之义是国际法治精神,以及国际法中具体的规范性寓意——在国际社会中,应"由大家制定的规则"(rule of us),而不是少数强权国家"对大家制定的规则"(rule for us)。[②]简言之,国际法与国际法之外的国际规范存在本质区别,"基于规则的国际秩序"(Rules-Based International Order, RBIO)可能隐藏强权逻辑,"以国际法为基础的国际秩序"(International Law-Based International Order, IL-

---

① 参见〔印度〕B.S.契姆尼:《马克思主义国际公法课程纲要》,载〔英〕苏珊·马克斯主编:《左翼国际法——反思马克思主义者的遗产》,潘俊武译,法律出版社2013年版,第65—85页。

② 参见徐崇利:《国际秩序的基础之争:规则还是国际法》,载《中国社会科学评价》2022年第1期,第34—35页。

BIO)虽不能完全杜绝强权政治,但现代国际法律制度自有其公平、正义的底线。当然,国际法与国际法之外的国际规范有时难以分辨,需要结合具体情况来分析。而国际法沦为强权工具的危险同样存在,我们也不能放松警惕。

以上的分析框架很大一部分出自国际关系学或是"非纯粹"法学,但对于国际法律制度的规范性分析仍是无须赘言的基础中的基础,因而探讨网络安全国际合作法律制度不能脱离有关国际法的条文规定。国际法律实务人员首要的工作就是从文义角度来解释和适用国际法,如果只顾沉迷于发明种种更新颖的研究角度和"理论创新",难免被认为是本末倒置。①在此基础上,把国际关系理论作为分析工具、把国际法作为实证的原材料,也只是在运用"有关国际法的理论"(theory about international law);而借鉴国际关系理论,创制国际法的特有分析框架,才真正建立了"属于国际法的理论"(theory of international law)。②有关研究不仅要从国际关系理论中"提取"国际法原理,将国际关系理论"延展"至国际法分析,还要将国际关系理论适度"融入"国际法分析。③不能仅仅停留在对既有国际关系理论分析工具的简单应用层次,否则有关研究只能说具有知识增量但谈不上理论贡献。④这需要不断检视与反思:国际关系与国际法跨学科研究是否带来"双重霸权"——国际关系理论对法学的霸权以及美国对其他国家的霸权⑤;传统的国际法学理论、方法的运用,较之国际关系学理论、方法的运用,是否存在失衡,自然法与实证法以及初级规则与次级规则是否未能与以制度主义、国际机制、理性选择为代表的国际关系理论开

---

① 参见王江雨:《中国视角下的国际法与国际关系:一个交叉分析的研究进路》,载《中国法律评论》2021年第3期,第108—109页。
② 参见徐崇利:《构建国际法之"法理学"——国际法学与国际关系理论之学科交叉》,载《比较法研究》2009年第4期,第21页。
③ 参见徐崇利:《国际关系理论与国际法学之跨学科研究:历史与现状》,载《世界经济与政治》2010年第11期,第106—109页。
④ 参见王彦志:《什么是国际法学的贡献——通过跨学科合作打开国际制度的黑箱》,载《世界经济与政治》2010年第11期,第121页。
⑤ 参见陈一峰:《国际关系与国际法:不可通约的跨学科对话?》,载《中国法律评论》2021年第3期,第122页。

展平等对话①。对此,中国的国际法学人已经意识到了问题,但要解决问题还有很长的路要走,本书对此也力有不逮。不可否认,本书的分析框架仍带有浓厚的欧美色彩,毕竟国际法学起源于欧洲,国际关系学勃兴于美国。尽管我们渴望能够尽快不再"拾人牙慧",对世界的国际法研究作出创造性的贡献,但我们也需要认清自己在整个学术脉络中所处的位置,这是确立真正的学术对话点与增长点的前提。

综上所述,本书以"国际政治的社会演化理论"作为网络安全国际合作法律制度的基本分析框架,将在权力政治背景下强调国际法作用及二者互构的国际社会理论作为补充,兼采国际法学之批判国际法学、马克思主义国际法批判论,以及"以国际法为基础"的国际秩序和国际体系视角等理论或方法,寻求工具理性与价值理性的并重。我们并不否认国家之间存在着相互依赖与文化认同,但国际关系的基本特征仍是国家的自利性、国家之间互不信任、彼此提防、相互竞争,各自追求实力的扩张。②国家利益是第一位的,但不应将国家利益仅仅理解为即时的、短期的利益,一国利益也可以存在于他国利益或全人类共同利益之中,因为他国利益或全人类共同利益受损也可能危及一国的国家利益。美国当代著名国际法学家路易斯·亨金(Louis Henkin)也曾提醒到,法律义务必须让位于国家利益的"政治学铁律"存在缺陷,它只将立即的、具体的利益作为主导性的国家利益,以此将法律服从和国家利益两分,似乎二者的合作是偶然的,对立却是经常的。③绝对的二分法,常常是有缺陷的。虽然防御性现实主义是不可脱离的研究底色,现行国际法律制度也存在诸多不合理、不公平之处,但并不意味着我们只能在现实主义的道路上低头赶路,我们也要不时抬头仰望理想主义的星空。我们不能脱离现实,但要超越现实。这就需要在坚守国际法底线的基础上进行制度建设,使实然与应然持续地相互修正,将国际法治作为一种价值观与不懈的追求。愈是在国际社会危机四起、动荡不安之时,愈显示出坚守国际法治的可贵与必要。从这个

---

① 参见赖华夏:《"舍弃"与"再发现":国际关系研究的国际法传统》,载《中国法律评论》2021年第3期,第135页。
② 参见何志鹏:《国际法哲学导论》,社会科学文献出版社2013年版,第138页。
③ 参见〔美〕路易斯·亨金:《国际法:政治与价值》,张乃根等译,中国政法大学出版社2005年版,第88—89页。

意义上来说,国际法本身就是理想主义的,尽管我们依然必须在权力和利益的基础上理解有关国际法律制度。网络空间国际法是网络安全国际合作的重要支柱,为网络安全国际合作提供了法治保障。国家与诸多非国家行为体在网络安全国际合作制度建设中都起到一定作用,考察法律制度具体安排,分析其背后各行为体的利益驱动、制度建设的成本分析是至关重要的,同时注意法律制度与利益、观念的双向互构,将公平性、合理性与有效性作为网络安全国际合作制度建设的基本目标。

第一章　网络安全国际合作的概述

网络安全及其国际合作的范畴随着网络技术的发展、安全威胁的频发而扩展。网络安全国际合作约略始于1999年，大致可以分为探索发展期、快速推进期、曲折前行期三个阶段。网络安全国际合作主要有两个前提，分别是明确网络安全国际合作的目标以及理解网络安全合作与斗争相生相伴。

第一节　网络安全及有关概念的含义

网络安全的含义随着网络技术的发展不断丰富，主要是指网络系统的运行安全(涵盖硬件和软件)，涵盖网络基础设施安全、技术安全与管理安全。针对不同类型的网络安全挑战，有关国际合作的程度与方式有所不同，从地域范围、合作对象、合作类型上也可以作出不同种类的划分。

一、网络安全的界定

"网络安全"的内涵与外延不断发展，起初只讨论计算机犯罪，进而延展至规范信息传播、网络军控、关键基础设施安全，而今扩及数据安全、供应链安全，甚至人工智能安全。人们对于互联网的理解，经历了从"对象""工具"到"空间"的属性拓延。[1]要全面地认知网络空间，必须从互动和演进的动态视角对其加以理解，国家、私营部门和市民社会等行为体与网络空间的双向互动，推动着网络空间的不断演进，具有自发性和社会性。[2]网

---

[1]　参见杨帆:《国家的"浮现"与"正名"——网络空间主权的层级理论模型释义》，载《国际法研究》2018年第4期，第36页。
[2]　参见鲁传颖:《网络空间治理与多利益攸关方理论》，时事出版社2016年版，第44—45页。

络安全的含义也随着网络技术的发展不断丰富,网络安全并非只能在专业性、技术性的语境下加以讨论,而是具备更深层次的政治、经济乃至文化意义。有学者出于中英文概念严格对应和对标国际标准的考虑,认为"网络"(cyber)不等于网络(network,不与互联网连接),并且由于cyber有着极为丰富的内涵,宜将其直接音译为"赛博",将 cyberspace 译为"赛博空间"。[1]无论如何,网络安全是一个系统概念,包括实体(物理)安全、软件安全、数据安全和运行安全等方面。[2]网络安全是一个关系个人权益、企业生存、国家安全和社会稳定的重要问题,其是技术问题,同时也是管理问题和法律问题。[3]网络安全是一种积极安全,要始终处于积极防御的态势,能够及时预警、快速反应和恢复,并在一定意义上体现为网络话语权和信息控制权。[4]此外,网络空间治理的含义比网络安全宽泛得多,前者不仅囊括网络安全问题,还涵盖网络发展问题(经济发展、社会进步)。当然网络安全与网络发展无法截然两分,二者息息相关、相互作用。总之,对"网络"采用最广义的理解,它包括计算机(computer)、网络(network)、互联网(internet)、内部网络(intranet)、应用程序(application)、关键信息基础设施及其中的信息(information)、数据(data)等。

本书所论述的网络安全涵盖网络硬件与软件的安全,既要确保网络系统本身设计、搭建、运行的安全,能够抵御攻击性与破坏性网络活动,又要主动打击攻击性与破坏性网络活动,令其减少、收敛。具体包括确保通过网络系统进行信息与数据处理的载体安全、技术安全与管理安全,能够抵御网络犯罪、网络恐怖主义、网络战、网络攻击、网络间谍以及他国网络干涉等危害国家安全、公共安全的行为。

上述危害网络安全的行为之间往往存在交叉。例如,网络恐怖主义、网络间谍可能属于网络犯罪,也可能是网络战的一部分;网络间谍也可能

---

[1] 参见寿步:《网络安全法基本概念若干问题》,载《网络信息法学研究》2018 年第 1 期,第 16—18 页。
[2] 参见马秋枫等:《计算机信息网络的法律问题》,人民邮电出版社 1998 年版,第 85 页。
[3] 参见吕波:《网络安全与法律应对》,吉林大学出版社 2008 年版,第 14 页,绪论。
[4] 参见王舒毅:《网络安全国家战略研究:由来、原理与抉择》,金城出版社 2016 年版,第 33 页。

构成网络干涉内政(foreign intervention in domestic affairs,取决于目的与程度)。网络战与网络攻击通常均由国家发起,二者区别在于前者具有相当规模(烈度较强)、持续时间较长、影响范围广泛并具有明确"交战意思"(Animo Belligerendi),至于网络攻击在什么程度上构成网络战目前并无标准。网络犯罪、网络恐怖主义的主体则大多是非国家行为体。从经济与政治相互影响的视角来看,网络安全越来越表现出强调信息通信技术或网络服务供应链安全的特点。

也有学者将网络民事权益安全单列为网络安全的一个类别[1],不过基于笼统的公私两分,本书所论述的网络安全不包括网络权利的利益分配,也就是网络侵权的情形,如侵犯网络隐私权、网络知识产权、网络虚拟财产权,或是网络产业垄断、数据垄断、网络不正当竞争等。

本书所指网络安全主要是指网络系统的运行安全(包括硬件和软件),涵盖网络基础设施安全、技术安全与管理安全,不包含网络权利的利益分配,也就是网络侵权的情形。网络系统所要防范的安全风险主要来自网络犯罪、网络恐怖主义、网络战、网络攻击、网络间谍以及他国网络干涉等。

二、网络安全国际合作的范畴

针对不同类型的网络安全挑战,各国开展国际合作的程度有所不同。在上述各类网络安全所面临的挑战中,有关打击网络犯罪或网络恐怖主义的国际合作虽不易但相对活跃,而规制网络战、网络攻击、网络间谍、他国网络干涉方面的国际合作则更为困难。对于网络犯罪或网络恐怖主义,根据有关国内法和国际条约予以坚决打击是基本共识。而对于网络战、网络攻击、网络间谍、他国网络干涉的合作规制则缺乏明确的国际法依据。网络攻击是否构成国际法上的"使用武力"暂无标准,导致网络战的界定并不清楚,有关防卫措施合理性、相称性没有认定标准,确认网络攻击责任主体也存在困难,是扩大解释或类推适用现有国际法,还是制定新的规范,各国存在争议。世界政治中的竞争逻辑常常会超越并覆盖理性的决策过程,对于网络战争的威胁,各国政府的应对措施并不是自我克

---

[1] 参见孙昌军、郑远民、易志斌:《网络安全法》,湖南大学出版社2002年版,第17页。

制,而是积极发展攻击性技术,包括承包给第三方,甚至是犯罪组织。[1]有学者建议开展网络攻击集体溯源合作、推动国际层面的漏洞信息共享[2],短期来看难度都较大。另外,战时的间谍活动在国际法中属于合法的战争手段,但国际条约对平时的间谍活动则未予规定,那么对于网络间谍活动就是"法无禁止即可为"吗?它与网络干涉内政又是什么关系?它们受制于网络主权吗?实践中,网络技术先进国自然不愿国际法对网络间谍加以规制(网络商业间谍除外),而网络技术弱势国则反对所有的网络间谍活动以及他国网络干涉。因此,规制网络间谍活动以及他国网络干涉的国际合作难度也较大。目前,对于网络战、网络攻击、网络间谍以及他国网络干涉的规制,更依赖于国家的自我克制以及国家间的相互威慑与制衡。

从地域范围上看,网络安全国际合作可以分为国际、区域、多国、双边等各级的合作。从合作对象上看,可以是国与国之间的合作、国家与国际组织之间的合作、国际组织与国际组织之间的合作、国家或国际组织与私营部门或市民社会之间的合作(公私伙伴关系)、各国公权力机构之间的跨国协作。上述层面的合作常常交织在一起。从合作类型上看,公权力主导的网络安全国际合作可以分为立法合作与司法协助。网络安全国际立法合作主要是指共同制定有关的国际法或指导性国际规则。网络安全国际司法协助主要是指刑事司法协助,包括调查取证,送达文书,涉案财物处理(查封、扣押、冻结、没收、返还),引渡等,涉及各国司法机关、执法机关以及国际刑警组织(International Criminal Police Organization, ICPO)之间的跨国合作。在公权力主导的网络安全国际合作中,国家和国际组织以外的行为体也可以参与合作。此外,网络安全国际合作还有公私主体相对平等参与的"多利益攸关方"模式。

---

[1] 参见蔡翠红:《国家—市场—社会互动中网络空间的全球治理》,载《世界经济与政治》2013年第9期,第95页。
[2] 参见鲁传颖:《网络空间大国关系演进与战略稳定机制构建》,载《国外社会科学》2020年第2期,第104页。

第二节 网络安全国际合作的进程

自1969年阿帕网（ARPANET）正式投入运行以来，网络从军用扩展为民用，并在不断商业化的过程中从美国拓展到世界。网络安全国际合作约略始于1999年，以联合国大会通过第53/70号决议"从国际安全角度来看信息和电信领域的发展"（Developments in the field of information and telecommunications in the context of international security）为标志，这前后大致可以分为探索发展期、快速推进期、曲折前行期三个阶段。

一、探索发展期（1999—2012年）

互联网的基础技术（如TCP/IP）形成于"二战"期间，政府（主要是军方）在研发过程中起到了决定性作用；直至1981年，在威斯康星大学的劳伦斯·H.兰德韦伯（Lawrence H. Landweber）等学者的努力下，互联网技术才由军用转为民用，之后互联网的普及主要依赖私人企业。[1] 1985年，互联网工程任务组（Internet Engineering Task Force，IETF）成立，它是向所有人开放的民间国际组织，也是全球互联网最具权威的技术标准化组织。自此一直到1997年左右，有关合作主要是互联网社群围绕技术开发的合作。1998年，互联网名称与数字地址分配机构（Internet Corporation for Assigned Names and Numbers，ICANN）成立，这是一家非政府、非营利性的国际组织，注册地是美国加利福尼亚州。虽然同样是专业性、技术性的非政府组织，但其在运行过程中不免受到其发源地、所在地美国的影响。国家在网络安全国际合作中影响力日益增大，有关合作也从安全技术合作，拓展到网络空间公共政策方面的合作。

1999年，联合国大会通过的第53/70号决议"从国际安全角度来看信息和电信领域的发展"指出，广泛的国际合作有助于取得信息技术传播和利用的最佳效益；必须防止信息资源或技术被滥用于犯罪或恐怖主义目的，呼吁

---

[1] See Johnny Ryan, *A History of the Internet and the Digital Future*, Reaktion Books, 2010, pp. 88–93.

会员国推动在多边框架下审议信息安全领域的现存威胁和潜在威胁。

2001年,世界第一部打击网络犯罪行为的国际条约——《网络犯罪公约》缔结,虽然这只是一部区域性国际条约,但其对于网络安全国际合作具有开创性意义,对其他地区有关条约的产生也起到示范作用。另有一些反恐怖主义条约也适用于打击网络恐怖主义。

联合国信息社会世界峰会(WSIS)于2003年第一阶段会议通过《日内瓦原则宣言》(Geneva Declaration of Principles)和《行动计划》(Geneva Plan of Action),主要强调为应对信息通信技术所带来的挑战,政府、私营部门、民间团体和国际组织等所有利益相关方应紧密合作;互联网治理既包括技术问题,也包括政策问题,技术问题由私营部门继续发挥重要作用,政策问题的决策权属于各国主权范畴。2005年第二阶段会议通过《突尼斯承诺》(Tunis Commitment)和《突尼斯议程》(Tunis Agenda for the Information Society),基本上是对日内瓦会议成果的延续和细化。该峰会于2003年设立了互联网治理工作组(WGIG),作为峰会重要成果的互联网治理论坛(IGF)于2006年启动。但此后,该峰会一直未能产生新的突破性成果。

2004年,联合国信息安全政府专家组(GGE)设立,这是联合国框架下专门负责网络空间国际规则谈判的第一个机构,其于2010年发布第一份报告,体现了联合国对网络安全问题的重视。2010年,联合国网络犯罪问题政府专家组(IEG)成立,成为联合国框架下专门负责网络空间国际规则谈判的第二个机构。

联合国预防犯罪和刑事司法大会(CCPCJ)也发布了一些与网络安全国际合作相关的宣言,其中2005年《曼谷宣言》(Bangkok Declaration on Synergies and Responses: Strategic Alliances in Crime Prevention and Criminal Justice)、2010年《萨尔瓦多宣言》(Salvador Declaration on Comprehensive Strategies for Global Challenges: Crime Prevention and Criminal Justice Systems and Their Development in a Changing World)与网络安全国际合作的关联性较大,比较具有代表性。

2011年,中俄等国起草的《信息安全国际行为准则》(2015年修改),呼吁尽早在联合国的框架下就规范各国在信息和网络空间行为制定国际文书,并草拟了11项国家行为准则(2015年增加到13项)供联合国大会参考。

这是全球首个有关网络安全负责任国家行为规范的国际文书。

网络空间国际会议(GCCS)则是联合国之外的专门针对网络安全和网络空间治理问题的全球性多边进程,始于 2011 年伦敦网络空间会议,主要讨论网络安全国际规则及焦点问题。

随着网络技术的发展,网络安全问题成为一个世界性的难题。这一阶段的网络安全国际合作从以技术社群为主,转变为国家积极介入,联合国在这个过程中扮演了重要角色,非政府行为体也频繁参与其中。但美国"一家独大"的地位掣肘了网络安全国际合作的发展。

二、快速推进期(2013—2016 年)

2013 年"棱镜门"事件是网络安全全球史上的一个重要转折点,美国因此在国际社会的压力下作出一些让步,令网络安全国际合作有了若干实质性的推进,合作的广度与深度都有所提升,制度合法性愈发得到重视,造法活动也愈加频繁。

联合国信息安全政府专家组(GGE)陆续于 2013 年与 2015 年发布了两份报告,体现了各方对网络安全治理共识程度的提高。发达国家对于"网络主权"的提法不再一味反对,而发展中国家则对"多利益攸关方"模式也不再全然排斥。

互联网名称与数字地址分配机构(ICANN)向美国"争取独立"的反复斗争也终于在 2016 年迎来重要突破,美国商务部下属国家电信和信息局(NTIA)把互联网域名管理权完全交给了 ICANN,两者之间的授权管理合同在 2016 年 10 月 1 日自然失效,不再续签。这标志着互联网的全球共治迈出重要的一步。不过欣喜之余,有学者评价道:ICANN 之下的体制化意味着无论作为激进的商业和技术的创新场所,还是作为扰乱现存社会和规范体制的革新力量,这两种角色都将走到尽头;这同时意味着互联网中持续的技术演进空间正在受到限制,太多的既得利益者有太多理由对其施加控制;但毫无疑问的是,在某个地方,又会有其他技术和系统正在孕育。① ICANN 的未来发展方向,仍需拭目以待。

---

① 参见〔美〕米尔顿·L. 穆勒:《从根上治理互联网:互联网治理与网络空间的驯化》,段海新等译,电子工业出版社 2019 年版,第 252 页。

2014年,巴西发起互联网治理多利益攸关方会议(Global Multistakeholder Meeting on the Future of Internet Governance, NETmundial);同年起,中国每年主办一届的世界互联网大会(WIC)。

在这一阶段,各类谈判机制或交流平台发挥积极作用,国家、国际组织、互联网企业、技术社群等多方主体共同参与网络安全国际合作,其中国家、大型科技公司扮演的角色备受关注。但由于涉及网络空间治理的对话机制为数众多,"碎片化"状态较为明显。[1]多个谈判机制都在发力,合作的范畴也超出了网络基础设施维护,扩及网络安全战略与政策,但未能形成认可度较高的立法成果。

三、曲折前行期(2017年至今)

基本理念的逐渐磨合也意味着网络安全国际合作谈判进入"深水区",在更为具体的合作安排上,谈判难度逐步加大。自联合国信息安全政府专家组(GGE)发布2015年报告之后,网络安全国际合作在很长时间里未能出现突破性进展。加之2018年以来受到中美、俄美关系的影响,网络安全国际合作法律制度建设再次遭遇阻滞。这段时间,中美贸易摩擦发酵,美国持续打压中国科技企业,限制中国科技企业在美贸易,多次扩容出口管制实体清单(entity list),在关键核心技术领域采取"小院高墙"(small yards with high walls)的策略来排挤中国。俄美关系方面,则由于2020年俄罗斯被指干预美国大选以及2022年俄乌冲突的爆发而陷入危机。这些事件都令本就步履维艰的网络安全国际合作更加困难。幸而即使在比较困顿的境况中,网络安全国际合作并未完全停下步伐。

2018年,联合国信息安全开放式工作组(OEWG)成立,联合国框架下的网络安全国际规则的谈判又增加了一个机制,开启了GGE与OEWG"双轨制"网络空间国际规则谈判的进程。

2019年,联合国推动谈判打击网络犯罪国际公约的特设委员会(Ad Hoc Committee)设立,标志着打击网络犯罪全球性公约谈判的启航。

网络安全国际合作的推动力量渐渐聚焦于联合国这一主渠道,形成

---

[1] 参见黄志雄:《网络空间国际法治:中国的立场、主张和对策》,载《云南民族大学学报(哲学社会科学版)》2015年第4期,第139页。

了一系列有关网络安全的联合国安理会决议、联合国大会决议(以下简称"联大决议")、联合国各专家组报告。除此之外,一些国际会议机制也轮番登场,但能够产生持久影响的并不多。

  总而言之,网络安全国际合作的进展受制于技术的进步以及各方力量的博弈,有关进展也并不必然导向福利,也可能步入更大的混乱。但全球性的网络安全问题摆在那里,人们总不免要怀着美好的愿望去不懈努力。

第二章　网络安全合作的国际规范体系

在网络安全领域目前只有一部真正全球意义上的国际条约,全球性的网络安全国际合作法律制度并不多。除此之外,还有许多不具有法律约束力的指导性国际规则,它们共同构成网络安全合作的国际规范体系。那些并未转化成国际法义务的制度安排,也对网络安全国际合作起到重要作用,其制定主体有所重叠。

第一节　国际规范体系的构成

中国的法理学者刘作翔认为,凡是能够对人们的行为起到指引和约束作用的,都是一种规范;规范体系是指由所有的规范类型组合起来的有机体系,它为国家机关、政党、社会组织、公民个人等各类主体的行为创设规则,并为各类主体所遵循;从原本含义讲,法律规范也是社会规范的一种,但按照概念剥离的现状,在制定法国家,法律规范和社会规范有其各自的界限。[1]将该观点映射到国际社会,凡是能够对国际社会各行为体的行为起到指引和约束作用的,都是国际规范,国际规范体系有两大组成部分:具有法律约束力的"国际法"和不具有法律约束力的"指导性国际规则"。国际法与指导性国际规则都是建立并维护世界秩序的手段,都具有重要价值并肩负时代使命。

一、国际法体系

为促进国际合作,有必要将相互依赖关系纳入制度化的模式,这种制

---

[1] 参见刘作翔:《当代中国的规范体系:理论与制度结构》,载《中国社会科学》2019年第7期,第88、102页。

度干预应当受到国家间共同协议和规则的限制。[1]当今世界处于中等程度合作型国际社会向更高程度合作型国际社会演进的过程中,从国际法的发达程度、国际法的强制性、国家内化国际法的等级(守法维度)和国际争端裁判的授权性四个维度加以考察,国际社会也会进一步走向法治化。[2]其中的核心制度载体包括联合国系统(含《联合国宪章》)、国际条约及国际法院等。

首先,对于国际法的渊源,学界至今未能形成统一认识,不仅对渊源(source)这一基本概念的定义(指起源、形式还是程序,抑或兼而有之)众说纷纭,对区分形式渊源与实质渊源的必要性与合理性,也存在广泛争议。由此影响了国际法渊源的范围界定,存在单一渊源说(仅指国际习惯,因其认为国际条约只约束缔约方)、双重渊源说(国际习惯+国际条约)、三重渊源说(国际习惯+国际条约+一般法律原则)[3],以及静态渊源说与动态渊源说[4]等,进而对于国际法渊源之证明材料、辅助资料的范畴也有不同看法。有学者认为,法律渊源区别于法律的起源或证据,其意义在于确定什么是有效的国际法规则,即国际法规则的形成程序或存在形式。[5]类似观点认为,"渊源"就是"形式",国际法渊源是国际法规范的载体或谓之表现形式,用以确认国际法规范的存在及其效力,它与国际法规范之间是法律形式与法律内容的关系;国际法的原则和规则只有包含在《国际法院规约》(Statute of The International Court of Justice)所规定的国际法渊源中,国际法实践才能确定其现实存在并确认其确实有效,也才能被运用于审判和仲裁实践。[6]简言之,可否作为国际司法裁判的依据才是国际法渊源的评判标准。对照国内法,中国的法理学者刘作翔同样认

---

[1] See Robert O. Keohane, International Liberalism Reconsidered, In John Dunn, ed., *The Economic Limits to Modern Politics*, Cambridge University Press, 1990, pp. 174-184.

[2] 参见徐崇利:《国际社会的法制化:当代图景与基本趋势》,载《法制与社会发展》2009年第5期,第95页。

[3] 参见慕亚平:《国际法原理》,人民法院出版社2005年版,第30页。

[4] 参见〔日〕村濑信也:《国际立法——国际法的法源论》,秦一禾译,中国人民公安大学出版社2012年版,第5—7页。

[5] 参见〔日〕小寺彰、〔日〕岩泽雄司、〔日〕森田章夫编:《国际法讲义》,梁云祥译,南京大学出版社2021年版,第34页。

[6] 参见王虎华:《国际法渊源的定义》,载《法学》2017年第1期,第7、13、19页。

为,法律渊源简称"法源",是一个严格的法学概念,含义是"有效力的法律表现形式",法律的效力寓于法律的形式之中,由国家的《宪法》或《立法法》规定,因此习惯、政策等规范不是法律渊源。[①]与其不同的观点则认为,应让"形式"和"渊源"各自回归原本的词义,前者针对现实的、客观存在的国际法,是指对国际法主体具有拘束力的各种国际法原则、制度、规则的载体;后者探究国际法的历史起源及发展过程。[②]那么历史起源及发展过程自然就可以追溯到国际法的原则、制度、规则"第一次出现的地方"(尚不具备国际法律效力),如学说、国家单方面声明、国内法或国内政策等。

国际法中不存在《宪法》或《立法法》,学者们通常通过引用1945年《国际法院规约》第38条第1款来推导国际法渊源,但主张该条款不能作为国际法渊源权威出处的观点也不少。从《国际法院规约》第38条第1款所规定"依国际法裁判之"(decide in accordance with international law)的字面意义来看,国际习惯、国际条约以及一般法律原则,以及作为补助资料确定法律原则的司法判例和各国权威公法学家学说,是裁判可依据的国际法渊源。有学者认为,《国际法院规约》第38条把具有法律效力的规范性文件(条约)和具有法律效力但不成文的习惯,同没有法律效力仅仅能作为证明某项国际法原则或规则存在的材料混为一谈,这在理论上是不妥当的,容易使人产生误解。[③]中国著名国际法学家王铁崖特别指出,不应将国际法的渊源与国际法的证据混淆,例如,根据《联合国宪章》,联大决议没有立法权(造法的权力),只有讨论和建议的职权,虽然不能因此说联大决议一律没有法律拘束力(如关于组织内部行政、财政事务方面的决议对会员国有拘束力),但原则上联大决议不构成国际法渊源,只是"补助资料",具有重要的证据价值。[④]还有学者认为,《国际法院规约》第38条不是造法,而是记录行为,只反映了起草者认为已经存在的

---

① 参见刘作翔:《"法源"的误用:关于法律渊源的理性思考》,载《法律科学》2019年第3期,第4—5页。
② 参见王秋玲:《国际法表现形式与渊源之我见》,载《当代法学》2003年第4期,第154—155页。
③ 参见李振华:《国际法渊源新探》,载《法学评论》1993年第2期,第46页。
④ 参见王铁崖:《国际法引论》,北京大学出版社1998年版,第106—128页。

情况,核心问题仍然是,国际法必须得到其主体所在国家的同意。[1]但大部分学者认同,虽然《国际法院规约》规定的是国际法院的工作程序和规范,并不必然具备对于国际法的宏观概括和指导功能,但由于国际法院是联合国这一影响最广泛的国际组织的司法机构,所以其列举的国际法渊源仍被广泛接受;不过其为20世纪初的产物,因此要注意其历史局限性。[2]诚然,传统的国际法渊源无法充分解释国际法上的新发展,但这种困境不能通过扩展传统渊源的概念来加以解决,用这种扩张方法容纳新现象弊多利少,不仅有时会忽视国际法协商一致的基础,也会危害"法律渊源"这一概念的明确性和确切性,使其无法在区分法律规则和其他类型行为规则时发挥作用;严格的传统渊源理论应当得到补充,但不应采用"新渊源"的说法,我们需要的是一种系统的解释,尽力缩小"灰色区域"。[3]简言之,国际法的渊源要么仅指国际习惯与国际条约两者,要么涵盖国际习惯、国际条约以及一般法律原则三者,在此基础上的拓展需要非常谨慎,目前较有可能作为新渊源的是联合国安理会有关"维持或恢复国际和平及安全"的决议。

其次,国际法具有法律约束力,它包含抽象的法律原则与具体的法律规则,违反国际法必须承担国际法律责任。国际法同国内法、国际道德、国际政治和指导性国际规则之间有着密切联系,也有着本质不同。实践中确实存在不少违反国际法的行为,但这不应该使我们无视一个事实:大量规范国际民商事法律关系、外交和领事关系以及解决争端的国际法,像国内法一样,每天都在被各国遵守、适用。[4]不能因为国际法不被遵守的负面事件更易引人注意,就无视国际法被遵守的事实,认为国际法不是法。反过来,也不能因为指导性国际规则可能拥有广泛影响力或较高接受度就谓之"软法"。此外,同国内法一样,国际法不可能涵摄,也没有必要介

---

[1] See Hugh Thirlway, *The Sources of International Law*, 2nd Edition, Oxford University Press, 2019, pp.10-15.

[2] 参见何志鹏等:《国际法原理》,高等教育出版社2017年版,第50页。

[3] 参见〔荷兰〕G.J.H.范·侯复:《关于国际法渊源的新理论》,王献平译,载《环球法律评论》1989年第2期,第48、52页。

[4] 参见〔美〕托马斯·伯根索尔、〔美〕肖恩·D.墨菲:《国际公法(第3版)》,黎作恒译,法律出版社2005年版,第6页。

入国际社会的所有问题,有些问题就交给国内法、指导性国际规则去处理。国际法之外的所有规范属于指导性国际规则。国际规范中具体规则的影响力大小各不相同,有些规则能够在全球范围内产生深刻影响,有些只在一定地域或行业内部具有指导作用,如管理性规则、技术性规则等。

最后,国际法的创设权属于国家,尽管非国家实体广泛参与国际事务,但事实上国家的活动与非国家实体的活动仍被严格划分在两个不同的层面上,国际事务的决定权仍在国家手上,尽管国家会听取非国家实体的呼声。[1]同理,网络空间国际法是国际法的重要组成部分,网络安全国际合作法律制度据此形成;而有关网络安全国际合作的指导性国际规则不是法律,虽然不照此行事的后果可能很严重,但这后果不是法律后果。

二、指导性国际规则

指导性国际规则不是国际法,不具有法律约束力。但它在全球治理中具有重要价值,对国家行为具有指导意义,也可能具备更高的可操作性以及广泛的影响力。网络安全国际合作相关指导性国际规则是网络空间国际法的重要补充,但它不是国际法,也不能替代国际法。

指导性国际规则不具有法律约束力,其涵盖国际组织及其辖属机构、国际会议、国家、跨国企业、学术界等主体发布的并不旨在强制执行的指南(guide)、行动计划(programme of Action)、战略(strategy)、宣言(declaration)、倡议(initiative)、国际标准(international standard/ norm)、行为守则(code of conduct)或手册(manual/ handbook)、建议(recommendation)、换文(exchange of notes)、谅解备忘录(memorandum of understanding)、最后文件(final act)等,它们是宣示、指引、参考,可能具备较大的影响力,对国际法起到补充作用,甚至成为国际法的前身。当然,决定地位的不是有关文件的标题,而是从所有有关情况中推断出的当事方意图,即是否打算建立对彼此有约束力的法律关系。[2]如果名唤行动计划、宣言、倡议、行为守则等国际文件传递出明确的"造法"意图,那么就制定出了国际法。因

---

[1] 参见车丕照:《国际社会契约及其实现路径》,载《吉林大学社会科学学报》2013年第3期,第69页。

[2] See Malcolm N. Shaw, *International Law*, 8th Edition, Cambridge University Press, 2017, p. 390.

此,虽然国际法与指导性国际文件所使用的文书名称通常不一样,但名称与定性之间的联系并不绝对。

很多指导性国际规则出自政府间国际组织或国际条约项下的科学咨询机构,如联合国框架下与网络安全有关的各专家组,所以指导性国际规则在一定程度上代表了技术治理。虽然法律治理可能具有滞后性,但技术治理不能代替法律治理,指导性国际规则同样不能代替国际法。

在价值层面,技术治理更多依赖于"技术专家"而非公平与正义,可能忽视价值判断。更何况,掌控某种技术的人,其权势将不断累积,且必然形成某种同盟关系,并与未能掌握这门技术专业知识的人形成对立关系。[①] 技术治理可能忽视价值判断,而价值判断正是法律治理所看重的。法律治理包含树立理念、构建理论(包含核心概念,甚至是核心概念认定的国际标准)、具体的操作规范以及实际执行等,借此告诉人们需要实现的真正权益是什么。当然,我们反对的是极端的"技治主义",而非适度的技术治理。

在功能层面,法律治理的重要功能,一是以国际法确立多层次的合作制度;二是以国际法匡正国际法主体行为的失当,包括技术失当。如果说,过去法律的功能主要在于用强制性的手段对社会进行控制,那么,在技术已统治我们的时代并带来种种弊端,甚至灾难时,法律增加了对技术统治的规范和限制。[②]法律治理在一定程度上可以抑制技术治理的副作用。在法律治理中,民众尚可以通过各种渠道参与其中,但民众想要参与技术治理却很难,而恰恰是民众的参与度在一定程度上赋予了法律治理更牢固的正当性。应借助民主力量控制技术治理,减少其负面效应,通过交往行动与对话协商反思技术治理,警惕过度专业化及科学与人文分裂的风险。[③]因此,判断技术治理适当与否的标准有一部分终将回归法律层面,这也佐证了完善网络安全国际合作法律制度的必要性。

在后果层面,指导性国际规则不足以达到救济受损权利或惩罚网络

---

① 参见〔美〕尼尔·波斯曼:《技术垄断:文明向技术投降》,蔡金栋、梁薇译,机械工业出版社2013年版,第7页。

② 参见范在峰、李辉凤:《论技术理性与当代中国科技立法》,载《政法论坛》2002年第6期,第53页。

③ 参见刘永谋:《技术治理的逻辑》,载《中国人民大学学报》2016年第6期,第126页。

犯罪行为的目的,这就需要网络空间国际法对相应的法律后果加以规定。网络安全治理不能缺少网络空间国际法的引领与匡正,相关国际谈判必须以形成具有强制约束力的规范作为最终目标。网络安全国际合作相关指导性国际规则形成的动因主要有两个:一是网络安全国际合作的外在急迫需求;二是指导性国际规则自身的优势。一方面,科学技术的进步锐化了网络安全问题,又催生了相关领域的全球治理,引发了对国际法供给的巨大需求。然而,网络安全风险点分散于不同国家的管辖范围内且各国公权力的设置与运用难以强行统一,国际法供给就显得捉襟见肘。另一方面,指导性国际规则能够突破网络安全国际法在适用范围、修改程序、执行方式等方面的严格要求,及时对新的全球性问题提出对策,又正因其效力的弱质化与条约法、习惯法规则并行不悖,能够暂时淡化一些短期无法完全调和的国家间矛盾。这样一来,国际法功能难以灵活施展的区域就成了指导性国际规则滋长的空间。如网络空间负责任国家行为规范就属于非约束性的政策建议,是对网络空间国际法的补充。

大约自 2005 年以来,国际贸易、国际金融、全球公共卫生、国际环境保护、网络安全等领域的国际"软法"研究在中国层出不穷,这些研究积极证成"国际软法"的概念,甚至将国际"软法"作为国际法的渊源。国际法渊源的范畴是国际法学长久以来悬而未决的难题,随着国际组织的蓬勃发展,国外学界从 20 世纪 70 年代以来就在讨论国际法渊源应否拓展以及如何拓展的问题。

有学者为证成国际"软法"提出了四个重要意见:一是《国际法院规约》第 38 条对于国际法渊源的列举并非穷尽,且《国际法院规约》作为一份 1945 年通过的文件,不能期望它跟得上不断进步的时代发展潮流,1998 年《国际刑事法院规约》(Rome Statute of the International Criminal Court)第 21 条第 2 款超越了《国际法院规约》,规定了判例的渊源地位;二是违背国际法却未被追究责任的现象为数众多,国际"软法"除形式上不具有约束力之外,在实际效果上与"硬法"并无二致;三是就很多国际法的渊源而言,要查明的是主张、行为的依据,即说法和做法的正当性,可以作为论证基础的依据既包括正式的约定、可以认定的习惯,也包括公认的原则、学者的学说,当然不能排除"软法"文件,只是它们有些是很强的、直接性的根据(形式渊源),有些是较弱的、具有辅助性的根据(辅助渊源),它们共同为法律论证服务,从其立场的代表性、形成过程的严肃性、内容的缜密程度来分析,国际"软法"都不低于公法学家的学说,有资格成为一种辅助渊源;四是如果断定国际"软法"是未来法,仅仅对国际造法具有推动作用,则其对于国际行为体的影响力要大为减弱。[①]同时,该学者对国际"软法"的局限也有着清晰的认识,但其坚持这些局限可以被克服:"国际"软法效力受强权政治的制约,存在透明程度不高、民主参与机制不健全的问题;为了规范快速发展的国际"软法",应使其的制定程序符合现代法治理念的要求,且有必要从制定主体等方面来对国际"软法"进行限定,不能任其无序发展。[②]简言之,国际"软法"在实践中发挥愈来愈大的作用,国际法的传统理论应顺势为其调整、对其"赋能"。

  上述观点存在可质疑之处:第一,《国际法院规约》与《国际刑事法院规约》有各自不同的缔约国,不能当然地将后者视作对前者的超越。对于国际"软法"的探讨可以在学术层面进行,但不能改变《国际法院规约》缔约国的实证法立场。就如对法、国际法,可以从自然法学、实证法学、法社会学、马克思主义法学、批判法学等不同路径加以界定、阐释,但在实际适用的过程中,必须依照国际实证法行事。第二,将国际法被违反与国际"软法"被适用对照,以衡量二者的实施效果,相当于"以己之长,攻人之短",借此得出国际法与国际"软法"没有实质区别的结论未免牵强,且无视了国际法被遵守的常态以及不乏因违反国际法被追究法律责任的情形。第三,国际"软法"确实可与司法判例及各国权威最高之公法学家学说一道作为确定国际法渊源的"补助资料",甚至国际"软法"的影响力高于司法判例及公法学家学说,但这三者都不应与国际条约、国际习惯及一般法律原则相提并论。简言之,国际条约、国际习惯及一般法律原则代表国际法的"本体",而国际"软法"、司法判例及公法学家学说是国际法的"证据"。诚然,无论是国际法的"本体"组成还是国际法的"证据",其最终目的都是论证说法和做法的正当性,但不能因此认定它们同属一类。第四,放任"法与非法"之间"灰色地带"的无限扩大,谋求扩大国际"软

---

① 参见何志鹏:《逆全球化潮流与国际软法的趋势》,载《武汉大学学报(哲学社会科学版)》2017年第4期,第62—64页。
② 参见何志鹏、尚杰:《国际软法的效力、局限及完善》,载《甘肃社会科学》2015年第2期,第129—130页。

法"对国际行为体的影响力究竟是福是祸？给予国际"软法"以国际法渊源的地位，是否会削弱国际法通过严格程序努力寻求的协商民主，是否会令"国家间的协调意志"更容易受到发达国家、技术专家的挟持？

然而，对国际"软法"持否定立场的学者仍是少数。国外学者的代表性观点认为，"软法"这一术语本身就具有误导性和矛盾性，应保持法律和非法律的区别。[1]"软法"不是法，(是不是法)取决于当事国的意图，即它们是否打算在有关事项上建立具有约束力的法律关系。[2]"软法"不是独立的法律渊源，而是对承诺的一种表达，其本身没有法律约束力，国家，至少在创设它们时，不想承担法律义务。[3]"软法"消极的侧面在于，导致了国际法上"法"与"非法"界限的暧昧性，纵容了"灰色地带"无限扩大，孕育了国际法规范体系本身脆弱化的危险；加之"软法"群太广泛，如果将所有领域及其多样性现实作为"软法"的语言，难以将其作为可利用的分析概念；再者，"软法"的概念基准亦不明确，应将其置于"未成熟"的法的动态过程中阐述，还是着眼于作为"没有形成合意的国际文书"这一形式或地位来阐述；是从重视内容的一般性、抽象性角度，还是从欠缺法的拘束力、执行力或不完全性的角度来阐述，都可能产生差异后果。[4]简言之，"软法"群十分庞杂，不同的类型无法一概而论。中国国际法学者万霞早在2005年就指出，国际"软法"被用于说明条约中那些缺少强制性和明确义务性的条款和规范并不合适；条约中规定的条款，就当然具备了国际法上的意义；国际"软法"如国际组织的决议、国际会议的文件、国际机构确定的标准和准则等，既然不具有法律拘束力，就根本不是法，而属于国际道德的范畴，构成了现有的或产生新的国际法原则、规则的重要证据，是

---

[1] See László Blutman, In the Trap of a Legal Metaphor: International Soft Law, *International and Comparative Law Quarterly*, 2010 (3), p. 605.

[2] See Malcolm N. Shaw, *International Law*, 8th Edition, Cambridge University Press, 2017, pp. 389-390.

[3] 参见〔美〕巴里·E.卡特、〔美〕艾伦·S.韦纳：《国际法》，冯洁菡译，商务印书馆2015年版，第174—175页。

[4] 参见〔日〕村瀬信也：《国际立法——国际法的法源论》，秦一禾译，中国人民公安大学出版社2012年版，第15—18页。

国际法渊源的"补助资料"。①还有中国学者进一步提出,所谓国际"软法",是介于所谓"硬法"与纯粹的政治或道德承诺之间的国际规则,它自身不可能成为国际法的渊源,但国际"软法"中的两个重要类型可以被归入国际法渊源的范畴,即政府间国际会议通过的非拘束性决议或规则,以及非政府间国际组织的决议或规则。②联大决议可以作为国际法规则的证据,其具有不同的证明力,一般取决于决议通过时的投票情况和决议内容;"软法"这一术语反映了联大决议或多边宣言的性质,它虽然有影响力,但却没有普遍的法律约束力(除了针对该组织内部特定事项);"软法"似是而非的表述方式并不恰当,一个规则要么是法律,要么不是法律。③虽然国际"软法"一词在21世纪以前尚未在中国法学著作里出现,联大决议与国际"软法"是并列关系还是后者包含前者也未有定论,但"颇有实力"争取加入现有国际法渊源的联大决议尚未得到广泛接纳,更遑论其他国际组织、国际会议或跨国企业制定的非条约文件。

诚然如前所述,如果将国际法的"渊源"与"形式"加以区分,把国际法的"渊源"理解为国际法形成过程中发挥重要作用的资源,那么将所谓国际"软法"纳入其中似无不可。问题是,将不会导致法律后果的指导性国际规则冠以"法"之名是否合适?国际"软法"这一称谓存在的必要性在哪?国际"软法"一词本身在逻辑上能否自洽?"软法"与道德、礼节、习惯等其他社会规范之间的界限又如何清晰化呢?④"软法"的根本问题是对系统之间界限的混淆;我们并不反对对法律作概念上的改进,不管亚里士多德还是马克思,对法律所下的任何经典式的定义都可以,而且也应当得到不断的修订,但这种修订的限度究竟应当划定在什么地方?⑤国际

---

① 参见万霞:《国际法中的"软法"现象探析》,载《外交学院学报》2005年第1期,第95—96页。
② 参见张磊:《论国际法渊源的内涵和外延》,载《河南科技大学学报(社会科学版)》2012年第6期,第94页。
③ 参见贾兵兵:《国际公法:和平时期的解释与适用》,清华大学出版社2015年版,第51—52页。
④ 参见杨海坤、张开俊:《软法国内化的演变及其存在的问题——对"软法亦法"观点的商榷》,载《法制与社会发展》2012年第6期,第113—119页。
⑤ 参见赵春燕:《对"软法"概念的冷思考——兼谈对卢曼法社会学理论的正确理解》,载《河北法学》2010年第12期,第46页。

法与其之外的规则之间界限的弱化是否会导致强势主体意志的垄断？是否会导致国际司法中裁判依据与说理依据的混同,进而影响国际法治的公正性？

从逻辑上看,"软法"这一术语本身不周延,"软法"这个称呼本身就是自相矛盾的(oxymoronic)①。法没有软硬之分,法使其主体享有权利的同时亦使其主体承担义务,违法必须承担法律责任;如果违反的不是法律(如"指南"或"建议"等),即使需要承担责任,那也是道义责任或政治责任。②即使是国际条约中的任择性条款,即使当事国不选择它,它还是有强制力的,只不过它对当事国不适用而已。就像地上有一块石头,它是硬的,无论是否把它捡起来,它都是硬的。我们承认人类社会当中存在多元的规范类型,但是不能认可"法"的多元化,否则"法"就变成了一个什么都可以往里面装的东西。③西方国家倡议的"基于规则的国际秩序",正是混同了具有法律约束力的国际法和不具法律约束力的规则,将二者置于同一层次来迫使国家遵守,令诸多反映西方国家利益与诉求的指导性国际规则"狐假虎威"了起来,甚至可能导致其对国际法的蚕食。归根结底,国际法必须具备法律规则三要素(假定条件、行为模式、法律后果),尤其是法律后果要素,因此,国际"软法"不是法,更不能谓之法。

概言之,"正其名"方能"尽其力"。指导性国际规则不可否认地在全球治理中具有重要价值,它在一定程度上弥补了国际法的滞后性与笼统性,增加了维护国际秩序、促进国际社会发展可利用的资源,但这并不足以证成其被冠以国际"软法"之名的正当性,也不足以证成扩大解释"法"之概念的必要性。在充分肯定指导性国际规则作用的同时,也应对其可能存在的随意性、强权性保持警惕。在国际法与指导性国际规则之间建立一定的"防火墙",有利于一方面将重心放在强化国际法实施并坚持联合国主渠道地位上,另一方面推进某些关键的指导性国际规则向国际法转化,更能兼顾国际法治建设的稳定性与灵活性。

总而言之,从规则属性上来说,指导性国际规则不是国际法,也不应

---

① See Louis Henkin et al., *Human Rights*, 2nd Edition, Foundation Press, 2009, p. 245.
② 参见林灿铃:《国际环境法》(修订版),人民出版社 2011 年版,第 122 页。
③ 参见刘作翔:《"法源"的误用:关于法律渊源的理性思考》,载《法律科学》2019 年第 3 期,第 9 页。

谓之"软法",其类似于政治承诺或"民间"惯例。非正式规则的积极作用在于推动形成一种共同的责任概念,有助于制定某些行为准则。[①]虽然非正式规则不具备法律约束力,但违背政治承诺或"民间"惯例也可能对行为体造成负面效应。从功能上来说,指导性国际规则是对国际法的重要补充。网络安全国际合作相关指导性国际规则的功能有三:其一,弥补现有网络安全国际法未涵盖之处;其二,为网络安全国际法的进一步发展奠定基础;其三,一些细致的网络安全技术性指南较之国际法而言具有很强的可操作性。因此,认可相关指导性国际规则对网络空间国际法的补充作用,从中捕捉网络空间国际法的适用解释以及发展趋势,有益于网络安全世界秩序的形成和稳定。

第二节 网络安全合作国际法律制度的现状

国际法律制度是依据国际法形成的、具有法律强制力的一系列制度安排。国际法律制度包括有关国际组织的运行、谈判机制、立法程序、实施机制、监督机制、争端解决机制等。国际合作法律制度是促进跨国合作方面的国际法律制度,是国际合作的制度化、法治化,需要接受公平性、合理性、有效性的检视。国际政治催生了国际法律制度,国际法律制度也反作用于国际政治,其不乏对国际政治"游戏规则"以及国家利益的重塑。网络安全合作国际法律制度的依据是为数不多的全球性或区域性国际条约。

一、网络安全合作国际法律制度的条约依据

联合国框架下的立法进程以及区域性谈判框架在网络安全合作国际法律制度形成的过程中都起到了重要作用。它们的谈判主体为国家,间接吸收非国家行为体的意见。

当前联合国框架下的立法进程主要是打击网络犯罪全球性公约的谈

---

① 参见郎平:《全球网络空间规则制定的合作与博弈》,载《国际展望》2014年第6期,第150页。

判。2019 年,第 74 届联合国大会通过了中国、俄罗斯等 47 国共同提出的题为"打击为犯罪目的使用信息通信技术"的第 74/247 号决议(Countering the Use of Information and Communications Technologies for Criminal Purposes),该决议决定设立推动谈判打击网络犯罪国际公约的特设委员会,这是一个不限成员名额的政府间专家委员会,是打击网络犯罪全球性公约谈判的重要开端。该决议以 79 票赞成、60 票反对、33 票弃权、21 国未投票的结果通过,其中中国、俄罗斯、印度、南非等发展中国家对决议投了赞成票,欧盟成员国及美国、澳大利亚、新西兰、加拿大、日本等发达国家投了反对票。[①]可以说该决议是涉险过关,可见分歧之大。这是自互联网诞生以来,联合国首次主持网络空间国际条约谈判,维护了联合国在国际合作法律制度中的主渠道地位,彰显了真正的多边主义。2024 年 12 月 24 日,第 79 届联合国大会通过了《联合国打击网络犯罪公约》,其宗旨在于促进、便利和加强在预防和打击网络犯罪方面开展的国际合作,包括促进、便利和支持有关的技术援助和能力建设(第 1 条)。

1999 年《制止向恐怖主义提供资助的国际公约》(International Convention for the Suppression of the Financing of Terrorism)与 2000 年《联合国打击跨国有组织犯罪公约》(U.N. Convention Against Transnational Organized Crime)等全球性条约也适用于网络安全领域,后者每两年召开一次缔约方大会(Conference of the Parties, COP)并发布决议。

网络安全国际合作的区域框架主要还是打击网络犯罪或反恐怖主义相关的区域性条约。欧盟的立法进程主要围绕 2001 年《网络犯罪公约》,而后又制定了 2022 年《〈网络犯罪公约〉关于加强合作和电子证据披露的第二附加议定书》、2003 年《〈网络犯罪公约〉关于通过计算机系统实施种族主义和排外性行为的犯罪化附加议定书》等。

《网络犯罪公约》虽然还算不上全球性公约,但其作为首份打击网络犯罪的国际条约,具有重要的借鉴意义。有学者认为,《网络犯罪公约》的定位在于形成了一个最低标准的国际合作框架,允许保留的条款多达 9

---

① See United Nations, Countering the Use of Information and Communications Technologies for Criminal Purposes: resolution / adopted by the General Assembly, https://digitallibrary.un.org/record/3841023, last access: Feb. 26, 2025.

处,给予缔约国很大的灵活性以协调其国内法。①该公约在尊重各缔约国主权的基础上对国际司法协助的开展作了灵活处理。②而相反的意见则认为,《网络犯罪公约》的鲜明特色在于协作条款的强制性,要求各国对权力的让渡,难以为大多数国家所认可③。可见,《网络犯罪公约》强制性的强弱事实上是见仁见智的。例如,《网络犯罪公约》第 27 条允许缔约国因重要利益拒绝开展司法协助,但在被请求国作出拒绝或推迟提供协助的决定前,应与请求国适当协商。关注点在"可拒绝"还是在"应协商",可能得出对《网络犯罪公约》强制性的不同结论。

《网络犯罪公约》未顾及网络技术弱势国的诉求。例如,该公约未纳入网络言论犯罪的内容,而是单独制定了《〈网络犯罪公约〉关于通过计算机系统实施种族主义和排外性行为的犯罪化附加议定书》,其缔约国数量远远少于《网络犯罪公约》的缔约国数量,这说明在该问题上较难达成共识。依据规范接受国数量、同质性程度以及能否被关键性大国所接受这三个衡量规范扩散广度的指标,以及关键概念、理念的法律化程度和替代性规范框架有效性这两个评估规范扩散深度的指标,《网络犯罪公约》虽然在跨境数据的犯罪取证方面构建了初步的国际司法合作框架,但未触及更为实质的量刑和引渡层次。④因此,《网络犯罪公约》并没有太大的持续扩散的可能。从根本上说,欧洲国家的文化实际上是极为相近的,欧盟的成立并没有提供不同文化之间和平融合的榜样,甚至也许不过是一个放大了的民族主义,可能加剧与其他文明的冲突,而不是减缓它。⑤《网络犯罪公约》在欧洲以外地区的被接受度并不高,这凸显了在联合国框架下谈判制定打击网络犯罪全球性公约的必要性。

其他区域的条约还有 2001 年《独立国家联合体打击计算机信息犯罪

---

① 参见宋玉萍:《全球化与全球治理——以欧洲委员会〈网络犯罪公约〉为例》,载《新疆社会科学》2013 年第 1 期,第 89 页。
② 参见胡健生、黄志雄:《打击网络犯罪国际法机制的困境与前景——以欧洲委员会〈网络犯罪公约〉为视角》,载《国际法研究》2016 年第 6 期,第 23 页。
③ 参见王肃之:《打击网络犯罪国际规则的博弈与中国方案》,载《法学论坛》2021 年第 1 期,第 85、90 页。
④ 参见张豫洁:《评估规范扩散的效果——以〈网络犯罪公约〉为例》,载《世界经济与政治》2019 年第 2 期,第 79 页。
⑤ 参见盛洪:《从民族主义到天下主义》,载《战略与管理》1996 年第 1 期,第 19 页。

合作协定》、2009年《上海合作组织成员国保障国际信息安全政府间合作协定》、2010年《阿拉伯国家联盟打击信息技术犯罪公约》、2014年《非洲联盟网络安全与个人数据保护公约》等。

在一些国际贸易协定、数字经济协定的谈判中,也会纳入一些网络安全国际合作的内容,主要集中在减少恶意侵入电子网络和减少恶意代码传播两个方面。2018年《全面与进步跨太平洋伙伴关系协定》(Comprehensive and Progressive Agreement for Trans-Pacific Partnership,CPTPP)第14.16条"网络安全事项合作"规定,缔约方利用现有合作机制,在识别和减少影响缔约方电子网络的恶意侵入和恶意代码传播方面开展合作。2020年达成的《数字经济伙伴关系协定》(Digital Economy Partnership Agreement,DEPA)第5.1条"网络安全合作"使用了相同的表述。

二、网络安全合作国际法律制度的具体内容

网络安全合作国际法律制度的具体规范是指国际条约中有关网络安全合作的具体行动安排,主要包括明确合作前提、规定合作形式,目的是在相互尊重主权的基础上,尽可能提升合作的质量与效率。

现有与网络安全有关的全球性条约以及发展中国家之间签订的条约基本将遵守公认的国际法原则和规则,特别是国家主权原则、遵守国际人权法义务、保护个人网络权利作为安全合作的前提。2024年《联合国打击网络犯罪公约》规定,缔约国应当以符合各国主权平等和领土完整以及不干涉别国内政原则的方式履行本公约为其规定的各项义务(第5条),缔约国应当确保履行根据本公约须承担的义务符合其根据国际人权法须承担的义务(第6条)。2001年《网络犯罪公约》在导言中就指出,关注确保执法部门的利益与基本人权尊重之间平衡的需要,重申每一个人不受干预地拥有发表观点的权利和自由表达的权利,包括寻求、接收和告知信息和各种想法的自由;该公约还规定,被请求的缔约国认为是政治犯罪或是与政治犯罪有关的犯罪,又或是请求的执行可能损害其国家主权、安全、特殊人群或其他基本利益的,被请求的缔约国可以拒绝协助,或拒绝保存数据的请求(第27、29、30条)。

广义的网络安全涵盖信息安全,有关信息安全的国际条约中对合作前提也有所规定。例如,2009年《上海合作组织成员国保障国际信息安全政府间合作协定》第 4 条"合作基本原则"规定,相关合作要符合维护国际稳定和安全的目的,遵守公认的国际法原则和规范,包括和平解决争端和冲突、不使用武力、不干涉别国内政及尊重人权和基本自由,遵守地区合作原则和不侵犯各方国家信息资源的原则;在本协定框架内的活动应符合各方享有的寻找、获得、传播信息的权利要求,与此同时应当考虑到此权利可能因国家和社会安全利益而受到法律限制。第 6 条规定了信息交流的例外,对某些不便提供给他国的信息可以不予交流,如公开后可能损害一方国家利益的信息、属于国家秘密的信息或一方国家法律法规对其接触和传播进行限制的信息。2010 年《阿拉伯国家联盟打击信息技术犯罪公约》也强调要遵守国家主权平等和不干涉他国内政原则,不允许缔约国在他国领土内行使管辖权或履行他国法律规定的该国当局专属职能(第 4 条)。

打击跨国犯罪相关公约中的合作条款基本均可适用于网络犯罪。2000 年《联合国打击跨国有组织犯罪公约》第 4 条"保护主权"规定,缔约国应恪守各国主权平等和领土完整原则以及不干涉他国内政原则,不允许缔约国在他国领土内行使管辖权或履行他国法律规定的该国当局专属职能。

反恐怖主义公约中的合作条款也基本可适用于网络恐怖主义。2001 年《打击恐怖主义、分裂主义和极端主义上海公约》(Shanghai Convention against Terrorism, Separatism and Extremism)规定,如被请求的中央主管机关认为,执行请求可能有损其国家主权、安全、公共秩序或其他根本利益,或违背其国内法或国际义务,则可推迟或全部或部分拒绝执行请求。2010 年《上海合作组织成员国政府间合作打击犯罪协定》(Agreement between the Governments of the Member States of the Shanghai Cooperation Organization on Cooperation in the Field of International Information Security)中也有相同表述。2009 年《上海合作组织反恐怖主义公约》(SCO Counter-Terrorism Convention)同样规定,根据本公约行使权利和履行义务时,各方应遵循国家主权平等、领土完整和互不干涉内政的原则(第 4 条);如果执行请求有损主权和国家安全或者违背国内法律,被请求方主管机关可以拒绝执行请求(第 17 条)。2017 年《上海合作组织反极端主义公约》(Convention of the Shanghai Cooperation Organization on Combating

Extremism)中也有相同规定。

网络安全相关条约中规定的国际合作形式包括信息交换、定期磋商、设立有效联络渠道、设立威胁评估与监测系统、分享良好实践、制定共同标准、制定信任措施、司法协助、联合培训或研究、对外援助、慎用例外条款等。这些规定既有义务性，亦不乏灵活性。

《联合国打击网络犯罪公约》设有"国际合作"专章，涵盖的具体措施包括建立全天候（每周7天、每天24小时）网络以确保提供即时协助（第41条），快速保全存储的电子数据、快速披露所保全的流量数据、访问存储的电子数据、实时收集流量数据、拦截内容数据等方面的司法协助（第42—46条），加强并于必要时建立其主管机关、机构和部门之间的通信渠道（第47条）等。该公约还设有"技术援助和信息交流"专章，措施建议涵盖培训、技术转让以及收集、保全和共享证据，特别是电子形式证据的能力建设，专家协商，制定共同定义、标准和方法以及最佳实践，成效和效率评估。

《网络犯罪公约》及其2022年《〈网络犯罪公约〉关于加强合作和电子证据披露的第二附加议定书》均设有"国际合作"专章，主要针对犯罪调查与取证的合作原则、程序、事项等作出规定，包括数据的保存、搜查、访问与披露。《网络犯罪公约》特别提出，在紧急状态下可以通过传真或电子邮件等紧急通信方式请求协助（第25条），并对不存在可适用条约的情况作出一些特殊安排（第27、28条）；规定"双重犯罪"（dual criminality）不应成为提供数据保存的条件，保存数据要快速且不少于60天，以便请求国能够有效获得数据（第29条）；在可公开访问的情况下，或获得数据的合法拥有者同意的情况下，缔约国未经另一缔约国同意即可跨境取证（第32条）；要求各缔约国设立每周7天、每天24小时不间断的有效联络点（第35条）。这些规定较为细致，对降低合作门槛具有重要意义，但不免需要缔约国在国家主权方面作出较大退让。

2001年《独立国家联合体打击计算机信息犯罪合作协定》规定的合作形式包括信息交换、建设信息系统、司法协助、协助人员培训、联合研究、交流法律法规或技术文献（第5条）。

2009年《上海合作组织成员国保障国际信息安全政府间合作协定》提出建立共同应对信息安全威胁的监测体系、制定必要的共同措施与信任措施、推动保障全球互联网安全稳定运行的国际化管理、交流信息与经验、完善合作机制(第3条);明确联络渠道信息并落实定期磋商等(第5条)。

2014年《非洲联盟网络安全与个人数据保护公约》规定的国际合作形式包括建立与第三国个人数据保护机构合作的机制、区域协调(尊重双重犯罪原则)、司法协助、设立评估网络威胁与脆弱性的信息交换机构(第12、28条)。该公约中的一些措辞也较为灵活,例如,"shall encourage the establishment of institutions",重点是放在"应当"(shall)设立机构还是"鼓励"(encourage)设立机构,不同国家可以有不同理解。

2000年《联合国打击跨国有组织犯罪公约》规定,执法培训和技术援助的主题包括打击借助于计算机电信网络或其他形式现代技术所实施的跨国有组织犯罪的方法(第29条);加强有关领域的管辖权协调以及司法、执法、管理合作,考虑同科技和学术界协商并分享分析性专门知识,酌情制定和适用共同的定义、标准和方法(第13—19、27—30条);即使不构成双重犯罪,被请求缔约国仍可以适当提供司法协助(第18条);加强对发展中国家的技术、财政和物质援助(第28、29条)。不仅如此,几乎每次公约缔约方大会,都会对公约中国际合作规定的执行情况进行审议①。

全球性反恐怖主义条约如1999年《制止向恐怖主义提供资助的国际公约》(International Convention for the Suppression of the Financing of Terrorism)规定了协助调查取证、提起诉讼或引渡程序、信息交流等合作事项(第12、18条)。区域性反恐怖主义条约如2001年《打击恐怖主义、分裂主义和极端主义上海公约》规定了交流信息或法律法规、快速侦查、情况通报、相互提供技术和物资援助等合作形式(第6、11条);2010年《上海合作组织成员国政府间合作打击犯罪协定》确定信息技术领域犯罪是为合作打击的对象(第1条),合作形式包括交换信息或法律法规、侦查、交流工作经验、协助执法官员培训和进修(第3条);欧

---

① UNODC. Conference of the Parties to the United Nations Convention against Transnational Organized Crime: Resolutions and Decisions, https://www.unodc.org/unodc/en/treaties/CTOC/resolutions-and-decisions-conference-of-the-parties-to-the-united-nations-convention-against-transnational-organized-crime.html, last access: Feb. 26, 2025.

洲委员会 2005 年《防止恐怖主义公约》(Council of Europe Convention on the Prevention of Terrorism)规定了交换信息和最佳实践(best practice),培训及其他预防性质的共同努力、刑事调查取证或引渡程序等合作形式(第 4、17 条)。

总体而言,目前网络安全国际合作的具体法律安排"务虚"大于"务实",具有可操作性的合作义务设定并不多,其原因自然还是各方矛盾较为突出,一时难以妥协。"半杯水思维"同样适用于网络安全领域,"如果必须承认法律之杯尚是半空状态,也应看到法律之杯已是半满状态"①,悲观者称半杯水为"半空",乐观者称半杯水为"半满"。虽然存在无法根除的、不断迭代的安全漏洞,各国网络安全防护的能力也在"水涨船高",全球的网络系统总体保持较为安全的状态,国家之间时而发生的网络摩擦或试探也均未演变为大规模网络冲突,对此,已有的网络安全合作法律制度功不可没。不过,目前网络安全国际合作相关国际法律规则并不多,因此还需要从指导性国际规则中探寻网络安全国际合作的制度安排及其发展趋势。

第三节　网络安全国际合作的指导性规则体系

网络安全国际合作的指导性规则包括联合国安理会决议、联大决议、联合国各专家组报告、国际会议成果文件及其他指导性国际规则等。其中,联合国安理会决议、联大决议能否成为国际法渊源的问题广受讨论,联合国安理会决议最有希望成为国际法的新渊源。然而,目前看来,成功挑战现有国际法渊源理论的可能性不高,联合国安理会决议、联大决议还是只能同其他国际文件一道,居于指导性国际规则之列。

一、联合国安理会决议

国际组织决议通常只是国际法渊源的证据。国际组织的决议能否成

---

① 〔美〕巴里·E. 卡特、〔美〕艾伦·S. 韦纳:《国际法》,冯洁菡译,商务印书馆 2015 年版,第 33 页。

为国际法渊源,很大程度上取决于该组织的章程。①如果该组织的章程确定机构的某些决议对成员国具有约束力,则该约束力就是建立在同意基础上的,无论某一特定决议对一个或多个会员国来说多么不受欢迎,也无从反驳,联合国安理会实施的制裁相当于被影响国事前"同意"的。②根据1945年《联合国宪章》(Charter of the United Nations)第24、25、39条,联合国会员国应接受并履行(accept and carry out)安全理事会有关"维持或恢复国际和平及安全"的决议。联合国目前有193个会员国③,涵盖了世界上几乎所有的主权国家。因此,联合国安理会有关"维持或恢复国际和平及安全"的决议可以说最有资格跻身国际法渊源之列。

有学者认为,安理会决议数量之多,强制力之强,使决议不仅具有国际法渊源上的意义,甚至还具有某些相对于条约、习惯或判例的优势,但也需要受到一般国际法、一般法律原则和强行法的限制。④有学者将安理会决议分为两类:一类是特别决议,即安理会认定存在对和平的威胁、对和平的破坏,或侵略行为所作出的决议,可以理解为《联合国宪章》的"实施细则"(安理会可被视作《联合国宪章》的执行机关),其中包含reaffirming(重申)、emphasizing(强调)、urge(敦促)、call upon(呼吁)等软性措辞的条款是任意性规则,对联合国会员国没有法律拘束力,而其中的国际义务条款是强制性规则,对全体会员国具有法律拘束力;另一类是一般决议,即安理会认定不存在对和平的威胁、破坏或侵略行为所作出的决议,对非理事国的联合国会员国不具有拘束力,由会员国选择适用,具有任意性,但对安理会15个理事国具有内部拘束力。⑤如此,将安理会决议作特别决议与一般决议之分是较为合理的,但再将安理会特别决议分为软性措辞条款与强制性规则似无必要。即便是国内法,也不乏"可以"

---

① 参见李伟芳:《论国际法渊源的几个问题》,载《法学评论》2005年第4期,第54页。
② See Hugh Thirlway, *The Sources of International Law*, 2nd Edition, Oxford University Press, 2019, p. 26.
③ 参见联合国:《联合国概览》,载 https://www.un.org/zh/about-us,最后访问时间:2025年2月26日。
④ 参见何田田:《联合国安理会决议与国际法渊源关系的思考》,载《南都学坛(人文社会科学学报)》2017年第3期,第66、70页。
⑤ 参见王虎华、肖灵敏:《再论联合国安理会决议的国际法性质》,载《政法论丛》2018年第6期,第48—51页。

等措辞表述的法条,但没有人会认为这些条款就不是法。强制主要是针对整体意义上的法律而言,而非针对法律中每一条具体的法律规范,否则宪法岂不成为一部很典型的"软法",同一部法律岂不是也可能一部分法律规范属于"硬法",一部分法律规范属于"软法",出现条款割裂、削弱整个法律实施效果的问题。①所谓"软性措辞条款",就是法的任择性条款,其特意为会员国灵活执行安理会特别决议留下空间,无关乎安理会特别决议的属性。至于何谓"维持或恢复国际和平及安全",《联合国宪章》对此并未作进一步阐释,因此解释权实质上由安理会行使,并随着国际和平与安全之威胁的变化及安理会的合理解释而不断变化。②此外,安理会决议虽表现出普遍约束力、一般针对性、无明确期限限定的"硬规范"特征,却又表现出容忍"差别执行"及"消极履约"的"软约束"特征。③综上所述,联合国安理会决议的性质需要区分情况来判断。

诚然,基于国家主权平等原则,即使绝大多数国家达成一致意见,通常情况下,并不存在无视极少数国家意见的正当理由。虽然根据《联合国宪章》"隐含的授权"以及维护国际和平与安全的客观需要,安理会既有的决议"造法"实践的合法性和正当性应当得到肯定,但这与国际法基本制度相悖(国际社会并不存在凌驾于主权国家之上的立法机关),并且国际法院亦无法通过司法审查对其进行必要的制约,因此安理会决议"造法"应当受到严格的限制。④不过这也并不意味着极少数国家"反普遍性"的意见都可以被包容,还是需要具体问题具体分析,并经由充分辩论。

2005年联合国安理会第1617号决议提出对恐怖主义关联者采取措施,其是第一份对利用包括因特网在内的各种媒体进行恐怖主义宣传和煽动恐怖主义暴力行为表示关切的安理会决议。此后,每年联合国安理会都会围绕"恐怖行为对国际和平与安全造成的威胁"通过决议,有时

---

① 参见杨海坤、张开俊:《软法国内化的演变及其存在的问题——对"软法亦法"观点的商榷》,载《法制与社会发展》,2012年第6期,第116页。
② 参见简基松:《对安理会"决议造法"行为之定性分析与完善建言》,载《法学》2009年第10期,第80页。
③ 参见李因才:《权势扩张及其限度:安理会第1373与1540号决议的"硬规范、软约束"现象》,载《国际展望》2012年第2期,第67页。
④ 参见王虎华、蒋圣力:《联合国安理会决议造法的国际法思考》,载《时代法学》2015年第6期,第99页。

一年通过多份有关该主题的决议,几乎都涉及合作打击网络恐怖主义。较为典型的有 2010 年第 1963 号决议,其要求会员国必须协力防止恐怖分子利用互特网进行恐怖活动的招募、煽动或筹资筹备,增强联合国框架下有关委员会及其各自专家组之间目前开展的合作,包括酌情使信息分享制度化,就国家访问、参加讨论会、技术援助、与国际和区域组织及机构的关系等问题进行协调。2014 年第 2195 号决议在重申尊重所有国家的主权、领土完整和政治独立的基础上,鼓励会员国加强各国、区域和全球收集、分析和交流信息的体系。2016 年第 2322 号决议强调必须考虑对跨境采集网络数据、电子取证的方法和最佳实践进行重新评估;通报交流良好做法的信息,促进能力建设,包括分享良好做法和交流这方面的信息;鼓励会员国、国际、区域和次区域组织建立全天候的反恐网络。2017 年第 2396 号决议促请会员国非正式以及正式地分享最佳实践和技术知识,以期改进相关信息和证据的收集、处理、保存和分享;反恐怖主义委员会(Counter-Terrorism Committee, CTC)继续确定新的良好实践(good practices),应会员国要求为技术援助提供便利,具体做法是促进能力建设援助的提供者与受援方加强联络。

综上所述,联合国安理会决议所涉网络安全国际合作的内容主要体现在打击恐怖主义的相关决议中,所规定的合作形式主要有信息共享、技术援助、分享良好实践、能力建设援助、建立全天候的反恐网络等。联合国安理会决议同样对有关国际合作施加了一定的前提条件,如 2014 年以来的决议都要重申尊重所有国家的主权、领土完整和政治独立;2012 年第 2083 号决议则要求监察员办公室作出有助于分享保密信息的安排,遵守信息提供国规定的保密限制。前述规定与有关国际条约基本保持一致。

二、联合国大会决议

联大决议一般不具有法律效力,但具有较大影响力,是国家实践的积极表达,对国际法的形成和确立具有重要作用。联大决议通过时的赞成票数也是反映其影响力大小的一个因素,可以作为习惯国际法(法律确信)存在与否的证据。根据《联合国宪章》第 10 条的规定,联大决议属于建议性质,但不可否认的是,某些联大决议,特别是涉及国家权利义务或对《联合国宪章》、国际法基本原则作解释的决议,得到了国际社会绝大多数国家赞同并反映出整个国际社会意志的规范性决议,即使尚未成熟到具备普遍法律拘束力的程度,也不失为习惯国际法之证据。①持有类似观点的国外学者很多。有学者认为,国家可以同意根据"多数"来立法,虽然这属于例外,且非常有限。例如,联大决议正是依靠压倒多数或不鼓励反对意见的"一致同意"来促进、宣布或确认国际法原则。②联大决议有各种各样的内容和表现形式,内容有高度政治性问题也有技术性事项,形式可以是建议或请求、决定或命令、声明或宣言,因此很难说它们具有同样的法律意义,但至少对投票赞成的会员国有拘束力。③作为国际法规则的证据,联大决议具有不同的证明力,一般取决于通过时的投票情况和决议内容。④也有学者认为,传统观点将联合国大会视作咨询机构,而安全理事会则可以作出具有约束力的决定,但如今的情况则有些复杂,联合国大会提出了许多非常重要的决议和宣言,这些决议不可避免地会对现代国际法的发展方向产生影响;各国在会上进行投票的方式以及作出的解释构成了国家的做法和国家理解法律的证据,可能转变为一种有约束力的习惯,还可能根据具体情况被理解为对《联合国宪章》各项原则的权威解释;然而,人们必须认识到将所有联大决议都赋予法律价值的危险,因为联大决议往往是政治妥协的结果,从这个意义上讲,从来不打算构成有约束力的规范,因此在过渡到确定法律规范时,必须非常谨慎。⑤不过,联大决议即便没有约束力,也不失规范性价值和国际法证明力,可以作为某个"法律确信"产生的重要证据;也有极少数决议因其内容和目的,可能被定性为"立法性"决议,成为条约法的一种形式,例如,国际民航组织的一些决议,这是由成立这类组织的条约所决定的;还有被联合国大会全体一致通过,或经包括世界主要大国在内的绝大多数赞成通过,并在一个时期内被其后的决议反复认可,同时被各国在其他场合遵从,那么该决议作为国际

---

① 参见周晓林:《联合国与国际立法》,载《国际问题研究》1985年第4期,第28页。
② 参见〔美〕路易斯·亨金:《国际法:政治与价值》,张乃根等译,中国政法大学出版社2005年版,第34—35、52页。
③ 参见王铁崖主编:《国际法》,法律出版社1995年版,第13—14页。
④ 参见贾兵兵:《国际公法:和平时期的解释与适用》,清华大学出版社2015年版,第51页。
⑤ See Malcolm N. Shaw, *International Law*, 8th Edition, Cambridge University Press, 2017, pp. 385-388.

法的宣誓性质就达到最终确立的程度。①总体来说,以压倒多数或几乎一致的表决通过的决议,有助于形成习惯规则或证明习惯规则已经形成。②建立在一般国际法与习惯国际法存在区别的认识上,有学者认为,联大决议只具有建议的效力而缺乏法律拘束力这一点,只能说明它们不能成为裁判规范,却并不妨碍它们成为行为规范,成为一般国际法规则的认识根据(cognitive bases);并不是所有的联大决议都能被视为一般国际法的认识根据,只有少数极其重要的宣言中所规定的规则或原则才具有这种功能,如《世界人权宣言》(1948)、《关于各国内政不容干涉及其独立于主权之保护宣言》(1965)、《关于侵略定义的决议》(1974)、《建立新的国际经济秩序宣言》(1974)等,这些宣言或者决议都在联合国大会上以高票获得通过,而且多半是对《联合国宪章》某些条款的补充或者发展。③从这个层面来说,"认识根据"一词同样反映一些联大决议可以作为国际法形成过程中发挥重要作用的资源,而非国际法本身。1987年《美国对外关系法重述(第3版)》(Restatement of the Law, Third, Foreign Relations Law of the United States)第102、103条也基本持上述观点,强调国际组织决议作为国际习惯法的证据价值(evidentiary value)。除了作为国际习惯法的证据,若干几乎一致通过的联大决议还为相关条约的制定奠定基础,如联合国1963年《各国探索和利用外层空间活动的法律原则宣言》(Declaration of Legal Principles Governing the Activities of States in the Exploration and Use of Outer Space)后发展为1967年《关于各国探索和利用包括月球和其他天体在内外层空间活动的原则条约》;联合国1963年《消除一切形式种族歧视的宣言》(Declaration on the Elimination of All Forms of Racial Discrimination)发展为1965年《消除一切形式种族歧视国际公约》(International Convention on the Elimination of All Forms of Racial Discrimination)。概言之,联大决议要成为国际法渊源需要符合非常严苛

---

① 参见〔美〕托马斯·伯根索尔,〔美〕肖恩·D. 墨菲:《国际公法(第3版)》,黎作恒译,法律出社2005年版,第20—21页。

② 参见〔尼日利亚〕F. C. 奥科伊:《非洲国家与国际法渊源》,梁西译,载《国外法学》1980年第3期,第31页。

③ 参见禾木:《当代国际法学中的"一般国际法"概念——兼论一般国际法与习惯国际法的区别》,载《中山大学学报(社会科学版)》2014年第5期,第173页。

的条件,其绝大部分只能作为国际法渊源的证据。相较而言,联大决议无法成为国际法渊源的原因更多在于缺乏强制力的授权,而联合国安理会决议则在于其正当性、代表性并非无可指摘。

联合国大会有关网络安全国际合作的决议主要围绕合作打击网络犯罪,比较具有代表性的决议如下:

1999年,联合国大会第53/70号决议"从国际安全角度来看信息和电信领域的发展"指出,广泛的国际合作有助于取得信息技术传播和利用的最佳效益;必须防止信息资源或技术滥用于犯罪或恐怖主义目的,吁请会员国推动在多边框架下审议信息安全领域的现存威胁和潜在威胁。自此,几乎每届联合国大会都会通过同名决议,内容大同小异,有时也会增加一些新表述,如负责任行为规范、信任和透明度措施、供应链风险管理框架和机制等。

2000年,联合国大会第55/63号决议"打击滥用信息技术犯罪"(Combating the criminal misuse of information technologies),提倡在调查和起诉非法滥用信息技术的国际案件时,有关各国之间应协调开展执法合作;相互协助制度应确保及时调查非法滥用信息技术,及时收集和交换证据。

2002年,联合国大会第57/239号决议"创造全球网络安全文化"(Creation of a global culture of cybersecurity)着重指出,必须促进向发展中国家转让信息技术及开展能力建设的援助,以协助它们采取网络安全方面的措施;各类参与者应及时地协力预防和侦查安全事件并对这些事件作出反应,酌情分享关于威胁和脆弱性的信息,实施迅速、有效合作的程序。

2003年,联合国大会第58/199号决议"创造全球网络安全文化及保护重要的信息基础设施"(Creation of a global culture of cybersecurity and the protection of critical information infrastructures)首次使用了"利益攸关方"(stakeholders)的表述;鼓励会员国及有关区域组织和国际组织交流有助于其他会员国实现网络安全的最佳实践和措施;推动公共和私营部门的利益攸关方建立伙伴关系,交流和分析重要基础设施信息;酌情参与国际合作以保障重要信息基础设施的安全,合作方式包括协调紧急警报系统,交流和分析有关脆弱性、威胁和事故的情报,并根据国内法律协作调查攻击此类基础设施的行为。

2006年,联合国大会通过的第60/288号决议《联合国全球反恐战略》(United Nations Global Counter-Terrorism Strategy)是首份涉及打击网络恐怖主义的联大决议,其提出尽力缔结和实施司法互助和引渡协定,并加强执法机构之间的合作;鼓励会员国考虑为联合国的反恐合作和技术援助项目提供自愿捐款。

2018年,联合国大会第73/27号决议"从国际安全角度来看信息和电信领域的发展"提出联合国应发挥主导作用;促进会员国之间的对话,就国际法和规范、规则和原则适用于这一领域负责任的国家行为问题达成共识;促进建立信任措施和透明度措施,支持能力建设和传播最佳实践。同年,联合国大会第73/266号决议"从国际安全角度促进网络空间负责任国家行为"(Advancing responsible State behaviour in cyberspace in the context of international security)倡议制定更多的自愿、不具约束力的负责任行为规范(voluntary, non-binding norms),自愿建立信任措施。

2019年,联合国大会第74/173号决议"促进技术援助和能力建设以加强打击网络犯罪的国家措施和国际合作,包括信息共享"(Promoting technical assistance and capacity-building to strengthen national measures and international cooperation to combat cybercrime, including information-sharing)强调需要依请求并根据国家需要加强技术援助和能力建设活动,同时考虑发展中国家面临的具体挑战。

2021年,联合国大会第76/19号决议"从国际安全角度看信息和电信领域的发展以及促进使用信息和通信技术时的负责任国家行为"(Developments in the field of information and telecommunications in the context of international security, and advancing responsible State behaviour in the use of information and communications technologies)增加了对关键信息基础设施遭受恶意信息和通信技术活动攻击的关切。

2022年,联合国大会第77/37号决议"推进从国际安全角度使用信息和通信技术的负责任国家行为的行动纲领"(Programme of action to advance responsible State behaviour in the use of information and communications technologies in the context of international security)首次提出,欢迎提议制定一项推进从国际安全角度使用信息和通信技术的国家负责任行为的联合

国行动纲领。换言之,该决议表达了联合国牵头制定网络空间负责任国家行为规范的意图。2023年,同名的联合国大会第78/16号决议进一步提出,以普遍确认国际法的适用性以及对建立信任和能力建设的承诺为基础,加深对规范以及在使用信息和通信技术方面如何适用现有国际法的共同理解,并酌情考虑是否需要额外的自愿、不具约束力的规范或具有法律约束力的义务。简言之,决议体现联合国想要兼顾现有国际法的适用与新的国际法、不具法律约束力的负责任国家行为规范的制定,以满足不同利益集团的诉求。当然这也是联大决议必须具有充分代表性的定位所决定的。

2023年,联合国大会第78/237号决议"从国际安全角度来看信息和电信领域的发展"提议在国家一级建立符合国家和国际义务的全面、透明、客观和公正的供应链风险管理框架和机制,制定和执行全球共同的供应链安全规则和标准;欢迎建立全球政府间联络点名录,作为第一项普遍适用的建立信任措施。

相较于有关国际条约与联合国安理会决议,联大决议中有关网络安全国际合作的内容更详细,吸收了不少联合国各专家组报告中提出的建议:一是明确提出联合国应发挥主导作用,包括由联合国来制定网络空间负责任国家行为规范,并鼓励多利益攸关方参与的网络安全合作伙伴关系;二是使信息分享制度化,改进相关信息和证据的收集、处理、保存和分享,并细化信息交流的内容,包括交流和分析有关脆弱性、威胁和事故的情报,强调合作的迅速、有效;三是尽力缔结和实施司法互助和引渡协定,加强执法机构之间的合作;四是促进建立信任措施,例如,全球政府间联络点名录;五是建立供应链风险管理框架和机制,制定和执行全球共同的供应链安全规则和标准;六是加强对发展中国家信息技术转让和能力建设的援助。

三、联合国各专家组报告

联合国各专家组报告并不直接解决网络安全问题,但可以促进有关行为体观念的改变,进而影响其行为。联合国框架下网络安全国际合作相关的专家组主要有联合国信息安全政府专家组(GGE)、联合国信息安全开放式工作组(OEWG)以及联合国网络犯罪问题政府专家组(IEG)。

（一）联合国信息安全政府专家组报告

联合国信息安全政府专家组（GGE）于2004年设立，是网络空间治理，特别是网络空间国际法领域最重要的多边机制之一，截至2021年已经召集了六届专家组，其围绕网络安全领域存在的威胁、风险和脆弱性以及国际法如何适用于信息通信技术的使用、有关措施建议发布了四份共识报告，每一份报告都在确认之前报告成果的基础上加以延展，内容也愈发细致。

2010年GGE报告提出的合作建议包括：(1)寻求制定共同术语和定义的可能性；(2)制定旨在分享最佳实践、管理事故、建立信任、减少风险及提高透明度和稳定性的措施；(3)就国家立法及有关技术、政策和最佳实践进行信息交流；(4)加强各国之间以及国家、私营部门和市民社会之间的协作；(5)支持和援助欠发达国家的能力建设。

2013年GGE报告拓展的合作建议包括：(1)就适用相关国际法及其衍生的负责任国家行为规范、规则或原则达成共同理解；(2)联合国应在促进会员国之间对话方面发挥主导作用；(3)各国加强各自执法和检察机关的实际协作。该报告对建立信任措施提出的具体建议包括：(1)在联合国主持下定期举行广泛参与的对话，并通过双边、区域和多边论坛及其他国际组织进行定期对话；(2)建立双边、区域和多边的信任协商框架，举行讲习班、讨论会等活动；(3)建立预警机制；(4)自愿交流关于国家战略和政策、最佳实践、决策过程及改善国际合作措施的意见和信息，加强各国间关于信息通信技术安全事件的信息分享，国家计算机应急响应小组（Computer Emergency Response Teams, CERTs）应在其内部并在其他论坛进行信息和通信双边交流；(5)加强执法合作。该报告对于能力建设的建议包括：(1)加强计算机应急响应小组之间的合作；(2)转让知识和技术，特别是向发展中国家转让。

2015年GGE报告拓展的合作建议包括：(1)一国应适当回应另一国因其关键基础设施受到恶意信息通信技术行为攻击而提出的援助请求；(2)建立联络点名录或协调中心；(3)协助加强与计算机应急小组和其他获授权机构的合作机制，建立更多的技术、法律和外交机制；(4)酌情建立和支持双边、区域、次区域和多边协商机制和程序；(5)向发展中国家提供援助和培训。

2021年GGE报告拓展的合作建议包括:(1)受影响国可通知不法活动的来源国,被通知国应确认收到通知,并尽一切合理努力协助确定国际不法行为是否已经实施;(2)一国若知晓他方利用信息通信技术在其境内从事国际不法行为,但缺乏处理能力,可考虑以符合国际法和国内法的方式寻求他国或私营部门援助;(3)各国在回应关键基础设施受到恶意信息通信技术行为影响的另一国援助请求时,国际合作、对话及对国家主权的应有尊重至关重要;(4)在请求另一国提供援助和回应援助请求方面建立共同、透明、便利的程序,制定提出援助请求和回应援助请求的通用模板;(5)确定危机沟通的手段和模式以及管控和解决事件的手段和模式;(6)提出双边、区域和多边层面交流供应链风险管理的方案,分享良好实践,合作制定和实施全球可互操作的供应链安全共同规则和标准;(7)各国应鼓励以负责任的方式报告信息通信技术的漏洞,并分享漏洞补救办法。

综上所述,GGE系列报告不断重申网络安全国际合作的前提是各国应遵守《联合国宪章》、尊重各国网络主权,并就网络空间国家行为规范提出建议。报告更新的合作建议也越发细致,如信息共享的范畴,从2013年报告提出的信息通信技术安全事件,至2021年报告已扩大到报告信息通信技术漏洞及其分享补救方法、信息通信技术产品脆弱性分析的国家战略和标准、风险管理和预防冲突的国家和区域办法、能力建设方案有效性评估等。报告也愈发触及较为实质且具体,同时存在较大争议的问题,例如,寻求制定共同术语和定义、建立预警机制的可能性等。报告还特别对各国恰当处理援助请求提出建议,强调国际合作、对话以及对所有国家主权的应有尊重至关重要,在请求援助及回应请求方面建立共同、透明、便利的程序并制定相应的通用模板。当然,报告也存在不少模糊之处,例如,"国家主权和源自主权的国际规范和原则适用于国家进行的信息通信技术活动"中的"规范"包括哪些,尚未明确。

GGE一直以来备受诟病之处在于专家代表性不足,原因在于其采用轮流机制,历届参会代表均未超过25人。加之2017年第五届专家组谈判未能形成报告成果,曾令网络空间国际规则的发展遭受一定挫折,也促使2018年联合国信息安全开放式工作组(OEWG)的设立。此外,GGE的全称自2019年由"从国际安全角度来看信息和电信领域的发展政府专家组"更名为"从国际安全角度来看推进网络空间负责任国家行为的联合国政府专家组"（Group of Governmental Experts on Advancing Responsible State Behaviour in Cyberspace in the Context of International Security），在一定程度上弱化了网络技术弱势国所关注的信息安全问题，将信息安全排除在网络空间负责任国家行为规范谈判之外。

（二）联合国信息安全开放式工作组报告

联合国信息安全开放式工作组（OEWG）根据2018年联合国大会第73/27号决议"从国际安全角度来看信息和电信领域的发展"设立，是一个不限成员名额的工作组。

2021年，OEWG发布最终实质性报告（Final Substantive Report），主要围绕"负责任国家行为的规则、规范和原则""国际法在信息和通信技术方面的适用""建立信任措施""能力建设""定期机构对话"五个方面提出若干建议。有关网络安全国际合作的内容主要有：（1）强调国家间以及公私合作的必要性；（2）建立信任措施，包括透明度措施、合作措施和稳定措施；（3）能力建设是合作的重要方面，系援助者和受援者的自愿行为，应秉持中立而客观的方式开展，充分尊重国家主权的原则，国家政策和计划的保密性应受到所有合作伙伴的保护和尊重；能力建设活动应根据具体的需要和情况进行调整，各方承担共同但有区别的责任（shared but differentiated responsibilities），包括在能力建设活动的设计、执行、监测和评估方面进行协作；（4）在联合国主持下进行定期对话，以具有包容、透明、协商一致的方式推进并注重结果达成。由于在"负责任国家行为的规则、规范和原则"与"国际法在信息和通信技术方面的适用"两个方面分歧较大，工作组同时发布了"主席总结"（Chair's Summary），对不同意见进行归纳。例如，报告草案中"促进负责任国家行为的措施应保持技术中立"（technology-neutral）的表述最后未被纳入定稿，而是被收录于"主席总结"中。这些多元意见同样值得重视。其中，联络点机制作为"建立信任措施"的基础环节，成员（国）主要在六个方面存在较为突出的立场差异：一是是否强调"不干涉别国内政原则"；二是参与主体是否包含多利益攸关方；三是自愿原则的具体细化程序差异；四是PoCs数据采取"加密储存"还是"公开发布"方式;五是 PoCs 相关提案的通过采取"协商一致"还是"少数服从多数";六是建设资金的来源问题。①仅仅一个联络点机制的建设问题尚且无法达成一致,更遑论其他问题,有关谈判任重道远。

整体而言,GGE 系列报告与 OEWG 报告目前没有明显冲突之处,二者都利用灵活性、模糊性措辞来淡化各方矛盾,也因此在提升执行力方面尚未有突破性的贡献。2021 年 GGE 报告在对外援助方面加入了不少新提法,同年的 OEWG 报告也在能力建设方面有所创新,引入了"共同但有区别的责任"。相较于 GGE 成员构成更多地体现网络技术先进国的利益,OEWG 则由俄罗斯倡议设立,是首个所有联合国会员国普遍参与的政府间网络安全进程,开放度远高于 GGE,新兴网络国家在此具有更大的影响力。OEWG 实行申请制参与方式,允许联合国所有会员国参与,同时在闭会期间设置同企业、学术界和非政府组织的非正式交流会议。在运作机制设计上,GGE 与 OEWG 具有一定优势互补的特征,但鉴于二者议题具有相似性,都包含"负责任国家行为规则、规范和原则""建立信任措施"和"能力建设"三个方面,为避免任务交叉而导致重复工作,建立主席对话协调机制尤为必要。②至于有关报告成果的影响力以及将来会有怎样的突破,仍需持续观察。

(三)联合国网络犯罪问题政府专家组报告

联合国网络犯罪问题政府专家组(IEG)依据 2010 年联合国大会第 65/230 号决议"第十二届联合国预防犯罪和刑事司法大会的后续行动"设立,是开放式不限成员名额的政府间专家组。自 2011 年至 2021 年,该专家组已经举办了七次会议,每次会议均发布一份报告,对会员国提出的相关建议进行汇编。

2018 年 IEG 报告汇编会员国建议包括:(1)为避免分散,会员国应在联合国主持下以及通过专家组进行多边磋商,探索普遍接受的做法和规则;(2)促进国际合作打击网络犯罪,不应错误地将国家主权理解为一种

---

① 参见凌翔、杨茗薇:《联合国 OEWG 进程中的联络点名录机制研究》,载《中国信息安全》2023 年第 5 期,第 74—83 页。

② 参见戴丽娜、郑乐锋:《联合国网络安全规则进程的新进展及其变革与前景》,载《国外社会科学前沿》2020 年第 4 期,第 40、43 页。

障碍,而是以其为根本,视之为出发点;(3)会员国应当努力进行国际合作而不要求各国立法完全一致,只要基本行为已定为刑事犯罪,而且法律足够相容,则简化程序、加快各种形式的国际合作;(4)引渡通常有"双重犯罪"要求,而司法协助则不一定有此要求;(5)打击网络犯罪的能力和基础设施较先进的会员国应当担负与本国能力或基础设施相称的责任,向其他国家提供司法协助。

2021年IEG报告则在2018年、2019年和2020年报告所有初步结论和建议的基础上,商定出供联合国预防犯罪与刑事司法委员会(United Nations Commission on Crime Prevention and Criminal Justice, CCPCJ)审议的结论和建议,与国际合作相关的内容包括:(1)会员国应努力加强电子证据收集方面的合作,如增强执法机构、司法机关之间的合作与协调,分享与跨境调查网络犯罪有关的最佳实践,在这过程中应遵守主权和互惠原则;(2)建立国际合作快速反应机制、优化国际合作程序,并建立国家机关之间通过联络官和信息技术系统进行沟通的渠道,以便跨境收集证据、在线传送电子证据,从而提高国际合作的效率;(3)联合国毒品和犯罪问题办公室(United Nations Office on Drugs and Crime, UNODC)应积极向有需要的所有会员国,特别是发展中国家开展能力建设援助,该援助应当是政治中性的,不附带任何条件,应与接受国深入协商并得到接受国的自愿接受后进行。概言之,专家组报告特别关注的合作事项是对电子数据跨境搜集、保全、传送等方面的效率提升。

IEG还于2013年完成《网络犯罪问题综合研究报告(草案)》(Comprehensive Study on Cybercrime-Draft),目的是执行联合国大会第65/230号决议,聚焦于"审查加强现有的并提出新的网络犯罪应对办法"(examining options to strengthen existing and to propose new national and international legal or other responses to cybercrime)。该报告第7章专章讨论了国际合作主题,包括主权、管辖权、正式与非正式合作、域外取证等。但该草案至今未提交联合国预防犯罪和刑事司法委员会。

总而言之,联合国各专家组报告中有关网络安全国际合作的建议具有较高的可操作性。例如,建立预警机制、联络点名录或协调中心,建立国际合作快速反应机制、优化国际合作程序,在提供援助和回应援助请求方面建立共同、透明、便利的程序并制定通用模板,在供应链风险管理、报告信息通信技术漏洞并分享补救办法方面加强合作，及时回应了现实中的新挑战。此外，在对外援助与能力建设两个方面增加了新做法，引入了"共同但有区别的责任"的新提法。但自2022年以来，联合国各专家组在网络安全国际合作方面没有较为突出的新进展。

四、其他指导性国际规则

除上述三类常见的网络安全国际合作相关指导性规则，代表网络安全国际合作最新发展动向的国际会议成果文件、联合倡议、代表性学术成果等，也具备一定影响力。其中，由多利益攸关方或学者联合制定的成果文件，背后的主导力量仍是发达国家。

（一）联合国信息社会世界峰会

联合国信息社会世界峰会（WSIS）2003年第一阶段会议通过《日内瓦原则宣言》和《行动计划》，主要强调为应对信息通信技术所带来的挑战，政府、私营部门、民间团体和国际组织等所有利益相关方应紧密合作；利用所有渠道筹集资金，通过提供资金和技术援助帮助发展中国家；互联网治理既包括技术问题，也包括政策问题，前者由私营部门继续发挥重要作用，后者的决策权是各国的主权范畴。2005年第二阶段会议通过的《突尼斯承诺》和《突尼斯议程》，基本上是对日内瓦会议成果的延续和细化。第一次会议设立了互联网治理工作组（WGIG），第二次会议启动了互联网治理论坛（IGF），融入了"多利益攸关方"元素，重视非国家行为体的作用。2015年，联合国大会第70/125号决议"全面审查信息社会世界峰会成果文件执行情况的联合国大会高级别会议成果文件"（Outcome document of the high-level meeting of the General Assembly on the overall review of the implementation of the outcomes of the World Summit on the Information Society）重申了日内瓦会议与突尼斯会议的成果文件，对该成果的效力起到了进一步强化的作用；其第50条确认各国政府在涉及国家安全的网络安全问题上发挥的领导作用，还确认所有利益攸关方在各自的作用和职责范围内所发挥的重要作用和作出的重要贡献。

（二）联合国预防犯罪和刑事司法大会

联合国预防犯罪和刑事司法大会（CCPCJ）也发布了一些与网络安全

国际合作相关的宣言。例如,2005 年第十一届大会《曼谷宣言》,呼吁加强和补充现有合作以预防、侦查和起诉高技术犯罪和计算机犯罪。2010 年第十二届大会《萨尔瓦多宣言》,强调根据国际义务和国内法开展刑事事项的国际合作,是各国预防、起诉和惩治犯罪,特别是跨国犯罪的基石;联合国毒品和犯罪问题办公室根据请求,与会员国、相关国际组织和私营部门合作向各国提供技术援助和培训,以便打击网上犯罪。2021 年第十四届大会《京都宣言》(Kyoto Declaration on Advancing Crime Prevention, Criminal Justice and the Rule of Law: Towards the Achievement of the 2030 Agenda for Sustainable Development),提出适当尊重国内法律框架和国际法原则,促进公私合作关系以加强打击网络犯罪的国际合作。

（三）非政府主导的网络空间治理国际会议

还有一些采取"多利益攸关方"模式、政府并不享有绝对主导权的网络空间治理国际会议,也发布了不少有关网络安全国际合作的成果文件,其核心理念大多已被联合国框架下的成果所吸收,故仅作简单罗列。

网络空间治理的国际会议始于 2011 年伦敦网络空间会议,可以说是联合国之外第一个在网络空间治理问题上引发关注的多利益攸关方平台。它是联合国之外专门针对网络安全和网络空间治理问题的全球性多边进程,但其代表性和民主性都有着较为严重的缺陷;主要发起国最终将该进程的重心放在网络空间相关政策辩论上,放弃成为一个正式的国际立法谈判框架,因而不可能直接催生任何有实质性影响的重要国际条约。[①] 2013 年,第三届首尔网络空间会议通过了《旨在维护网络空间开放和安全的首尔框架及其承诺》(Seoul Framework for and Commitment to Open and Secure Cyberspace)与《首尔原则和指南》,提出加强信息通信技术、普及互联网、保障通过互联网获取信息的权利、保护言论自由等。2015 年,第四届海牙网络空间会议发表了《设立网络专业知识全球论坛的海牙宣言》(The Hague Declaration on the GFCE),网络专业知识全球论坛(Globe Forum on Cyber Expertise, GFCE)是一个由政府、国际组织、非政府组织、公民社会、私营公司、技术界和学术界组成的全球平台,旨在通过

---

① 参见黄志雄:《2011 年"伦敦进程"与网络安全国际立法的未来走向》,载《法学论坛》2013 年第 4 期,第 55 页。

国际合作加强全球的网络能力和专业知识。如今视之,该平台的活跃犹如昙花一现。

2014年,巴西发起互联网治理多利益攸关方会议,发布了《互联网治理多利益攸关方会议圣保罗声明》(NETmundial Multistakeholder Statement),呼吁以多利益攸关方的方式加强有关管辖权和执法协助等方面的国际合作。但该会议也未能持续维持热度。

2014年起,中国每年主办一届世界互联网大会(WIC),与会者覆盖政界、企业界、学界、科技社群和民间团体等。2020年,世界互联网大会组委会发布《携手构建网络空间命运共同体行动倡议》。2022年7月,世界互联网大会国际组织成立。但该组织的运行情况至今尚不明朗。

2017年,全球网络空间稳定委员会(Global Commission on the Stability of Cyberspace, GCSC)在荷兰政府资助下成立,委员构成包括政府、行业、技术组织、民间团体以及知名网络空间领袖人物等。2019年,GCSC发布总结报告《推进网络空间稳定性》(Advancing Cyberstability),旨在引导网络空间中负责任的国家和非国家行为体。其提出网络稳定框架基于七项要素,其中多方参与、建立信任措施、能力建设、公开发布和广泛使用能确保网络弹性的技术标准等属于合作的方式,遵守国际法属于合作前提。该报告还提出不干预"互联网公共核心"(public core of the internet)的规范,即"国家和非国家行为体不得从事或纵容故意并实质损害互联网公共核心的通用性或完整性,并因此破坏网络空间稳定性的活动"。该委员会还于2021年发布《关于解释"不干预互联网公共核心规范"的声明》(Statement on the Interpretation of the Norm on Non-Interference with the Public Core),对在援引"不干预互联网公共核心规范"时可能忽略的问题进行了澄清。

(四)联合倡议

2015年,中俄等国共同向联合国大会提交了新版《信息安全国际行为准则》(旧版,2011),其中有关国际合作的内容主要有:(1)重申与互联网有关的公共政策问题的决策权是各国的主权,各国对此拥有权利并负有责任;(2)通过向发展中国家转让信息技术、援助能力建设,弥合数字鸿沟;(3)建立信任措施,以帮助提高可预测性和减少误解,从而减少发生冲突的风险。该准则主要还是强调了网络主权与国际合作。

2022年,《"中国+中亚五国"数据安全合作倡议》发布,其要点有:(1)在联合国等国际组织框架内开展相关合作,承认联合国在该领域的主导地位;(2)重视政府、国际组织、信息技术企业、技术社群、民间机构和公民个人等主体的作用;(3)特别在防范全球信息安全所面临的挑战和威胁、打击利用信息通信技术危害国家安全等问题上深化合作;(4)未经他国法律允许不得直接向企业或个人调取位于他国的数据,如因打击犯罪等执法需要跨境调取数据,应通过司法协助渠道或根据国家间协定解决,国家间缔结跨境调取数据协定也不得侵犯第三国司法主权和数据安全。该倡议强调了联合国的主渠道地位,以及强调跨境调取数据应在尊重网络主权的前提下进行。

2018年,法国总统马克龙在第十三届联合国互联网治理论坛(IGF)上发起《网络空间信任与安全巴黎倡议》(Paris Call for Trust and Security in Cyberspace),提出开放、安全、稳定、可及(accessible)与和平五项目标,以及九条行动倡议,呼吁利益攸关方开展广泛的数字合作、加强能力建设。包括美国、欧盟及其所有成员国在内的81个国家、36个公共当局和地方政府、390个社会组织以及706个公司和私营部门签署了该倡议[①],其业已成为全球最大的网络安全倡议,反映了欧盟争取网络安全合作主导权的积极态度。中国、俄罗斯、印度、巴西等一些大国对此并未表态。但总体而言,该倡议不仅避而不谈GGE报告及其他重要国际文件已经达成广泛共识的网络主权原则,也没有只言片语对国家在网络空间治理中的作用予以认可,却专门提及"私营行业重要行为体在增进网络空间信任、安全和稳定方面的责任",厚此薄彼的倾向一目了然。[②]可见,该倡议并未顾及网络技术弱势国的关切。

可见,发展中国家提出关于网络安全国际合作的联合倡议更加强调国家主权以及联合国的主导地位,呼吁发达国家向发展中国家转让信息技术、援助能力建设;而发达国家发起的倡议则不强调国家主权,其更侧

---

① 参见 The Paris Call is already supported by,载 https://pariscall.international/en/,最后访问时间:2025年2月26日。
② 参见黄志雄、潘泽玲:《〈网络空间信任与安全巴黎倡议〉评析》,载《中国信息安全》2019年第2期,第105页。

重依赖多利益攸关方的合作模式产出成果。

（五）代表性学术成果

北约网络合作防御卓越中心（CCDCOE）2013年制定了《塔林手册1.0版》，2017年又制定了《塔林手册2.0版》。它们都侧重阐释现有国际法在网络空间的适用，并不倡导制定新法。但就选择不制定新法是否能够解决互联网发展带来的新问题、新挑战，而制定新法是否会削弱对现存法的适用，各方各执一词。手册中规则13"国际执法合作"，围绕打击网络犯罪、反恐怖主义相关公约的可适用性问题，强调有关合作中"一事不再理"和双重犯罪原则。

综上所述，网络安全合作国际法律制度的具体内容尚较为笼统，指导性国际规则中提及的设立联络点机制、制定供应链安全规则并建立供应链风险管理机制、分享信通技术漏洞报告及补救办法、优化援助程序等，都有待国际法酌情吸收。指导性国际规则不是国际法，但其可能催生国际法。例如，联合国各专家组报告就是网络安全国际合作法律制度形成的重要先导。网络公司、科研机构、非政府机构等就网络空间治理推出的民间版规范、标准和建议对构建多边秩序有积极作用，然而主权国家的认可是这些规范提升至具有国际法效力层面的必要条件。[1]当然，某些机制存在的意义更多体现在对话而不是行动，并非所有的制度安排都具有产生国际规范的能力。[2]联合国之外的网络安全国际合作平台热度有所下降，与此同时，联合国的有关工作也暂无实质进展。但这些制度安排不断运行、不断推陈出新，即便未能产生国际法律规范，也对网络安全国际合作产生一定的推动作用。

---

[1] 参见王贵国：《网络空间国际治理的规则及适用》，载《中国法律评论》2021年第2期，第27页。

[2] 参见郎平：《网络空间国际秩序的形成机制》，载《国际政治科学》2018年第1期，第47—48页。

第三章　网络安全国际合作法律制度的运行障碍

旨在打击网络犯罪和网络恐怖主义、规范网络战和网络间谍以及他国网络干涉的网络安全国际合作虽受到各行为体的持续推动，但仍面临不小障碍。所要警惕的是，各行为体片面追求自身利益最大化，可能导致国际社会集体怠于作为或竞争失序，产生零和博弈或负和博弈的不良后果，这无益于全人类的整体福利。

第一节　法律制度运行的障碍表现

现有网络安全国际合作法律制度运行存在的障碍，包括合作模式之争仍在拉锯、制度构建的多元性与效率性难以兼顾、信息安全合作是否纳入网络安全合作范畴存在争议以及网络主权作为基本规则的适用不一致。

一、合作模式之争仍在拉锯

网络技术弱势国提倡的"多边主义"模式与网络技术先进国偏爱的"多利益攸关方"模式之争仍在拉锯，是网络安全国际合作法律制度的运行障碍之一。"国家体系是在世界中占据主导地位的世界政治组合形式，我们必须在这个体系之内追求达成共识的目标"①。这是国际社会理论代表人物赫德利·布尔在20世纪70年代提出的论断，那个时候互联网远未普及。而今，该论断是否还能够成立？是否为新形势所推翻？由此衍生网络安全国际合作"多利益攸关方"模式与"多边主义"模式（或谓

---

① 〔英〕赫德利·布尔：《无政府社会：世界政治中的秩序研究（第四版）》，张小明译，上海人民出版社2015年版，第250页。

之"互联网共治"模式)何者更优的问题仍争执不下。

弥尔顿·L.穆勒(Milton L. Mueller)坚定支持"多利益攸关方"模式,其认为国家行为体和非国家行为体之间没有明显的区别,非国家行为体可参与安全和外交事务,有时拥有与国家相当的影响力。[1]穆勒的观点存在必不可少的前提:一是技术社群足够成熟,足以自行应对各类网络安全风险;二是技术社群具有充分独立性,不受强国支配;三是技术社群具有充分代表性,以实现国际社会共同利益为目标,关心全球整个网络系统的安全问题,而非仅仅关注自身所属国家利益,尤其顾及网络技术弱势国的利益。全球网络空间稳定委员会(GCSC)于2021年发布的《关于解释"不干预互联网公共核心规范"的声明》宣称,国家及其附属机构才是网络安全的最大威胁,因为绝大多数被质疑的干预(无论是否有意)均归因于国家或其附属机构;与此相对,技术团体、公民社会和个人在保护网络空间方面扮演着重要的角色。

不少学者对"多利益攸关方"模式及其背后的多元合作主义理念抱着相当警惕的态度。[2]"多利益攸关方"模式摆脱了网络自治的乌托邦,却又陷入了一切利益攸关方平等的幻象,该模式存在着"正当性"和"有效性"的双重不足,表现为网络空间的一般消费者和使用者普遍缺席,广大的非西方主体对于现行秩序并没有表达同意与否的真正机会;试图回避或无视有关实质权利和权力的归属以及相关制度设计议题,落入了简单化的社群主义陷阱;将权力分散给各方,可又缺乏事后的追责机制。[3]国际层面的规则最终必然要落实到国内层面加以细化和实施,如果主权国家与私营部门、民间团体在国际规则制定中享有平等地位,那么在国内层面则很难实现层级化的有效监管。[4]非国家行为体既然拥有参与网络安全国际合作的资格并对相关决策产生重要影响,那么如何让非国家行为体承担相

---

[1] See Milton L. Mueller, Against Sovereignty in Cyberspace, *International Studies Review*, 2020 (4), pp. 796-797.

[2] 参见方滨兴主编:《论网络空间主权》,科学出版社2017年版,第155页。

[3] 参见张新宝、许可:《网络空间主权的治理模式及其制度构建》,载《中国社会科学》2016年第8期,第145—146页。

[4] 参见白佳玉、隋佳欣:《论人类命运共同体理念在网络空间治理中的影响与意义》,载《学习与探索》2021年第3期,第67页。

应的责任也是需要解决的问题。

也有不少学者则持调和的立场,认为网络空间大国的合作与协调并不排除"多利益攸关方"模式中其他行为体的作用和监督。[①]从围绕根域名管治权威中心的互联网治理历史来看,无论全球公民社会模式还是单一主权国家管理模式,都未能获得广泛支持,纯粹的乌托邦理想会危及国家的安全、价值和利益,而全然的国家间政治则会损害个人的网络权利和自由;但存在的基本共识是,在美国作为互联网事实主权者(de facto sovereign)并滥用其权力的情况下,人们有理由期待网络空间能够基于多边力量形成"宪法时刻",未来互联网治理取决于个人信息自由和公共安全秩序的平衡。[②] 以国家为核心的合作模式,如何在公私合作中保护互联网企业的合法权利以及互联网企业所掌握的个人隐私信息,是各方忧心所在。"多利益攸关方"模式与"多边主义"模式的角度不同、适用范围不同,将两者进行简单的对立比较是没有意义的;问题的核心不在于这两种模式孰优孰劣,而在于特定的议题上,哪一种模式更为有效,如在技术层面的互联网治理中,"多利益攸关方"模式更为有效,而在国家安全领域的治理中由"多边主义"模式主导,两种模式可以互相补充;"多利益攸关方"模式本身是中性的,只是要防止其被用于削弱政府的作用、边缘化联合国;政府的作用常常不可或缺,但不再是自上而下地发号施令,而是通过依靠其强大的动员能力,为共同行动提供服务和公共产品,营造有利于共同行动的大环境。[③]国家仍然是最重要的全球公共产品提供者,协调大国关系、确保大国提供全球公共产品仍是全球治理正常运作的核心。[④]在"多边主义"模式与"多利益攸关方"模式之间寻求妥协的共存模式以维持、加强网络安全合作,即在本国网络管辖权、本地数据管辖权以及顶级域名开放等涉及公共政策的问题上坚持"互联网共治",在互联网地址资

[①] 参见蔡翠红:《网络空间治理的大国责任刍议》,载《当代世界与社会主义》2015年第1期,第173页。

[②] 参见刘晗:《域名系统、网络主权与互联网治理历史反思及其当代启示》,载《中外法学》2016年第2期,第534—535页。

[③] 参见郎平:《从全球治理视角解读互联网治理"多利益相关方"框架》,载《现代国际关系》2017年第4期,第50—53页。

[④] 参见任琳:《多维度权力与网络安全治理》,载《世界经济与政治》2013年第10期,第42页。

源分配、网络技术标准制定等方面采用"多利益攸关方"模式。①事实上,政府本身也是利益攸关方,还是自带利益平衡职能的利益攸关方。政府一直在试图平衡国家安全、互联网产业发展以及个人权益保护之间的关系,政府具备最终的公共政策决策权。

综上所述,在合作模式选择上的极端化并不可取,能够使各行为体各尽其责且及时动态调整的模式才是被需要的。一方面,"多利益攸关方"模式并不意味着实质平衡的权力关系,其常常受互联网强势国家操纵,强势的非国家行为体不免与网络技术先进国的政府达成某种交易(政府监管代理化),与强势的非国家行为体相比,网络技术弱势国的影响力未必占优。另一方面,"多边主义"模式由国家主导,主要围绕国与国之间关系进行协调,有利于高效动员资源、应对网络安全挑战,但开放性、灵活性与包容性可能有所欠缺。诸如"谁将控制互联网,联合国还是其他机构"等问题是没有任何意义的,合适的问题应该是"在每个特定情境中,如何决定什么是最有效的治理形式";"多利益攸关方"主义本身不是一个普遍适用的价值观,它是在一个特定情境中"决定采用什么必要的管理形式"时应运而生的一个理念,透明性和可问责性是这些群体制定合理的互联网公共政策时需要考虑的因素。② 即使是"多利益攸关方"模式,也可以形成国家行为体主导、非国家行为体主导及彻底的"一视同仁"三种样态,关键在于行为体如何引导有关模式朝着更有利于有效、公平合作的方向发展。

二、制度构建的多元性与效率性难以兼顾

网络安全国际合作的关键节点之一,是打破互联网名称与数字地址分配机构(ICANN)一家独大的局面。作为美国1998年单方面建立的管理制度,ICANN扮演了美国的全球互联网政策代理执行人角色,能够对全球互联网标识符这一核心资源施加强有力的影响,在很长一段时间内帮助美国维持了互联网管理一家独大的优势。即使在2002年至2005年这段时间

---

① 参见方滨兴主编:《论网络空间主权》,科学出版社2017年版,第158—160页。
② 参见〔美〕劳拉·德拉迪斯:《互联网治理全球博弈》,覃庆玲等译,中国人民大学出版社2017年版,第253—254页。

内,多国通过联合国信息社会世界峰会(WSIS)的举办持续对 ICANN 发起挑战,亦未能从根本上动摇美国在互联网治理领域的统治地位。

然而不可否认的是,WSIS 的召开冲击了美国的互联网霸权。ICANN 被迫通过强调其体系成员的多元性来证成其合法性,如此便强化了多元力量(尤其是公民社会)推进 ICANN 持续性变革的作用。不过,民主是国际关系中应当尊重与追求的重要价值,但它并非唯一的价值,因而必须与其他价值进行恰当的平衡;在特定的组织背景下,效率价值可能更为重要,比如,《联合国宪章》第 24 条第 1 款规定,联合国针对国际和平与安全的行动应该"迅速有效"。[1]过分看重网络安全国际合作法律制度的多元性,只求民主不求集中,可能会降低有关制度的效率。这也明显体现在联合国信息安全政府专家组(GGE)与联合国信息安全开放式工作组(OEWG)的双轨谈判中:前者的规模仅仅有 15—25 个成员国家,且有期限限制,后者因吸纳更多成员国参与合作对话而具有很大的代表性,但要让该平台下 193 个成员国达成共识,相对艰难许多。

而今,围绕网络安全问题形成了多层次、多元化的国际合作平台,这在为相关问题提供了多种交流机会的同时,也使平台凝聚力有所下降,有着不同利益诉求的群体在得不到利益体现时便容易从某一平台转向其他平台。未来全球治理体系的核心仍然是民族国家,但某些治理尝试并不将国家视为统一的整体,而是涉及跨政府或跨国性的行为,国家各部门或非政府行为体有所参与;区域合作、全球层次的多边合作以及跨国、跨政府合作是全球治理的多元形式,私有行为体、跨政府行为体和跨国行为体正在造就全球性公民社会的雏形;市场、政府与公民社会是社会空间这一三角形的三个角,其相互关系受到信息革命和全球化的影响。[2]网络空间治理机制的状态介于一体化与高度碎片化之间,短期内不太可能出现某个关于网络空间的单一的总体性制度,碎片化的"网络治理制度复合体"会继续存在,不同的子议题领域可能以不同的速度发展,在深度、宽度

---

[1] 参见蔡从燕:《国际法上的大国问题》,载《法学研究》2012 年第 6 期,第 191 页。
[2] 参见〔美〕罗伯特·基欧汉、〔美〕约瑟夫·奈:《权力与相互依赖(第四版)》,门洪华译,北京大学出版社 2012 年版,第 287—291 页。

和履约度方面有些会进步,有些会退步。①国际法的碎片化不只是一个技术问题,更是一套霸权操纵机制,新的机构试图将其特殊偏好界定为普遍利益,这使各种功能性制度彼此产生冲突。②国际机构总是会倾向于扩大自身的管辖范围和治理领域,但由此产生的议题重复和泛化的现象,使对话平台虽多却难以产生合力、形成行动力。③多种合作平台可供选择,实则喜忧参半。

制度构建多元性与效率性之间的悖论在于:公民社会参与网络安全国际合作的优势及其功能发挥有赖于它的开放性、多样化与非官方性,但过分看重网络安全国际合作法律制度的多元性,可能降低制度效率,尤其在缺少强国支持的情况下更是如此;反之,制度的合法性可能被削弱。因此,网络安全事务的国际决策的多元性(合法性)与效率性常常无法同时得到保证。

三、信息安全合作是否纳入网络安全合作范畴存在争议

从 ICANN 曲折的改革历程到中俄向联合国大会提议《信息安全国际行为准则》可以看出,中俄希望将信息安全纳入网络安全国际合作的范畴进行谈判,让国际电信联盟在网络安全国际合作中发挥更大作用。难度是不言而喻的,因为这超出了国际电信联盟的职能定位,即 1992 年《国际电信联盟组织法》(Constitution of the International Telecommunication Union)第 1 条规定的联盟宗旨:保持和扩大所有成员国之间的国际合作,以改进和合理使用各种电信技术。换言之,国际电信联盟的主要职能是电信技术使用的普及与改善,信息安全(包括信息内容监管等方面)并非其侧重点。大部分网络技术先进国坚决反对国际电信联盟涉足信息安全问题,并认为将信息安全纳入网络安全的内涵有损互联网自由,可能成为滥用信息过滤(content filtering)技术的借口。网络技术先进国将网络

---

① See Joseph S. Nye, The Regime Complex for Managing Global Cyber Activities, *Global Commission on Internet Governance Paper Series*, 2014 (1), pp. 11-13.

② 参见刘衡:《国际法之治:从国际法治到全球治理》,武汉大学出版社 2014 年版,第 172 页。

③ 参见郎平:《国际互联网治理:挑战与应对》,载《国际经济评论》2016 年第 2 期,第 136、138 页。

主权的内涵窄化为网络基础设施的管辖权,否认网络主权涵盖网络信息监管。

在为保障网络安全而克减个人信息权方面,西方国家主张对个人信息权的克减必须限制在极端严格的范围之内,这反映在诸多西方国家主导制定的一些国际文件里。例如,1996年《关于国家安全、言论自由和使用信息的约翰内斯堡原则》(The Johannesburg Principles on National Security, Freedom of Expression and Access to Information)将"可能威胁国家安全的言论"限定为煽动或可能煽动暴力,且言论与可能出现或出现这种暴力之间存在直接或立即的联系。这无疑大大限缩了国家安全的内涵。

2009年联合国大会第64/211号决议"创建全球网络安全文化以及评估各国保护重要信息基础设施的努力"(Creation of a global culture of cybersecurity and taking stock of national efforts to protect critical information infrastructures)指出,注意到国际电信联盟2009年关于《确保信息和通信网络安全及发展网络安全文化最佳做法》的报告(Securing information and communication networks: Best practices for developing a culture of cybersecurity),其中重点讨论了各国以符合言论自由、信息自由传播和适当法律程序的方式全面处理网络安全的办法。该决议将信息传播问题纳入网络安全合作领域加以考量。

2011年联合国大会第66/24号决议"从国际安全角度来看信息和电信领域的发展"要求GGE继续研究国家在信息空间(information space)中负责任行为的规范、规则及原则。但GGE的全称自2019年由"从国际安全角度来看信息和电信领域的发展政府专家组"更名为"从国际安全角度来看推进网络空间负责任国家行为的联合国政府专家组",不仅表明制定网络空间负责任国家行为规范是网络安全国际合作法律制度的建设重点之一,还表明网络技术弱势国所关切的信息安全问题在谈判中趋于边缘化。

《塔林手册2.0版》规则2(b)指出,一国基于其享有的对内主权,可阻断接入网站的恐怖主义内容,但必须考虑有关国际法。例如,承认言论自由是习惯国际人权法上的一项权利,在特殊情形下对言论自由的限制必须具有非歧视性并经过法律授权。虽然大多数国家也都认可出于保障网络安全的需要,由特定的公权力机关通过法定程序对信息自由实施克减;然而,各国在克减标准上的不一致,包括必要性和相称性评估(necessity and proportionality assessments)的标准不统一,以及个别国家的双重标准,成为将信息安全合作纳入网络安全国际合作予以推进的阻碍。

事实上,网络空间中会对现实社会产生影响的行为都应当属于国际合作予以规范的对象。"信息是肉,网络是骨"[1]。狭义理解网络安全,信息安全、数据安全常常与之密不可分;而从本书所界定的广义网络安全的角度来看,网络安全包括信息安全和数据安全。信息安全是网络安全的题中之义,信息不安全同样会对现实空间产生负面影响。如果不将信息安全纳入网络安全合作范畴,在防治网络恐怖主义信息、网络暴力信息、网络色情信息等有害信息传播方面,总是"隔靴搔痒"。

四、网络主权作为基本规则的适用不一致

尊重网络主权是网络安全国际合作的重要前提,各方对于网络主权的具体适用理解不一,必然影响网络安全国际合作法律制度的运行。究竟将网络主权作为原则还是作为规则予以适用,其法律后果如何,各方莫衷一是。论争焦点不在于网络空间是否受主权原则和国际法的约束,而在于国家在网络空间行使主权的范围;问题还在于主权原则是否是一种法律规范,违反主权原则是否会导致法律后果;如果主权原则是一种法律规范,那么即使不达到"干涉"或使用武力的程度,也可能构成对一国主权的侵犯。[2]概言之,关于网络主权适用的争议主要有两个:一个争议是,涉及国家主权是否适用于网络空间,即网络主权存在与否。该争议已经为大量的国际法文件所解答,国家主权以及源自国家主权的国际规范适用于网络空间。另一个争议是,网络主权只是不具可操作性的一般原则(不产生国际义务),还是会被单独触犯的国际法规则。进而,未达到国际法上"干涉"(intervention)的门槛时,网络活动(例如网络间谍)是否侵犯国家主权,即网络主权规则的适用是否存在行为烈度的门槛。

---

[1] 方兴东,张笑容,胡怀亮:《棱镜门事件与全球网络空间安全战略研究》,载《现代传播(中国传媒大学学报)》2014年第1期,第122页。

[2] See Nicholas Tsaugourias, Law, Borders and the Territorialisation of Cyberspace, *Indonesian Journal of International Law*, 2018 (4), pp. 541-551.

关于网络主权是国际法规则的代表性观点有:(1)主张国家主权不仅仅是国际法原则,同时也是国际法主要规则的观点,得到了大量的国家惯行及其法律确信,以及 ICJ 的司法裁判(国际法院对"科孚海峡案"①"尼加拉瓜案"②"哥斯达黎加与尼加拉瓜案"③等作出的判决)、高水准公法学家著作的支持。④ (2)《塔林手册》主编迈克尔·N. 施密特(Michael N. Schmitt)认为,反对将主权原则视为可独立适用的规则,这一观点是因为担心在紧急情况下,得到事先同意才能行动可能导致对恐怖主义的放任,但这一观点与长期存在的国家惯行及其法律确信,以及有关司法裁判相悖;网络行动构成使用武力的精确门槛在国际法中尚未确定,但毫无疑问必须达到一定的严重程度,不过低于这个门槛的行动如果完全依赖不干涉规则来规范,则可能使一些恶意的或报复性的网络行动因缺乏构成"干涉"所必要的"强制"因素,而逃脱规制。⑤简言之,不应把网络主权视为国家从事必要网络行动的障碍,网络主权本就是对国家对外行动的必要约束。当然,不宜抽象地讨论网络主权,而要结合具体网络行动的目标、得到授权与否及其他相关情况。

在此基础上,有学者对网络主权适用情形作了更细致的划分。有学者提出网络主权适用"间接适用论"与"直接适用论":"间接适用论"认为主权原则不可直接产生网络空间行为义务,大量的国家网络行动既不构成武力使用,也缺乏传统干涉行为的要素,除非有明确的国际法规定,否则不应被限制;"直接适用论"坚持主权原则可直接和独立适用,并进一步分化为"未授权行为达到相对严重的特定门槛才算违反"的主权原则适用相对路径(relative approach to sovereignty)和"任何未经同意的权力介入皆属违反"的

---

① Corfu Channel (U.K. v. Alb.), Judgment of April 9th, I.C.J. Reports 1949, pp. 4-38.
② Military and Paramilitary Activities in and against Nicaragua (Nicar. v. U.S.), Judgment of June 27, 1986, I.C.J. para. 251.
③ Certain Activities Carried Out by Nicaragua in the Border Area (Costa Rica v. Nicaragua) and Construction of a Road in Costa Rica along the San Juan River (Nicaragua v. Costa Rica), Judgment, I.C.J. Reports 2015, para. 99.
④ See Kevin Jon Heller, In Defense of Pure Sovereignty in Cyberspace, *International Law Studies*, Vol. 97, 2021, pp. 1439-1444.
⑤ See Michael N. Schmitt, Liis Vihul, Respect for Sovereignty in Cyberspace, *Texas Law Review*, 2017 (7), pp. 1668-1670.

主权原则适用绝对路径(absolute approach to sovereignty)。①总的来说,按照主权原则在网络空间适用的门槛从高到低排序为:"间接适用论""直接适用论"的相对路径和"直接适用论"的绝对路径。其中"间接适用论"意在弱化网络主权,有助长网络霸权之风险;而"直接适用论"则将主权原则视为缺乏相关网络空间国际法时的兜底条款。"直接适用论"的相对路径所涉"严重后果"要件的模糊性,这可能导致未经同意侵入他国网络空间辖区的行动合法化,如网络间谍活动。

也有学者作出相似的归纳,就渗透位于另一国领土的计算机系统,但未达到使用武力或"干涉"程度的网络行动合法性,有三种不同的立场:第一种立场认为低烈度的网络行动无可指摘,因为主权原则虽是国际法的一项原则,但不是可以独立违反的原则,美英两国持该立场;第二种立场认为,主权原则是国际法的主要规则,但低烈度的网络行动只有对目标国造成某种物理损害或同等程度的网络基础设施功能丧失,又或是干扰或篡夺目标国政府固有职能(inherently governmental functions)时,才是国际不法行为,未对目标国网络基础设施造成损害的网络间谍活动并不违反国际法,可谓之"相对主权主义",荷兰、挪威、芬兰等国持该立场;第三种立场认为,低烈度的网络行动同样不合法,因为主权原则是国际法的首要规则,任何未经同意侵入位于另一个国家领土内计算机系统的行为都会违反这一规则,所有的网络间谍活动均违反国际法,可谓之"纯粹主权主义",法国、伊朗和瑞士等国持该立场(北约的立场不够鲜明但接近"纯粹主权主义")。在一般国际法中,"纯粹主权主义"的立场比"相对主权主义"具有更坚实的基础,原因在于"纯粹主权主义"相当于"荷花号案"的裁判思路应用于网络空间——如果不存在相反的、源自国际习惯或国际公约的许可规则,一国不得在另一国的领土上以"任何形式"(any form)行使权力,包括从事网络间谍活动;而"相对主权主义"的实际效用被一些歧义所破坏,例如"无害"(non-harmful)间谍活动的模糊性、篡夺"政府职能"(governmentality)的模糊性,"相对主权主义"的灰色地带会被网络技术先进国利用,其中包括拥有并实施了攻击性

---

① 参见王超:《主权原则在网络空间适用的理论冲突及应对》,载《法学》2021年第3期,第102—103,107页。

网络行动的俄罗斯。①可见,"相对主权主义"与"纯粹主权主义"对网络间谍活动是否具有合法性持有相反主张。"相对主权主义"会被利用的论断事实上"剑指"俄罗斯。但从理论上看,这种反对"相对主权主义"、力挺"纯粹主权主义"的结论,或与中国学者不谋而合。换言之,对于某些主张,我们虽不完全认可其论据,但可能赞成其结论,这意味着各方谋求共识存在切入点。

2021年英国提交给GGE的《国际法适用于网络空间国家行为的声明(Application of International Law to States' Conduct in Cyberspace: UK Statement)》主张,主权原则作为一项一般原则,是国际法中的一个基本概念,其并未提供充分或明确的基础来推导一项具体规则或额外禁止上述"不干涉"范围之外的网络行为。可见,英国的立场属于"间接适用论"。

2021年德国《关于国际法在网络空间的适用》(On the Application of International Law in Cyberspace)立场文件明确表态,国家主权本身就是一项法律规范(legal norm),在无法适用禁止不正当干涉或禁止使用武力规则的情况下,主权原则可作为一般规范加以直接适用,但可忽略不计的物理影响和低于一定阈值的功能损害不被视为对领土主权的侵犯。可见,德国的立场属于"直接适用论"的相对路径。

2021年中国提交给OEWG的《关于网络空间国际规则的立场》并未直接提及网络主权是原则抑或规则,但具体列举了网络主权的内容,即各国对本国境内信息通信基础设施、资源和数据及信息通信活动拥有管辖权,有权保护本国系统和重要数据免受威胁、干扰、攻击和破坏;各国有权制定本国互联网公共政策和法律法规,保障公民、企业和社会组织等主体在网络空间的合法权益;各国不得利用信息通信技术干涉他国内政,破坏他国政治、经济和社会稳定,或从事危害他国国家安全和社会公共利益的行为,各国有权平等参与国际互联网基础资源管理和分配,建立多边、民主、透明的国际互联网治理体系。

2024年非洲联盟《对网络空间使用信息和通信技术适用国际法的非洲共同立场》(Common African Position on the Application of International

---

① See Kevin Jon Heller, In Defense of Pure Sovereignty in Cyberspace, *International Law Studies*, Vol. 97, 2021, pp. 1436, 1463-1480, 1495-1497.

Law to the Use of Information and Communication Technologies in the Cyberspace)声明,一国未经授权访问位于他国领土的信息通信技术基础设施,即使只产生"最低限度"(de minimis threshold)的有害影响,也被视作违反国际法;如果一国对他国的网络行动造成第三国信息通信技术基础设施的功能损失或损害(loss or impairment of functionality),则构成对第三国主权的侵犯。可见,非洲联盟的立场属于"直接适用论"的绝对路径。

上述立场文件体现了若干具有代表性的国家或地区对于网络主权可否作为国际法规则的看法。至于美英喜爱的高官演讲的表态形式,由于变动性太大、权威性不足,可以了解但不必过于深究。还存在的争议是,如果网络主权仅仅是国际法上的一项原则,那么违反国际法原则是否构成国际不法行为?抑或只有违反国际法上的具体规则方构成国际不法行为?同样属于网络主权重要内容的互联网审查与数据本地化的立场对立又当如何解决?这些分歧都会阻碍网络安全国际合作法律制度的运行。

第二节 法律制度运行的障碍根源

网络安全国际合作法律制度运行遭遇障碍的根源在于各行为体的利益驱动各异、合作成本分摊的博弈以及对主权与人权理念"工具价值"的不同判断。概言之,障碍的产生既源于利益分歧,又源于认知殊异,还源于各国网络安全技术与法律保障能力的差距。

一、各行为体的利益驱动各异

网络安全国际合作主要基于联合国平台抑或其他?是依据现有国际法规范还是创制新的国际法规范?在网络犯罪与恐怖主义严重威胁下应否强化政府对互联网的监管力度,保障网络基础设施安全、遏制网络知识产权犯罪、明确互联网企业的权利与义务等议题的优先讨论次序如何设置,这些问题的解决无不受到网络空间各行为体利益驱动的影响。

参与网络安全国际合作的各行为体有各自不同的利益:在全球信息

化引起的一系列变革中,国家从中谋求权力的稳固,甚至扩张,公共国际组织寻求影响力的扩大,产业界追求自技术进步中获利的机会,个人则希望获得私权的保护,如此多元化的利益群体参与到国家与信息之关系的版图重构过程中①。其中利益最复杂的是国家,由此可能形成不同阵营。

上一节论述的多种合作模式并行,就体现了不同国家阵营对网络安全国际合作利益的不同追求;相较于网络技术先进国,网络技术弱势国更为关心网络主权与数字鸿沟问题,对网络物理层技术风险、逻辑层强国垄断以及内容层西方意识形态横流的担忧更甚,因此以中国为首的网络技术弱势国要反复强调各国政府有权制定符合本国国情的互联网公共政策以及不从事、不纵容或不支持危害他国国家安全的网络活动,提倡在联合国框架下完善网络安全国际合作法律制度。网络技术先进国更关注国际法,尤其是武装冲突法在网络空间中的适用以及网络知识产权犯罪问题。以美国马首是瞻的利益集团则希望继续保持美国对互联网的控制力,并从中"分一杯羹";美国以外的不少发达国家希望打破美国对网络安全规则制定的垄断局面,但又不希望由传统的政府间国际组织如联合国接管相关权力。虽然各国都不否认政府、私营工商企业和公民社会团体共同参与网络安全国际合作的必要性,但由于受到不同利益点的驱动,在许多相关问题上莫衷一是。同时也不能忽略在不少国家,分权制衡和多党政治的国内制度体系已经影响到国际合作的质量,其可能造成一国政府在外交上常常不是一元的而是多头的,不是连贯的而是断裂的;现代政治理论将分权制衡和多党政治视为天然的政治正确,很少从理论上对这类国内制度体系对国际合作的阻碍予以怀疑和反思。②这反映了国内政治中的利益博弈对国际合作的消极影响。

当然也不乏这样的可能性:国家之间的阵营划分今后更多的是基于议题(issue-based)而不是传统意义上的意识形态。③ 例如,就网络间谍活

---

① 参见〔美〕门罗·E. 普莱斯:《媒介与主权:全球信息革命及其对国家权力的挑战》,麻争旗等译,中国传媒大学出版社2008年版,第4—5页。
② 参见苏长和:《互联互通世界的治理和秩序》,载《世界经济与政治》2017年第2期,第30页。
③ 参见郎平:《网络空间国际秩序的形成机制》,载《国际政治科学》2018年第1期,第51页。

动的合法性问题而言,希望拥有进攻性网络行动的合法权利,想要从事网络间谍活动,并具有抵御低烈度网络行动之技术能力的强国,更倾向于秉持"网络主权仅仅是一项原则"或"相对主权主义"的主张;不过即使是有能力从事网络间谍活动的国家,也有理由选择一个有助于阻止间谍的国际法律制度,因为许多类型的"无害的"网络间谍活动(无论是公共的还是私人的),甚至会对最强大、技术最先进的国家构成威胁。[1]此外,也可能出现某些国家与其他国家的非政府行为体联合对抗他国的情况。不同分量的影响力又制约着不同利益的实现程度,利益无法得到很好体现的行为体选择搁置某项动议便不足为奇,这也使网络安全国际合作困难重重。

在网络安全问题上,代表性国家或共同体不同的优先诉求,也会对网络安全国际合作法律制度建设产生巨大影响。当前国家间的博弈主要表现为美欧与中俄在治理理念和模式上的差异以及美国与欧盟在互联网的主导权上的争夺。[2]其中,中国的优先诉求仍在于维护网络主权(含网络信息内容审查)与发展互联网经济,美国的优先诉求在于全面保持互联网优势(涵盖网络知识产权保护、数据自由流动、网络军备优势等),欧盟的优先诉求在于保护个人网络权益与发展互联网经济,俄罗斯的优先诉求在于维护网络主权(含网络信息内容审查)与网络军控。在打击网络犯罪问题上,美国与欧盟的诉求也并非全然一致,欧盟想要维系、改良、推广《网络犯罪公约》,但美国对此并不热衷。就网络间谍活动而言,中国侧重推动对网络政治间谍活动的国际法规制,而美国聚焦于推动网络商业间谍活动的国际法规制。不同国家对网络安全优先诉求及主要威胁的理解与判断,决定其对不同问题、不同力量的投入与分配,进而呈现在网络安全国际合作法律制度中。

就产业界而言,不能忽略"技治主义"(Technocracy)的影响。1929—1933年"大萧条"暴露了资本主义的危机,"技治主义"作为救世方案受到青睐,其认为价格体系之上的政治经济活动的低效是制度性的,只有科学

---

[1] See Kevin Jon Heller, In Defense of Pure Sovereignty in Cyberspace, *International Law Studies*, Vol. 97, 2021, pp. 1487-1490.

[2] 参见郎平:《全球网络空间规则制定的合作与博弈》,载《国际展望》2014年第6期,第151页。

家、工程师取代政治家、资本家,运用专业技能来管理国家,才能提高效率、避免危机。美国经济学巨匠、制度经济学鼻祖凡勃伦(Veblen)更是在其1921年出版的《工程师与价格系统》(The Engineers and the Price System)一书中首次提出"技术决定论"。而后该理论发展成为颇具影响力的流派,其核心是两个假设:"(1)一个社会的技术基础是影响所有社会存在模式的根本条件;(2)技术变革是社会变革最为重要的单一根源。"①该理论行至网络时代,成为网络技术先进国反对网络技术弱势国政府管理互联网事务的理由。与此相对,网络技术弱势国从制衡网络技术霸权的角度认为,网络安全规则不应只是技术参数,而且还应是综合权衡个人基本权利、社会公共利益以及国家长治久安后的产物,如若既不以政府作为网络安全国际合作的主导,也不尊重各国对本国网络事务的管理权,相关规则的制定就可能在利益分配上倾向网络技术先进国,尤其是私人性质的国际标准,其好坏依赖于"技术专家",而非公平与正义。技术目标与组织目标的冲突原因在于二者出发点不同:以技术目标为导向的治理是一种基于效率的去意识形态的治理,如对互联网使用中降低成本、提高效率、突破时空等目标的追求;而以组织目标为导向的治理则是基于合法性的强化意识形态的治理,如对国际和平、社会稳定、政治体系良性运转等目标的追求。②此外,当网络空间出现源自政治动机的敌对或竞争行为时,网络冲突就会与传统政治矛盾交织,加剧国际安全困境,网络空间正日益成为重要的政治博弈场,国家背景的高级持续性威胁(APT)攻击泛滥,企业也越来越难置身于国家间网络博弈之外。③这也解释了为什么网络技术弱势国屡屡强调应依托联合国框架建构网络安全国际秩序,其认为任何以经济、技术为第一价值的国际组织均不能代替联合国的领导地位,这是防范技术强权行为之必需。

追根溯源,当今时代的许多问题都是发展的不平衡、不充分以及国际

---

① 〔美〕兰登·温纳:《自主性技术——作为政治思想主题的失控技术》,杨海燕译,北京大学出版社2014年版,第65页。
② 参见蔡翠红:《国际关系中的网络政治及其治理困境》,载《世界经济与政治》2011年第5期,第109页。
③ 参见中国现代国际关系研究院编:《国际战略与安全形势评估(2017—2018)》,时事出版社2018年版,第154、156页。

秩序的不公平造成的。网络技术并没有从根本上改变传统权力结构的现状,单向度地思考网络技术带来的变化和影响,必然会忽略这些变化和影响可能源自体系结构的塑造。[1]因此,网络安全国际合作法律制度建设的诸多障碍根源都需要追溯到国际体系本身存在的痼疾上。

二、合作成本分摊的博弈

互联网在全球范围内的不确定性和系统性风险,加大了国际合作的成本。当下各国逐渐收紧互联网管理并非偶然,这是以既有治理体制应对新兴事物的自然反应,以期降低应对成本。有理性的、寻求自我利益的个体可能不会采取行动以实现共同或集团利益。[2] 况且,相比以美国为首的网络技术先进国,网络技术弱势国在网络技术研发能力、企业产品竞争力、网络应用影响力、数据信息控制力和网络安全的实际保障能力等方面处于弱势,在"搭便车"与另寻解决之道之间进行成本核算是难免的。

不过既然国际组织得以形成,就意味着全球利益与国家利益达成一致性存在可能,"重复性囚徒困境"(iterated prisoner's dilemma)也增加了各国选择互惠合作关系的可能,即便国家在实现全球利益之前仍要进行成本收益的计算和权衡。摆脱集体行动困境(collective action problems)的关键在于平衡国家网络主权与多元治理主体之间的冲突、"网络发达国家"与"网络发展中国家"之间的矛盾以及网络霸权国与网络大国之间在制定网络空间全球治理国际规则主导权上的角逐。[3] 如何计算合作成本与收益,构架怎样的激励与监督制度,如何将各方利益冲突最小化,都是通过合理分配合作成本来推进合作需要解决的问题。

除成本在不同利益群体间的分配问题之外,还存在成本在网络安全国际合作不同实现方式之间的分配问题。例如,网络技术先进国更愿意将成本花费在现行国际法对网络安全问题的适用而非新国际公约的制定

---

[1] 参见刘杨钺:《重思网络技术对国际体系变革的影响》,载《国际展望》2017年第4期,第30—32页。

[2] 参见〔美〕曼瑟尔·奥尔森:《集体行动的逻辑》,陈郁等译,格致出版社、上海三联书店、上海人民出版社2014年版,第2页。

[3] 参见檀有志:《网络空间全球治理:国际情势与中国路径》,载《世界经济与政治》2013年第12期,第32页。

上,因为后者可能给网络技术弱势国提供更多争取话语影响力的机会。

三、对主权与人权理念"工具价值"的不同判断

网络安全国际合作法律制度建设的障碍也源于共识不够。正如有学者指出,WSIS体制建构方式的严重缺陷在于,其专注于具体的政策议题,重新安排组织与程序,却没有首先就体制的潜在原则与规范达成共识,因此实际议题没有任何进展。①一些基本问题未得到解决,具体行动在到达一定阶段之后往往因为无法锁定方向而后继乏力。

网络安全国际合作遭遇障碍首先源于东西方对主权(Sovereignty)与人权理念"工具价值"的不同判断。众所周知,"国家主权"的概念是法国政治思想家、法学家让·博丹(Jean Bodin)1576年在其《共和国六书》(Les Six livres de la republique)中首次提出的,他认为这是君主不受法律限制的对臣民的最高权力,是绝对而永久的,该理论旨在巩固与扩张王权。同样是在法国,于1624—1642年任法国首相的黎塞留(Richelieu)声称出于确保国家独立的需要,舍弃"仅可为上帝而战"的中世纪道德而首开"民族国家利益至上"的现代外交先河,以追求法国国家利益为终极目标,借"合纵连横"的外交策略在地缘政治上排除哈布斯堡王朝时期的神圣罗马帝国对法国的威胁。如此,黎塞留"国家至上"的观念同博丹"国家主权"的概念形成了前后呼应。然而其后史实表明,"法国主权观"不过是法国不断谋求领土扩张的借口,1648年威斯特伐利亚体系所确立的国家主权原则事实上是对30年战争后形成的欧洲相对均势的追认以及防止一国独大的策略性安排。行至17世纪末和18世纪,博丹的理论不符合资产阶级革命的需要,"天赋人权"、功利主义权利观等西方人权理论应运而生,主权对内层面的内涵发生演变,出于以人权观反抗王权观的目的而指向在国家领土范围内制定并执行法律的最高法律权威,对外层面则仍然被作为寻求本国利益最大化、同时抑制他国的工具。而当20世纪初,美国第28任总统托马斯·伍德罗·威尔逊(Thomas Woodrow Wilson)发现人权理念比主权理念更有助于实

---

① 参见〔美〕弥尔顿·L.穆勒等:《互联网与全球治理:一种新型体制的原则与规范》,田华译,载《国外理论动态》2016年第9期,第75页。

现美国霸权之后①,国家主权话语便在实质上被无情抛弃了,能否实现"普世价值"(universal values)被作为美国国内法制定与执行适当与否的标杆。发展中国家对"主权"一词的频繁使用主要源自反抗殖民统治、维护独立果实的需要,更强调对本国领土的排他管辖权。发展中国家并非不重视人权,而是在遭受帝国主义带来的人权灾难之后,个人人权的实现依赖于集体人权的成就,集体人权成就的首要前提是保证国家主权的独立。最终,国内资产阶级推翻封建专制统治过程中孕育而生的人权思想"战胜"了欧洲近代民族国家形成过程中诞生的主权思想而成为发达国家主流思潮,而在发展中国家反抗殖民统治过程中得到发展的主权思想不仅同西方国家的主权观大相径庭,更是同发达国家之人权思想形成针锋相对之势。

历史背景的不同,导致发达国家与发展中国家对国家主权理念"工具价值"的不同判断,折射在网络安全问题上,可以部分回答以下问题:为何网络技术弱势国提倡"多边"的网络空间治理体系,而网络技术先进国更偏爱"多利益攸关方"的表述。前者以政府为核心,强调政府对网络的控制是国家的主权权力,每个国家都有权在平等的基础上选择本国网络发展模式、网络管理模式以及参与国际网络空间治理;后者则提倡基于政府、私人部门和公民社会合意的信息管理体系,将网络空间视为全球公共资源(Global Commons),强调民主与言论自由。

发展中国家将网络空间管理视作网络主权,是为避免其国家与人民遭受跨国有害信息侵蚀而损害来之不易的独立果实,由此希望赋予政府更多的监管互联网的权力,必要的时候需要牺牲一定的个人网络权利;而对于发达国家来讲,推广人权理念比国家主权理念更能帮助自己扩张国家利益,于是极力鼓吹不受限的网络跨国信息流动不仅不会削弱反而能够增强国家执法能力,并将对网络信息传播的限制视作对根本人权的违反,发展中国家抨击的"网络霸权"在发达国家的定义中乃是为满足发展中国家民众知悉、获取信息这一人权而采取的合理手段。于是,对主权与人权理念"工具价值"的不同判断便成为了进一步达成网络安全国际合作

---

① 参见〔美〕亨利·基辛格:《大外交(修订版)》,顾淑馨、林添贵译,海南出版社2012年版,第29—39页。

共识的障碍。

有学者认为,很多时候主权只是被作为一个形式概念来接受。例如,美国只是为了维持与共产主义阵营及其同盟国"和平共处"状态,不得不对主权予以形式上的尊重;换言之,主权是使国际关系有序化的一个有用术语。①这一"主权的形式化"的观点捕捉到了主权概念被用作拉拢第三世界国家(多为前殖民地国家)的策略,令不少第三世界国家(多为前殖民地国家)成为美国的"马前卒"。但该观点未涉及的是,随着世界形势的发展,当美国的霸权受到挑战之时,其也开始正视主权的盾牌作用,虽然这种"正视"是"双重标准"的,即强调本国主权,而对他国主权未予同等尊重。这就构成了各国平等合作的障碍。

不仅如此,虽然绝大部分国家均认可在网络安全国际合作中同样要遵循主权原则,但由于网络边疆的虚拟性及网络运作架构的跨国性,网络主权及于本国领土只是网络主权最低限度的行使。网络主权具体在哪些问题上、怎样的范围内行使,仍存有争议。另外,虽然绝大多数国家也纷纷确认并保护个人的网络权利,但就网络权利的内容及其应受的限制,也存有争议。

四、各国网络安全保障能力存在差距

根据国际电信联盟(International Telecommunications Union,ITU)2024年发布的《全球网络安全指数(第 5 版)》(Global Cybersecurity Index 2024-5th Edition》调查报告,各国的网络安全指数综合得分排名被划分为五级梯队:位列第一梯队的国家有 46 个;位列第五梯队的国家有 14 个。由此可见各国网络安全保障能力的差距,这自然会影响相关国际法律制度的公平性及制度实施。

早在 2002 年,联合国大会第 57/239 号决议"创造全球网络安全文化"(Creation of a Global Culture of Cybersecurity)就着重指出,必须促进向发展中国家转让信息技术和开展能力建设的援助,以协助它们采取网络安全方面的措施。此后,网络安全保障能力建设一直是网络安全国际合作

---

① 参见〔日〕篠田英朗:《重新审视主权——从古典理论到全球时代》,戚渊译,商务印书馆 2004 年版,第 114、125、128 页。

法律制度建设的重要方面。但事实证明,不同国家之间仍存在能力差距。

现行国际法中存在许多被发展中国家认为不公正合理的制度安排,发展中国家着力寻求重构国际权利义务关系体系,但由于国际法以国家主权为基础、以国家同意为原则,发达国家可以轻易地阻止创设对于发展中国家更加公正合理的国际权利义务体系;更为根本的是,能力不足使发展中国家往往未能有效推动建立更加公正合理的国际法律秩序,国际法应当在促进发展中国家的能力建设方面发挥更大的作用。[①] 在网络安全国际合作法律制度建设方面亦是如此,各国网络安全保障能力的差距不仅影响网络安全国际合作法律制度本身的公平性,也常令有关制度难以有效推行。

[①] 参见蔡从燕:《"赋能国际法"证成、实践与中国贡献——中国式现代化与国际法变革的国家能力之维》,载《吉林大学社会科学学报》2025 年第 1 期,第 47 页。

第四章　完善网络安全国际合作法律制度的理论基础

完善网络安全国际合作法律制度的理论基础在于网络主权理论、防御性现实主义的安全理论、"包容的普遍性"理论以及多边主义理论，这些理论为完善网络安全国际合作法律制度提供了世界观与价值观的指引。

第一节　网络主权理论

尊重网络主权是网络安全国际合作的前提，在此前提下方能论及出于网络安全国际合作的需要而容忍适当的主权让渡。与此同时，也不应忽略网络主权在国家核心利益上的强化。

一、国家主权理论的演化

自 1576 年法国政治思想家、法学家让·博丹在其《共和国六书》中系统讨论"国家主权"，至今已逾 400 年，学界对主权理论的思辨与发展仍绵延不绝。主权国家还没有过时，人们仍希望借助自己的政治制度得到如下三种东西：生命安全、经济福利、共同体认同。[1]英国的政治学学者约翰·霍夫曼（John Hoffman）提出"联系的主权观"：虽然主权并非现代国家与生俱来的产物（前现代与后现代或许都不存在主权），但主权这一概念不应，也难以被抛弃；主权是多层和多元的，它既是个体的又是社会的，既是国家的又是地方的和全球的，主权只有置身于相互关联的无限时空中才有意义，而不能被限定在一个特定的组织上；习惯性地把国家主权

---

[1]　参见〔美〕小约瑟夫·奈、〔加拿大〕戴维·韦尔奇：《理解全球冲突与合作：理论与历史（第十版）》，张小明译，上海人民出版社 2018 年版，第 398 页。

视为秩序的保证机制,只会在霍布斯所谓混乱和自我毁灭的噩梦中越陷越深,强制力的使用会摧毁权力主客体之间的对话和互换,主权只能通过对自治(self-government)无止境地探求来展示自身;主权具有个人主义特性,不过个体并不单独存在,而是在家庭、地方性的、国家的乃至国际组织等各个社会层次上加以体现;作为一个联系的概念,主权要深怀戒备的是独占和排他性的特质。①总的来说,霍夫曼的主权观是对"国家主权观"的解构并重构,或谓之主权"穿透",既保全了公共生活所必需的秩序,又保障了个人的权利;但其主张的与国家相分离的主权观,是否会被西方国家引为攻讦不同意识形态国家的依据,犹未可知,但不得不防,因此现阶段很难完全接纳这样的观点。

西方学者多将国家利益诉求隐藏在"形而上"的思辨中,与之不同,中国学者观点的务实性较为明显,体现在国家主权相对性及主权让渡的讨论上。中国学者认为,国家主权具有相对性,表现为各国的国家主权是相互制约、相互依存的,国家主权的内容处于动态变化中,各国主权权力的行使是有限制的(受国际法约束),但国家主权的相对性不同于否定国家主权的观点。②从国际法、国际关系视角解读"国家主权",主权的内核是权力和权利,两者都属于关系性概念;对内主权指向命令与调控的权力(实质上是一种治理权),对外主权指向代表与参与的资格;主权的现实本质中不包括合法性的问题,而是一个自主有效统治的问题,主权在实然的层面上是道德无涉、法律无涉、未必是善的,其本质上还是物质主义的,要靠实力来支撑;但主权的现实并不妨碍我们去为之树立一种"权利本位"的道德理想,国家之间为了共同利益进行充分协商与合作,形成利益的均衡;为取得更大的利益,主权的一些具体内容是可以让渡的,这是实现国际法治的必经之路。③让渡的是国家的某些权力或权利而非国家的身份。④ 也有学者从抽

---

① 参见〔英〕约翰·霍夫曼:《主权》,陆彬译,吉林人民出版社2005年版,第137—154页。
② 参见杨泽伟:《主权论——国际法上的主权问题及其发展趋势研究》,北京大学出版社2006年版,第34—45页。
③ 参见何志鹏:《主权:政治现实、道德理想与法治桥梁》,载《当代法学》2009年第5期,第4—19页。
④ 参见车丕照:《身份与契约——全球化背景下对国家主权的观察》,载《法制与社会发展》2002年第5期,第59页。

象和具体两个维度来认识真实的主权:前者意味着国家在国际舞台上对国内事务拥有最终的控制权和各国之间的平等,后者意味着主权的享有和行使建立在一整套主权权利的基础之上;为了更好地实现国家利益和维持世界秩序,国家可以根据实际需要放弃其中某些主权权利,通常国家不会因此削弱它在国内享有的最高权和国际上享有的平等权;从国家治理,到国际治理,再到目前的全球治理,变化的只是主权的享有和行使的具体内容和形式,不变的是抽象维度的主权。[1]不同时期、不同地域的国家主权有其具体的含义和特定的实现方式,相对主权的观点正是在绝对主权的观念中加入"不违反国际法"的约束而形成的。国外有关主权让渡的研究成果虽然涵盖面广、理论方法多样,但存在明显缺陷:一是没有明确主权本体到底是质的属性还是量的集合,导致主权让渡有限与无限之间的模糊;二是对欠发达国家的主权让渡缺乏应有的关注,不尊重主权让渡的自主性。国内研究主权让渡的掣肘在于,百年屈辱以及赢得主权之不易,致使不少学者本能地坚持绝对主义国家主权的立场。事实上,主权让渡是基于身份主权与权能主权的划分,为"最大化国家利益"及促进国际合作,自愿将国家的部分主权权能(主权权力、主权权利、主权利益)转让给他国或国际组织等行使,并保留随时收回所让渡之部分主权权能的一种主权行使方式;在21世纪的国际关系中,主权的自主有限让渡是各个国家参与国际合作、赢得发展机遇、解决重大现实问题的必然选择,关键是如何把握"有限让渡"的"度"。[2]不过,眼前的"最大化国家利益"未必就符合国家的长远利益,更为准确的提法或是"为实现国家的长远利益",促成、维系、推进国际合作常常需要国家适当让利,达成公平的利益分配才是更为理想的目标。无论如何,主权让渡是全球化时代主权发展的趋势,但这种让渡不可能通过强制的手段实现,而是需要借助国际制度实现和体现。[3]需要警惕的是,在一个可以使用军事和经济强制手段的世

---

[1] 参见刘衡:《国际法之治:从国际法治到全球治理》,武汉大学出版社2014年版,第174页。

[2] 参见刘凯:《国家主权自主有限让渡问题研究》,中国政法大学出版社2013年版,第6—27、74—87页。

[3] 参见许健:《全球治理语境下国际环境法的拓展》,知识产权出版社2013年版,第120—121页。

界中,看似"自愿"的选择并不意味着环境是平等的,弱势行为者仍有可能受到权力和依附关系的潜在压力。[1]概言之,自主自愿、适当有限、制度化的主权让渡能够促进国际合作,但这要在公平的世界秩序之下才能够真正实现,与合法、合理、公平的国际制度建设息息相关。

综上,国家主权理论发展至今,形成了以下具有代表性的观点:国家主权在领土完整、内政不受干涉的意义上具有绝对性(如何界定"领土""内政"则是另一个问题)。国家主权的让渡必须是自主自愿、适当有限的,这既是国家主权独立性的体现,也是灵活、有效行使国家主权的体现。在国家间相互依存的全球化时代,国家主权的自主有限让渡不是对主权的削弱,而是行使国家主权的新方式,有利于促成国际合作。国家主权的自主有限让渡可以设定协商一致的最低标准,但没有完全均等的固定标准。

二、国家主权理论被引入网络领域

世纪之交,对国家主权理论的探讨与争论被引入网络领域。六个焦点问题分别是网络主权存在与否,网络主权的含义,网络主权是否为一项国际法规则,网络主权的相对性、灵活性,网络主权与传统主权的关系以及网络主权是否存在边界。

第一,网络主权存在与否。网络主权的概念最早由美国学者吴修铭在其1997年《网络空间主权?——互联网与国际体系》一文中提出,该文采用了制度主义理论与自由主义理论两个分析框架:从制度主义理论的视角(将国际制度视为理性国家行为者之间的集体行动),把网络空间看作一种国际制度,国家在符合其利益的情形下将遵守制度规则,但该分析框架可能无法产生一幅令人满意的网络主权图景,因其未考虑非国家行为体,网络主权仅由国家定义;从自由主义理论的视角(将个人视为主要行动者),互联网是一个规范个人之间国际互动的国际制度,不仅仅取决于各国共享某些偏好,因此,网络主权可能源于不同国家、个人之间的共识,这些尊重网络主权及有关国际制度的个人共识可能上升成为国家偏

---

[1] 参见〔美〕罗伯特·基欧汉:《霸权之后——世界政治经济中的合作与纷争(增订版)》,苏长和等译,上海人民出版社2012年版,第70—72页。

好(国家行为)。①该文并未直接就政府对网络空间的监管作出是非评判,但其倾向于认同自由主义理论框架的分析结果,即认为逐渐形成的网络空间国际制度可能导致从个人到国家就网络空间"最低限度主权"(minimally sovereign)达成共识,例如,为打击网络犯罪而实施网络监管等。另有学者也采用自由主义理论的分析框架,认为互联网有潜力加强国家治理和全球治理,从而强化主权而不是破坏主权(使国家治理的任务复杂化并不等于破坏主权)。②不过该学者仅仅把网络视作全球治理的工具而非治理对象。也有学者从区分一般的习惯国际法规则(general rules of customary international law)与特殊的习惯国际法规则(specific customary rules)的角度论证网络主权的存在,其认为无须寻找一条习惯国际法规则以求将主权"延伸"到网络空间,因为就如国际常设法院(PCIJ)在"荷花号案"③中阐明的那样,只有特殊的习惯国际法规则才需要限定适用场景,而主权是一般的习惯国际法规则,自然而然适用于网络空间,就如国际人道法中的区分原则,当然适用于尚未发明的武器。④这一论证路径结合了国际法基本理论与司法实践。还有学者认为,网络空间整体上不受一个国家或一群国家的主权支配,但其组成部分不能免于主权:一方面,各国已经并将继续行使其对网络犯罪的刑事管辖权,规范网络空间的活动;另一方面,网络空间需要依托物理架构才能存在。与此同时,网络主权的行使可能受到习惯国际法或一般国际法的限制,例如,外交通信的豁免或"无害通过""过境通行"(类比国际海洋法)。⑤换言之,网络主权已然存在,即使其行使受到一定限制。

中国学者肯定网络主权的代表性观点包括:国家主权从互联网创立

---

① See Timothy S. Wu, Cyberspace Sovereignty? – The Internet and the International System, *Harvard Journal of Law & Technology*, 1997 (3), pp. 657-665.
② See Henry H. Perrit, The Internet as a Threat to Sovereignty? Thoughts on the Internet's Role in Strengthening National and Global Governance, *Indiana Journal of Global Legal Studies*, 1998 (2), pp. 424, 432.
③ See S.S. Lotus (France v. Turkey), Judgment, 1927 P.C.I.J. (ser.A) No.10, pp. 18-19.
④ See Kevin Jon Heller, In Defense of Pure Sovereignty in Cyberspace, *International Law Studies*, Vol. 97, 2021, pp. 1451-1454.
⑤ See Wolff Heintschel von Heinegg. Territorial Sovereignty and Neutrality in Cyberspace, *International Law Studies*, Vol. 89, 2013, pp. 126-128.

之时就一直没有离开,单一主权国家美国以特定公司为授权主体进行治理的私有化模式,一直实际控制根域名治理权;互联网时代见证的是一些具体主权国家的衰落,而非主权概念与体制本身的衰落。①各国在功能性事务领域合作的增加,并不意味着主权被稀释了,它代表着互联互通时代主权的发展。②网络的发展没有改变以《联合国宪章》为核心的国际关系基本准则,尊重国家主权的原则和精神也应该适用于网络空间。③即使是西方国家,在法理上也不得不承认和遵循国家主权平等原则,北约单方面制定的《塔林手册》也不得不将其作为逻辑起点;不过,尽管发达国家承认网络主权的存在,但也提倡国家主权在互联网领域应当最大程度地克制。④简言之,网络主权是网络安全国际合作的基础,各国对于网络安全国际合作制度的构建具有平等参与权。

第二,网络主权的含义。有学者指出,对网络主权的解读需要从政治性主权(抽象、绝对)解读转向法律性主权、主权性权力(具体、弹性);网络空间的主权性权力与其说是"最高权力",毋宁说是"最先权力"(网络基本法制定权、决策权的分配和界定),"最终权力"(起补充、辅助作用的简约行政管理权)以及"普遍权力"(类型化的司法管辖权),既包括国家向其他国家主张的以及对网络设施、网络主体、网络行为享有的"单边权利",也包括与他国合作治理网络空间的"共治权利"以及相应的合作义务。⑤当然,在将理论转为实践的过程中,或许会出现过于理想化的问题,因为"最终权力"发挥辅助作用的前提是各主体目标的一致性,然而事实上国家与各类非国家行为体都有着自身不同的利益。⑥ 2017 年《塔林手册 2.0 版》确认国家

---

① 参见刘晗:《域名系统、网络主权与互联网治理历史反思及其当代启示》,载《中外法学》2016 年第 2 期,第 534 页。
② 参见苏长和:《互联互通世界的治理和秩序》,载《世界经济与政治》2017 年第 2 期,第 27、29 页。
③ 参见谢永江:《论网络安全法的基本原则》,载《暨南学报(哲学社会科学版)》2018 年第 6 期,第 42 页。
④ 参见王虎华、张磊:《国家主权与互联网国际行为准则的制定》,载《河北法学》2015 年第 12 期,第 14—16 页。
⑤ 参见张新宝、许可:《网络空间主权的治理模式及其制度构建》,载《中国社会科学》2016 年第 8 期,第 150—154 页。
⑥ 参见熊光清:《从辅助原则看个人、社会、国家、超国家之间的关系》,载《中国人民大学学报》2012 年第 5 期,第 73—74 页。

主权原则适用于网络空间各个层面和领域,并将主权区分为对内主权与对外主权,前者是指"一国在遵守国际法义务的前提下,对其境内的网络基础设施、网络从业人员以及网络活动本身享有主权权威";后者是指"一国在其对外关系中可自由开展网络活动,除非对其有约束力的国际法规则作出相反规定"(规则1—3)。中国多家科研院所于 2023 年联合发布了《网络主权:理论与实践(4.0版)》成果文件,系统阐述了网络主权的概念:网络主权是一国基于国家主权对本国境内的网络设施、网络主体、网络行为及相关网络数据和信息等所享有的对内最高权和对外独立权,其权利维度包括独立权、平等权、管辖权(含立法规制权、行政管理权与司法管辖权)以及防卫权,义务维度则包括不侵犯他国、不干涉他国内政、审慎预防义务以及保障义务,行使网络主权应当秉承平等、公正、合作、和平、法治五大原则。当然,网络主权的内涵可能随着网络技术或国际法的新发展而被修正,但这种修正必须"予以磋商"而不是"被强加"或基于一种绝对道德准则[①],网络主权的对外层面只受国际法约束。

第三,网络主权是否为一项国际法规则。有学者从黑客干预选举的角度引出对网络空间主权规则(rule of sovereignty)的探讨,通过识别习惯国际法(以"荷花号案"为依据),并进行演绎推理,其认为主权具有规范性(regulative)特征,主权规则能够直接适用于网络空间,一国在另一国领土上行使主权权利(未经目标国同意或国际法授权)是对主权规则的违反,主权规则禁止一国通过远程网络操作来篡夺目标国家固有的政府职能(inherently governmental functions),包括远程执法、证据收集;但主权规则并不禁止黑客干预选举等仅仅干扰他国政府职能行使的远程网络行动,解决黑客干预选举的办法在于探索不干涉规则中"强迫"(coercion)的含义,而不在于主权规则。[②]简言之,网络主权规则有自己的规范性内容,有别于不干涉规则。

第四,网络主权的相对性、灵活性。有学者提出,由于网络技术日新

---

① See Bruce Jones, Pascual Carlos, Stedman John Stephen, *Power and Responsibility: Building International Order in an Era of Transnational Threats*, Brookings Institution Press, 2009, pp.8-15, 240.

② See Steven Wheatley, Election Hacking, the Rule of Sovereignty, and Deductive Reasoning in Customary International Law, *Leiden Journal of International Law*, 2023 (1), pp. 30-32.

月异,对网络主权所做的界定应是开放、包容和简明的——网络主权是国家主权在网络空间的延伸,是国家主权的重要组成部分;网络主权兼有绝对性和相对性的特点,其中相对性体现为网络主权必须受到国际法的限制,在尚未产生专门的网络国际条约之前,国家行使网络主权要遵守国际法基本原则和一般规则;网络主权还意味着国家权利义务的统一,国家在网络空间行使主权权利的同时,也应履行尊重他国网络主权、和平利用网络空间等义务。①如果国际法赋予各国在网络空间的权利,它也规定了相应义务和责任,各国必须对此加以履行;各国可以基于双边或多边的同意,在网络活动上进行合作或彼此施加限制。②网络主权作为弹性主权,意味着自我克制,它要求国家以控制网络关键节点为核心目标,不谋求对所有设备、数据和行为的绝对、全面、独占的管控,而是运用合适且适度的方式维护网络空间基本秩序。③换言之,法律意义上的网络主权不是绝对主权,而是灵活主权,是同时强调权利与义务的合作主权,以网络主权为基础构建的网络安全国际合作制度也应当是一个包容性的体系。

第五,网络主权与传统主权的关系。传统主权主要作用于现实空间,很多学者都认为网络主权是传统主权在网络空间的延伸。代表性观点有:网络空间不会取代地理空间,也不会废除国家主权,但就像封建时代的城镇市场一样,它会与主权国家并存,并极大地使 21 世纪主权国家或强国的意义复杂化。④网络活动实质上影响的是现实空间,本质上还是各类主体在现实中主体权利在网络空间的投射与表现,网络空间的主要矛盾是网络空间虚拟性与现实性之间的矛盾,网络的现实性是矛盾的主要方面。⑤换言之,网络空间兼具虚拟性与现实性,网络空间的虚拟性依附于网络空间的现实性,现实性才是网络空间的本质特征。例如,网络恐怖主义就对现实空间具有极大的破坏性。《网络主权:理论与实践(4.0

---

① 参见朱雁新:《国际法视野下的网络主权问题》,载《西安政治学院学报》2017 年第 1 期,第 109、111 页。
② See Eric Talbot Jensen, Cyber Sovereignty: The Way Ahead, *Texas International Law Journal*, 2014 (2), pp. 282-288.
③ 参见刘杨钺、王宝磊:《弹性主权:网络空间国家主权的实践之道》,载《中国信息安全》2017 年第 5 期,第 38—39 页。
④ 参见〔美〕约瑟夫·奈:《权力大未来》,王吉美译,中信出版社 2012 年版,第 169 页。
⑤ 参见程卫东:《网络主权否定论批判》,载《欧洲研究》2018 年第 5 期,第 67—68 页。

版)》成果文件同样认为,网络主权是国家主权在网络空间的自然延伸。弥尔顿·L.穆勒持不同看法,其认为使用互联网协议所创造的空间是虚拟的(软件定义的)空间,而不是地理或物理空间,重要的是物理层组件之间的连接和交互,而不是孤立的物理对象。[①]简言之,其认为网络空间的本质特征是虚拟性,而非物理性。诚然,物理性不等同于现实性,物理性只是现实性的一个方面,现实性还包含现实中各类行为体的权利义务等内容。但这可以反映出,不同学者对于网络空间最本质特征的认识不同,进而影响其对于网络主权的看法。无论如何,辩证、全面地考察网络主权较之现实空间主权的"变"与"不变",不能在网络主权问题上走向片面化、绝对化和极端化,否则,网络空间的互联互通难以得到保障。[②]网络主权是传统的现实空间主权和网络空间独特属性的对立统一,网络空间虚拟性不应被过分夸大,虚拟空间与现实空间是相互映射的。

第六,网络主权是否存在边界。网络主权并非凌驾于传统主权之上,而是衍生自传统主权理论与国际法治原则。[③]传统主权理论离不开对领土与边界的探讨,那么,网络主权是否也是如此?不少学者认为网络主权并非一定要同有形领土相联系。例如,有学者认为除领土提供的有形空间之外,主权还可以在政治和法律方面有效地表现出来;国家领土可以被视为权力的容器,而不仅仅是权力所在的地方;如果主权的本质是权力而不是领土,那么,它不仅可以延伸到任何已分配的领土之外,而且还可以延伸到非领土实体;一方面是网络空间和网络活动的领土化,另一方面是主权的非(有形)领土化。[④]另有学者使用类比毒品走私的方法、博弈论的方法(基于相互依赖的安全理论)以及定量方法(novel quantitative methodology)得出研究结果:一个国家改善其国家网络安全的行动,无论是公开、私下还是协同实施,都会对其他面临类似挑战的国家产生积极影

---

① See Milton L. Mueller, Against Sovereignty in Cyberspace, *International Studies Review*, 2020 (4), pp. 789, 795.

② 参见黄志雄主编:《网络主权论——法理、政策与实践》,社会科学文献出版社 2017 年版,第 8—9 页,代前言。

③ 参见赵宏瑞:《网络主权论》,九州出版社 2019 年版,第 90 页。

④ See Nicholas Tsagourias, The Legal Status of Cyberspace, *Research Handbook on International Law and Cyberspace*, Edward Elgar Publishing, 2015, pp. 18-21.

响;边界的确切位置并不是最重要的,更重要的是国家在"域"(domains)这一相互作用的网络媒介中维护主权的意愿和能力,当一个国家有可能在网络空间内保护其领土并影响其他国家这样做,则边界作为一个实体和法律概念将继续发挥重要作用,反之,任何意义上的边界都丧失意义;安全保护伞内部和外部之间总有一个边界,随着安全保护伞的扩大和加强,边界将被划分得更加清晰;然而网络空间存在安全困境的可能性更大,国家不要奢望通过锁定边界来打击网络空间中的恶意行为者,而应致力于加强国际协调,因为相互依赖在网络空间更明显,单方面保护边界的努力无法奏效。[1]也有学者从功能而非地理的角度进一步解释网络主权,其认为鉴于网络空间中主权表现形式的模糊性,很难设定违反主权的精确阈值;"主权作为规则"(sovereignty as a rule)和"主权作为原则"(sovereignty as a principle)的支持者都陷入了"领土陷阱"(territorial trap),认为国家的空间维度是一种持久的陆地机制,其特征是"占有"(possession);有学者认为,领土本身不是地理性质,而是国家强制性法律秩序的有效范围,国家领土是根据国家实行相关主权权力的职能来界定的;国家的事实能力(factual competence)不同于空间能力(spatial competence),事实能力受到国内法、国际法和冲突法的限制;学者将作为"能力理论"子理论的"功能理论"(function theory)应用于网络空间,认可网络空间属于国家主权的法律范畴,网络空间中的国家功能不应仅仅被定义为规范参数,也表明国家追求目标的预期结果,以及界定各国功能性管辖权的必要方法。[2]还有学者提出,在网络空间描绘出绝对明晰的主权边界并不现实,网络主权的正当性源自四个方面的秩序性功能:应对网络暴力、明确网络空间权责分配、增强政治共同体内的集体认同以及促进网络空间平等发展。[3]另有观点认为,域名领土是网络平台为遵守各国网络主权而管理网络空间的主要方式,但依然存在管辖权冲突的问题,因

---

[1] See Forrest Hare, Borders in Cyberspace: Can Sovereignty Adapt to the Challenges of Cyber Security?, *The Virtual Battlefield: Perspectives on Cyber Warfare*, 2009 (3), pp. 97-102.

[2] See Alaa Assaf, Daniil Moshnikov, Contesting Sovereignty in Cyberspace, *International Cybersecurity Law Review*, Vol. 1, 2020, pp. 117-122.

[3] 参见刘杨钺、王宝磊:《弹性主权:网络空间国家主权的实践之道》,载《中国信息安全》2017年第5期,第38—39页。

此,将域名与物理存在相结合的模式可在尊重国家主权的同时维护网络空间的全球性。①概言之,理解网络主权的关键在于功能以及国家的实际控制能力,但领土仍是一个有用的概念。

作为极具代表性的、反对将主权理论适用于网络空间的学者,美国著名学者弥尔顿·L.穆勒认为主权理论的两个核心概念——领土和权威,两者在网络空间中是分离的,试图将主权应用于网络空间治理领域是不合适的;国家边界的变化和不稳定性,其之于技术的偶然性,以及在某些领域长期存在对领土主权主张的例外,都表明不应推定传统主权原则适用于网络空间;主权不是不变的原则,而是一种达到目的的手段,这就引出了一个问题:通过让网络空间服从领土主权原则有什么目的? 我们会牺牲什么价值? 在网络空间,重要的是自治系统(autonomous system, AS)的边界及其内部信息资产的安全,而不是国家管辖的边界;领土主权原则在处理对国家网络安全威胁方面没有提供额外助力,因为大多数网络安全威胁都是基于遍及全球的软件代码、应用程序和操作系统的漏洞;各国政府颁布法规和标准,试图影响自治系统在其管辖范围内的行为,但不能规范网络空间发生的大部分事情,因为大部分事情都不在政府的管辖范围之内;主权倡导者的提议非但不会带来网络安全也无法建立国际规范及秩序,反而可能导致类似19世纪和20世纪邮政、电话和电报的垄断,削弱网络空间的自由贸易与竞争;网络空间的技术结构意味着其最好作为全球公域来治理,国家不会优先于私人行为体,非国家行为体可参与甚至涉及安全和外交事务,有时与国家相当;全球普遍遵守互联网兼容协议与协议的公共产品性质相结合,解释了为什么各国不能对网络空间行使主权;诚然,全球连接给国家行为体和非国家行为体带来了具有挑战性的安全问题,但通过严格调整国家边界和网络边界来应对这些问题不是适当的解决方案,它会带来巨大成本和实际困难。②穆勒的观点可以说是学界的少数观点,因为大多学者的研究重心早已从主权理论是否适用于网络空间,转向在网络空间如何行使主权的问题。不

---

① 参见杨永红:《从域名领土看网络空间主权的边界》,载《学术界》2023年第10期,第37、51页。

② See Milton L. Mueller, Against Sovereignty in Cyberspace, *International Studies Review*, 2020 (4), pp. 779-798.

过,穆勒的观点仍值得我们回顾与思考,提醒我们兼听则明。

综上,网络主权同时观照虚拟空间与现实空间。尽管在网络"边界"实施安全措施存在困难,但其代表的是国家维护主权的意愿和能力的范围,因此,仍然是国家一级应对网络空间安全威胁的有用结构,尤其在跨国警务行动方面。但也不能高估国家锁定边界的作用,单边的主权措施存在局限性,应对网络安全威胁还是需要国际合作。

三、网络空间的分层主权理论

"网络空间的分层主权理论"存在诸多版本,从二层论、三层论直至六层论不等,即使同样是三层论,各层名称也不尽相同。但无论如何划分,学者们的基本思路是一致的,就是分层次讨论网络空间的主权权能。

有学者依循网络空间不同的分层架构来建构网络主权概念体系,物理层可以较为直接地适用传统的威斯特伐利亚主权(带有较强的领土性);逻辑层则呈现出极强的互联互通特性与弹性,更适用相互依赖的主权概念;内容层则日益体现出多元化和自主化的面貌,同时适用传统威斯特伐利亚主权和相互依赖的主权。[1]有观点同样认为网络主权具有可分性,分别是物理层、应用层、核心层三个层次,但具有不可侵犯的排他性的是核心层(相当于上述内容层),具有开放共享让渡性的则是应用层(相当于上述逻辑层)与物理层,让渡与排他的比重具有弹性。[2]有学者还认为协议栈的链路层和网络层分配的 MAC 和 IP 地址都可以为建立国际公认的(法律)主权提供基础。[3]当然,网络作为整体才能发挥效用,网络空间不同层次之间存在密切联系,难以截然分隔,正面或负面的影响都可能在不同层次之间传导。网络空间稀缺而昂贵的现实层次资源可能受到由成本低廉的信息层次发出的攻击;反过来,对现实层次的控制能够对信息

---

[1] 参见刘晗、叶开儒:《网络主权的分层法律形态》,载《华东政法大学学报》2020 年第 4 期,第 73、82 页。

[2] 参见郝叶力:《三视角下网络主权的对立统一》,载《网络安全技术与应用》2016 年第 10 期,第 5 页。

[3] See Kris E. Barcomb et al., Establishing Cyberspace Sovereignty, *International Journal of Cyber Warfare and Terrorism*, 2012 (3), p. 32.

层次产生领土效应和治外法权效应。①与此同时,网络空间各层次还与现实空间相互投射、相互影响,因此,网络主权的行使也要具备整体思维与合作思维。

在"网络空间的分层主权理论"的基础上,波兰国际法学者普尔泽米斯拉夫·罗古斯基(Przemysław Roguski)提出判断网络空间分层主权权能强弱的"接近程度"标准(criterion of proximity),其认为网络空间的主权可以被理解为涵盖多个领域或多个层次的重叠权利、责任和政治权威,这些不同区域或层次呈现出主权递减的特征,主权权能强弱取决于同排他权力范围(主权核心)的接近程度,该程度并不是绝对的而是相对的,取决于具体情况和有关国家的利益。确定接近程度的因素可能包括:一国领土受影响的程度、受影响国家的利益、数据所有者的位置和国籍、数据来源地和接收地,以及服务提供者与特定国家的联系性质和程度。根据接近度标准,可以区分出三层主权:一是基线主权,即领土国家对物理层信息和通信技术组成部分的排他权力,大多数国家对此均无异议;二是对逻辑层的有限权力,即国家对构成互联网公共核心的关键资源的权力范围,如对IP地址、域名分配和域名根服务器的管理,目前任何国家对逻辑层的权力都仅限于利益相关者之一的角色;三是物理层所有者与数据所有者对存储在域外的数据的重叠主权(concurrent sovereignty)。②这种划分方式类似于《联合国海洋法公约》对于不同海洋区域中国家权利与义务的设定。

四、有助于国际合作的网络主权理论

网络主权理论并非凭空而生,而是国家主权理论经过长时间演进,因当今国际情势而催生,是互联网时代国家主权的子面相。传统的主权理论不直接解决合作问题,而今主权观念从以"保护"为出发点向以"合作"

---

① 参见〔美〕约瑟夫·奈:《权力大未来》,王吉美译,中信出版社2012年版,第171页。
② See Przemysław Roguski, Layered Sovereignty: Adjusting Traditional Notions of Sovereignty to a Digital Environment, *11th International Conference on Cyber Conflict: Silent Battle*, 2019, pp. 352-359.

为出发点转化①。网络主权与国际合作是一体两面,网络主权是一个开放的概念,主权的维护并不意味着绝对的封闭,而是不断构建互联互通的网络空间;主权权利是在开放的过程中体现的,也是在国际合作中不断实现的,片面地将主权维护与开放合作割裂是不可取的。②网络主权理论不仅有着指导网络安全防御的一面,也具有指导网络安全国际合作的另一面。

第一,有利于国际合作的网络主权,不仅强调主权平等,也明确网络安全国际合作的义务,这是主权责任。如果仅仅强调网络主权平等,那么,每个国家无论其网络能力如何,都与其他国家一样对其领土行使主权;但随之而来的问题是,国家之间的平等意味着没有国家有义务帮助另一个国家提高网络能力,也没有义务在讨论网络领域国际事务时选择合作或达成一致意见。③合作性的国际秩序反映了国际社会进步发展的更高要求,在对建设、维护和平共处秩序承担责任的基础上,主权国家需要进一步承担主权合作责任。④网络安全治理无法建立在一个绝对的威斯特伐利亚主权体系的基础上,各国必须对其境内网络行动可能产生的跨界影响承担责任,但这不代表放弃国家主权,既是一般性原则,又是直接规制国家行为的法律规则,即所谓"第一性规则"。网络主权在赋予国家以独立权、平等权、管辖权和防卫权的同时,亦施加了相应的义务。⑤这也体现在《塔林手册2.0版》对主权义务的阐释中,其延伸了国家对本国境内涉网行为的主权管辖:一国不得允许其领土,或在其政府控制下的领土或网络基础设施,被用于实施影响他国行使权利或对他国产生严重不利后果的网络行动。(规则6)这也是网络主权行使的题中之义。

第二,有利于国际合作的网络主权,允许网络主权自主自愿、适当有限的让渡。自主自愿、适当有限的主权让渡是实现国际合作制度化的必

---

① 参见翟玉成:《论国际法上主权问题的发展趋势》,载《法学评论》1997年第3期,第6页。

② 参见郎平:《呼吁国际社会共同探索网络主权实践》,载《网络传播》2020年第12期,第27页。

③ See Eric Talbot Jensen, Cyber Sovereignty: The Way Ahead, *Texas International Law Journal*, 2014 (2), pp. 289-290.

④ 参见赵洲:《主权责任论》,法律出版社2010年版,第150—151页。

⑤ 参见张华、黄志雄:《网络主权的权利维度及实施》,载《网络传播》2021年第1期,第63页。

要条件;反过来,国际合作制度化也是促进真正自愿的主权让渡的保障。一方面,网络主权的有限让渡确有必要。国家主权的有界性与网络的超国界性之间的矛盾为网络安全维护增加了巨大的难度,需要各方行为体携手应对。但对网络空间实施管控,以期网络空间能够为其所用,是每个国家的本能。如若每个国家都将自身所期待的利益最大化,必然引起争执。因此,界定国家在网络空间的核心权益是进行网络安全国际合作的前提,需要设定合适的限度以防止国家利益损失;而对于非核心利益,则可以出于促进国际合作的目的,适当予以礼让。简言之,借鉴分层主权、过境通行等理论,明确网络安全方面的底线主权与有限主权。另一方面,网络主权的让渡必须是自主自愿的,这是网络安全国际合作的底线。自愿必须是自主基础上的自愿,不能只是表面自愿而实质上仍受到隐形压力。在合作的实践中,讨价还价的过程难免伴随着胁迫,甚至很难区分"谈判"与"强加",有可能一个国家所认为的合作对于另一个国家来说就是强迫。[1]因此,"自愿"需要制度保障,真正自愿的主权让渡与国际合作制度化相辅相成,需要以网络安全国际法治建设推动各国真正平等参与和协商谈判。

第三,有利于国际合作的网络主权,是在主权行使的过程中考虑多利益攸关方的利益与作用。主权原则在网络空间的适用面临着两种张力,这在很大程度上增加了主权行使的难度:一是新技术的不断发展和应用导致网络空间主权境外效应的增加;二是国家行为体的主权权力在向非政府行为体或机构让渡。[2]这也说明了网络主权的行使离不开与其他国家、私营主体、公民社会的合作。但不仅各国对于网络主权的理解可能不尽相同,政府与非政府组织对于网络主权的理解亦然。在网络主权的对内层面,政府在多大的范围内、多深的程度上享有规制权,时常引发争议。网络安全国际合作不仅是每个国家的责任,也是所有利益攸关方,包括国际组织、企业、公民社会的责任。网络主权的行使必须考虑到与多方主体的合作关系。

---

[1] 参见王晓文:《特朗普政府印太战略背景下的小多边主义——以美印日澳四国战略互动为例》,载《世界经济与政治论坛》2020年第5期,第61、65、82页。

[2] 参见郎平:《主权原则在网络空间面临的挑战》,载《现代国际关系》2019年第6期,第49—50页。

当前,网络主权的践行需要解决四大难题:一是网络主权国际共识的达成;二是网络主权技术范围的确定;三是侵犯网络主权行为的辨识;四是自主、可控的网络技术的拥有。[1]还可能出现的问题是,鉴于网络技术先进国的垄断地位以及全球"代理服务器"的存在,网络主权在多大程度上可以实现,其是否会成为互操作性的障碍,是否会造成对网络空间过度的审查控制。[2]概言之,国家在怎样的条件下、怎样的范围内能够行使域外管辖权,何种行为或其达到何种程度会违反国际法、触发国际法律责任,如何在确保网络主权的前提下加强网络安全国际合作,这些问题都需要网络主权理论作出回应。

网络主权是一个关系性、过程性、演化的概念,其随着网络技术的进步以及人类对网络空间认识的加深而衍生出新的内涵。网络主权的存在并不意味着国家对整个网络空间抱有绝对控制的野心,它只是意味着基本自保与必要规制。网络主权是国际法的一部分,它既受到国际法的确认与保障,又受到国际法的限制。网络主权既是一个国际法原则又是一条国际法规则,前者决定了网络主权原则的兜底性("禁止向一般条款逃逸"),用以弥补国际法具体规定的漏洞或不一致;后者决定了网络主权规则的直接适用性,当禁止使用武力或不干涉规则无从适用时,可将网络主权作为一般规范加以直接适用。网络主权在特定情形下是可自愿让渡以促成国际合作的,网络主权并不必然导致网络空间安全合作的分化与碎片化,重要的是如何在维护网络主权的基础上加深合作,如何在开放与可控之间把握平衡。

第二节 防御性现实主义的安全理论

防御性现实主义的安全理论强调了国际社会如今处于无政府但有秩序的状态,这是一个防御性现实主义的世界,虽然不可能存在绝对安

---

[1] 参见赵宏瑞:《网络主权论》,九州出版社2019年版,第35页。
[2] 参见〔泰〕克里安沙克·基蒂猜沙里:《网络空间国际公法》,程乐等译,中国民主法制出版社2020年版,第320—321页。

全,制度背后也可能隐藏权力操控所导致的不公平,但以合作建制度、以制度促合作具有很大的可能性,制度性合作是较优选择。

一、"安全困境"理论

德国国际政治学家约翰·赫兹(John H. Herz)在20世纪中期提出的"安全困境"理论(security dilemma),指的是在无政府社会中,群体或个人出于保护自身安全的目的(不受其他群体或个人的攻击、支配、控制或消灭),被迫去获取更多权力;这反过来又会使他人不安全,并迫使他人也做好最坏的准备,最终没有人能感到完全的安全,追逐安全和权力竞争的恶性循环不断上演;争取安全的斗争会从个人或较低的群体提升到更高级别的群体,因此,在面临外部威胁时,家庭或部落可以放下其内部关系中的权力斗争而一致对外,国家也一样。[1]赫兹所论述的"安全困境"应当包含以下四个方面的理论要素:第一,无政府状态是"安全困境"的先验假设;第二,"安全困境"可在个人、群体或国家这些不同层次行为体间发生或转移;第三,"安全困境"强调行为体自保的本能与行为的良善意图,行为体寻求权力扩张的根本目标是加强安全感或出于自保,并非试图改变现状以谋求更多的权益;第四,"安全困境"中行为各方的意图具有不确定性。[2]换言之,"安全困境"是一个具有讽刺意味的结局,因为每一方的行为都是理性的,并非出于愤怒或骄傲,而是出于对另一方实力增强的恐惧。[3]一个国家追求自身安全的独立行为,可能导致其他国家产生对战争不可避免的忧虑与恐惧,进而选择军备竞赛或"先发制人"。可见,"安全困境"产生的原因很大程度上是心理上互信的缺失以及对行为体意图的曲解。

美国国际政治学学者罗伯特·杰维斯(Robert Jervis)从国际政治心理学的角度认为,攻防孰优孰劣与攻防区分是影响"安全困境"的两个关

---

[1] See John H. Herz, Idealist Internationalism and the Security Dilemma, *World Politics*, 1950 (2), pp. 157-158.

[2] 参见员欣依:《从"安全困境"走向安全与生存——约翰·赫兹"安全困境"理论阐释》,载《国际政治研究》2015年第2期,第103—104页。

[3] 参见〔美〕小约瑟夫·奈、〔加拿大〕戴维·韦尔奇:《理解全球冲突与合作:理论与历史(第十版)》,张小明译,上海人民出版社2018年版,第24页。

键变量:就前者而言,战争中进攻方更占优势的信念会进一步加深"安全困境",当有攻击意图的一方认为胜利将是相对迅速、不流血和决定性的,其更容易选择"先发制人";就后者而言,如果攻防区分是明确的,误以为另一方是扩张主义者而产生的冲突将会减少,同时,由于各方攻防动向的可识别,各方不敢轻举妄动,除非进攻比防守更具明显优势,而通过防守力量进行保护的成本过高。①简言之,只有攻防姿态能够区分,且防御比进攻更有优势,才能够确保高度安全。当然,现实中攻防姿态常常无法截然区分。赞同杰维斯观点的学者认为,网络具有超越地理和空间的限制、架构脆弱性(易攻难守)、攻击不对称性(防守成本高于进攻成本)和攻击归属难以确定四个特点,因而网络有利于进攻,那么,想要使网络变得更安全,就要缓解"攻击占优"的状况,设法让防守占据优势;一国在增加自身安全时,应尽可能采取那些明显属于防御的措施,而不是偏向进攻或攻守难以区分的方式。②据此,行为体意图的明确传达对于纾解"安全困境"来说十分关键。一方面提升攻防姿态的可辨识度,释放出己方的防御而非进攻信号,减少对方的战略误判;另一方面传递给对方一个认知——选择进攻无法速胜且将付出巨大代价。

杰维斯还认为,无政府状态和"安全困境"并不妨碍以"协调体系"(concert system)的形式进行相对高水平的合作,虽然这种合作并不容易;通过增加决策者对他人参与合作可能性的估计,应验自我实现的合作预言,但要警惕这种估计走向另一个极端——认为对方别无选择只能合作,那么,决策者也可能选择叛变;如果国家认为被迫陷入冲突,会因为太软弱而无法生存,其出于对被背叛的恐惧而选择"先发制人"的倾向可能会增加;不过在"协调体系"下,一国通过叛变可以获得的收益比在"均势"下要小,毕竟在"协调体系"下,其他国家会迅速组织起来制裁叛变国家。③易言之,一个国家背叛合作关系,要么是出于盲目自信(以为其他国

---

① See Robert Jervis, Cooperation under the Security Dilemma, *World Politics*, 1978 (2), pp.186-214.
② 参见左亦鲁:《国家安全视域下的网络安全——从攻守平衡的角度切入》,载《华东政法大学学报》2018年第1期,第148—155页。
③ See Robert Jervis, From Balance to Concert: A Study of International Security Cooperation, *World Politics*, 1985 (1), pp. 69, 76-78.

家别无选择只能合作),要么是出于恐惧(认为自己太弱小以至于一旦被背叛就无法生存,所以选择先背叛)。这就需要以国际制度的形式提高后果的可预期性,增强各国的安全感或增加各国"投鼠忌器"的顾虑。

也有学者质疑"安全困境"理论将国家"拟人化",认为"安全困境"或许并没有想象的那么严重:"安全困境"理论的立论基点是霍布斯首创的国家与个人的类比,以及国家间无政府状态同个人间自然状态的类比,这忽略了无政府状态中的国家间同样也具备存在某种秩序的可能性,同时漠视或混淆了主权国家同个人在物质形态和根本性质上存在的重大区别。[①]同理,关于网络冲突削弱战略稳定性的假设并没有得到经验证据的充分支持,国家行为体对战略网络威胁日益增长的焦虑可能仅仅是基于虚构的威胁认知;而学者的研究起点也将网络空间的信任缺失视为理所当然,关于网络安全导致战略不稳定性的假设有可能被人为高估了;2001年至2011年敌对国家间网络冲突事件的实证考察结果显示,冲突的严重性水平(烈度)并没有随着频率的升高而增加,敌对国家在遭受网络攻击时采取报复行动的可能性极低,这可能是因为低烈度网络攻击所造成的实际损害有限。[②]且不论该质疑成立与否,这无疑提醒我们,无政府并不意味着无秩序、无规范,过分夸大相互疑惧的心理对国际合作的影响,可能导致合作失败的"自我实现的预言"(self-fulfilling prophecy)。

综上所述,网络安全既是客观上的状态(脆弱性),也是主观上的感知(敏感性)。一方面,结构上不对等的依赖关系可能导致"安全困境";另一方面,"安全困境"也源自"不安全感"。不同国家具有不同程度的敏感性,一个国家越是重视国家安全,越是面对其视为竞争对手的国家,越可能对小的威胁过于敏感。不过,"安全困境"并不必然导致冲突、抗拒合作。因为国家并不仅仅处理双边关系,有时两个国家或数个国家共同面临的外部压力会使它们彼此之间的矛盾转移。当然,矛盾转移并不代表困境消失,"安全困境"也不会一直以一种样态持续,它可能瞬息万变。想要在某段时期内实现一定范围内的困境纾解,需要从结构与心理两个方

[①] 参见吴征宇:《论"安全两难":思想渊源、生成机理及理论缺陷》,载《世界经济与政治》2004年第3期,第37页。

[②] 参见刘杨钺:《网络空间国际冲突与战略稳定性》,载《外交评论(外交学院学报)》2016年第4期,第107—108、116—118页。

面同时着手。制度化、公平的国际合作是纾解网络"安全困境"的重要方式,当然还有一些其他方法如选择制衡战略。但由于在网络空间很难对网络攻击进行快速有效归因,且意图传递常常受阻,致使威慑等战略工具失灵,制衡战略无法呈现出显性效果,所以国家可能更加倾向于谋求合作或追随的战略而非制衡战略。[1]因此,也不必过分纠结于"安全困境"的大小,而在网络安全领域持续善意地行动,尤其在提升网络互联互通的系统安全性与稳定性、打击网络犯罪与网络恐怖主义、避免网络攻击溯源误判及意外摩擦升级等方面,仍然存在很大的合作空间。网络空间"安全困境"的纾解并非一劳永逸,需要持续的善意行动,及时调整增加制度安排以增加合作收益与不合作成本。

二、制度化合作是获取安全的较优方式

中国国际关系学者唐世平将进化论引入国际关系学,提出了一个针对国际政治的社会演化范式,其认为进攻性现实主义世界(国家获得安全的唯一方式是削弱其他国家的安全)已经转化为防御性现实主义世界,二者属于不同历史时期,在同一时空中不可并存;进攻性现实主义世界中的国家通过征服来获取安全,以至于国家数目减少而国家规模扩大,征服变得愈加困难,比如,古代中国以及后神圣罗马帝国时代的欧洲两个不同的国际子系统在不同的时空中演化;但这并不意味着防御性现实主义世界不存在进攻性现实主义的国家,比如,萨达姆统治时期的伊拉克、小布什治下的美国;当基于防御性现实主义世界的和平确立之后,和平的制度化才会发生,从反复的合作性互动中产生的观念与规范才有机会被固化为制度,制度也会反过来强化和平,并将国际系统演化为一个更加基于规则的系统,这一反馈循环也是通过权力(不仅指物质权力)运行的;即使在防御性现实主义世界里,"安全困境"也只存在于防御性现实主义国家(善意但受困于误判的国家)之间,"安全困境"无法消除,只能通过行为节制与合作来缓解;国家应当尽可能寻求合作,利用制度(或规则)来规制合作,以能提升福利的规则来相互社会化(规则内化为身份或认同),以非

---

[1] 参见任琳、龚伟岸:《网络安全的战略选择》,载《国际安全研究》2015年第5期,第49—53、58页。

暴力的方式通过规则来执行规则。①简言之,国际政治是一种演化的进程,从无政府主义状态到霍布斯/米尔斯海默式的进攻性现实主义世界,然后再演化至洛克/杰维斯式的防御性现实主义世界("二战"以来),随后趋向于一个更加基于规则的世界。与此相对应,每个国际关系的大理论(进攻性现实主义、防御性现实主义、新自由制度主义、建构主义等)都只能解释国际政治的一个特定时期。当今世界正处在防御性现实主义世界向规则世界的演化中,虽然存在若干"异数",但总体的趋势依然是制度、规则在世界秩序中扮演着越来越重要的角色。在特定阶段的世界中"顺势而为"才能更好地生存与发展,"逆势而动"则会遭到严厉的"惩罚"。

唐世平的"国际政治的社会演化范式"认为,制度主要产生于权力政治,很少产生于反复合作,所以制度不是自主的行为体,也不一定推进集体福利(很偶然的情况下也许会);制度使权力舒缓化、合法化,使权力的运行更加流畅;制度的制定与维护有助于合作的达成与持续,但权力而非制度对于维持和促进合作才是至关重要的;建构主义认为,集体认同促进了合作性制度的形成,可集体认同不是凭空产生的,而是在权力的背景下建构的,因此集体认同对于启动合作来说既非必要也非充分条件;秉持基于问题的制度主义,不能简单假定现存的制度和规范都具有正效用和规范性价值,在权力、制度和价值观之下可能隐藏着不公平、支配与霸权。②这一观点本质上仍是现实主义的,强调合作的驱动力是权力,制度可以对合作起到维系、固化的作用,但同时必须警惕制度背后权力操控所导致的不公平。

综上所述,依据"安全困境"理论与"国际政治的社会演化范式"加以分析,建设网络安全国际合作法律制度的社会背景是防御性现实主义世界,存在"安全困境"且困境无法消除,但通过行为节制与合作来缓解。因此,虽然权力仍是维持和促进合作的核心要素,但将网络安全国际合作制度化并通过制度(或规则)来保障合作,有助于纾解网络空间"安全困境"。

---

① 参见唐世平:《国际政治的社会演化:从公元前 8000 年到未来》,董杰旻、朱鸣译,中信出版社 2017 年版,第 44—45、137、158—164、192、299—304 页。

② 同上书,第 210—228、243 页。

第三节 "包容的普遍性"理论

"包容的普遍性"指向对普遍性与包容性的不可偏废,强调积极互鉴、释放影响。它是对肇始于西方国家的理念的纠偏与完善,也是对包括中国古代"天下观"在内的文明中心论、文明优越论的超越,是能与既有的理论相衔接又能为我所用的新理论。以此指导网络安全国际合作法律制度的完善,兼顾延续与变革,有利于取得共识。

一、"国际法普遍性与包容性""新世界主义"的辩证逻辑

中国国际法学者蔡从燕提出了国际法普遍性与包容性相互重塑的观点,认为在新背景与新挑战之下,各国之间强调共处是不够的,还必须开展积极的合作,中国倡导的包容性具有正当性,但也有其限度,必须在国际法普遍性的框架下加以理解;包容性具有的动态性与互动性使其具有恰当重塑国际法普遍性的潜力,但它也蕴含可能被过度内向化的风险,理解包容性不能脱离国际法普遍性的原理、历史与现实,否则包容性可能被误解、误用;中国倡导包容性的过程既是重塑普遍性的过程,又应当是重塑包容性的过程;虽然西方国家主张的普遍性并不当然都是不正当的,但需要朝着更加公正、合理的方向去重塑。[①]概言之,普遍性与包容性是双向建构,既强调普遍性不等于标准化、同质性,又强调包容性不等于仍有杂乱无章的多元。国际法倾向于国际性或普遍性是必要的,否则,国际法必然面临"合则用,不合则弃"或者被以一种双重标准的方式适用的命运。[②]正如"强行法"(jus cogens)和"对一切的义务"(obligations erga omnes),就属于对"所有"而非仅是"广泛"成员具有普遍性的一般国际法

[①] 参见蔡从燕:《国际法的普遍性:过去、现在与未来》,载《现代法学》2021年第1期,第1、97、101—103页。

[②] 参见蔡从燕:《中国对外关系法:一项新议程》,载《中国法律评论》2022年第1期,第26页。

规则。①这是国际社会每一个成员都不能以本国国情特殊为由加以对抗的。与此对应,倡导国际法的普遍性与包容性也不意味着否认现代性国际法国家本位的动力特征,即不否认国际法以国家的利益诉求为规范确立的起点、以国家意志和意愿作为其效力依据、以国家行动作为其发挥作用的主要动力,这是国际社会的基本现实,也有其合理性与必要性;但如果国家主权过于强大,则很有可能将国际法置于虚无的境地,漠视国际社会的共同利益,容忍强权政治,也忽视了非国家行为体的作用。②讲求"平衡术"的理念落实于实践并不容易,需要掌握分寸,积极而非强迫,倒逼改革而非墨守成规。需要特别指出的是,人类普遍认可的共同价值,是具备广泛认识论基础的,但其不应独由"西方"定义,不应是欧洲中心主义的代言,而应从自然法思想、中国传统思想等多元思想中提炼,是全人类共同的底线,在此基础上要辩证看待个性与共性,不应过分强调"例外论"。正如国内领域的例外论为威权主义及其对自由的抑制提供正当性一样,国际关系中的例外论也会为强国支配弱国提供合法性,因此,发展非西方世界语境下的概念与方法,也需注意使其不仅在本土有效,而且适用于更广泛的世界。③人类多种文明的价值观与文明内涵都具有普遍化的能力,在一定的条件下,可以将其中某些要素普遍化。④每个国家都有自己的特点、特色,但每个国家也并不特殊,不能一概借特殊性去抗拒普遍性,而是应争取形成更好的普遍性。

  中国政治学学者刘擎提出"新世界主义"这一概念,同样体现了对普遍性与包容性的辩证理解。其认为我们面临一个悖谬性的现实:中国越是崛起,国力越是强大,就越是"非中国化",如果被这种逻辑决定,中国崛起的前景至多是在旧有的世界霸权秩序中成为新的霸权者,而难以改变这个霸权秩序本身。新世界主义的全球想象,一方面主张平等地尊重各

---

  ① 参见禾木:《当代国际法学中的"一般国际法"概念——兼论一般国际法与习惯国际法的区别》,载《中山大学学报(社会科学版)》2014年第5期,第168—173页。
  ② 参见何志鹏:《国家本位:现代性国际法的动力特征》,载《当代法学》2021年第5期,第110—126页。
  ③ 参见〔加拿大〕阿米塔·阿查亚:《重新思考世界政治中的权力、制度与观念》,白云真、宋亦明译,上海人民出版社2019年版,第272页。
  ④ 参见赵金刚:《列文森的"剃刀"——传统文化与普遍性》,载《开放时代》2023年第5期,第118页。

个民族文化;另一方面也要求以普遍性的规范原则来限制极端的文化相对主义,并不过于强调中国文化(比西方)的优越性。民族国家和国家利益的存在是当今世界政治的现实,超越民族国家及其利益的恰当方式,并不是取消或无视它们的存在;试图凭借一个思想的范式转换来根本改变国家与国家利益的视角,是一种老式的唯心主义方式。我们不必在"民族国家"与"天下一家"的二元对立中二择其一,新世界主义诉诸一种对普遍性与特殊性之关系的辩证理解。①简言之,"新世界主义"试图超越文明中心论,无论是西方中心论抑或华夏中心论,同时致力于消解"民族国家"与"天下一家"的二元对立。其还主张"广义对话",不仅包括彼此的商谈和相互理解,同时也包含相互的竞争和斗争,强调在理解基础上的相互影响和改变;这不仅仅是指在各种不同的信仰之间碰巧、被动发生"交集"的"重叠共识",更是主动地"自我问题化""向他者学习"以及"自我转变"。②概言之,理想的世界秩序不仅是消极地尊重"存异",更要积极地"求同"。各行为体之间的竞争和斗争是很正常的现象,无须因此过分焦虑或沮丧。在不同文化、利益相互摩擦的过程中,调整自我以期彼此适应并共同进步是自然而然的。

在国际话语影响力的竞争中,有两种竞争方式可供选择:一是在肇始于西方国家的理念中,择其有益者加以纠偏或完善,蔡从燕的国际法普遍性与包容性理论、刘擎的"新世界主义"理论均属此类,中国国际关系学者提出的"过程建构主义"与"道义现实主义"也是基于类似的思路。二是从中华传统文化中选取可资延伸于当代国际情势的理念,加以重新诠释。学界对于中国古代"天下观"的扩展适用属于此类。由此也可见哲学学者与国际法学者、国际关系学者的观点形成反差。

二、"过程建构主义"与"道义现实主义"具有方法论意义

兼顾"普遍性"延续与"包容性"变革的理论才是有益于国际合作法律制度建设的指导理论。我们不能全然否定西方的国际政治理论与国际

---

① 参见刘擎:《重建全球想象:从"天下"理想走向新世界主义》,载《学术月刊》2015年第8期,第8、11—13页。
② 参见刘擎:《从天下理想转向新世界主义》,载《探索与争鸣》2016年第5期,第68页。

关系理论对解决世界问题的重要意义,反而更要捕捉中西方理论之间的接续性。从跨国交往、国际合作的实用主义立场出发,现有国际规则的表述呈现出某种至少表面上的"无私性",规则一旦被更多"玩家"在新的历史条件下遵守,其字面意思就会越来越明显地形成一套与原初制定者本意分离的新语义体系,"旧玩家"对于"新玩家"的优势梯度也会被逐步缩小(尽管可能无法被彻底消除),执行"融入"战略的成本与风险反而要显得可控得多。[①] 西方理论基准仍然具有重要的认识论意义,以西方理论作为分析基准可以帮助我们认清自己的不同特点。[②]所以,不是"另起炉灶"地构建与西方理论割裂的话语体系,而是注意用我们的理论去渗透、弥补、发展西方理论。

中国国际关系学者秦亚青就从中国传统思想中选取了"关系性"作为对建构主义这一国际关系主流理论的补充,中西结合地提出了"过程建构主义"(processual constructivism)理论。之所以选择建构主义作为基点,秦亚青考量的是建构主义"弱化物质主义的实践本体论"与中国的思维方式有着相通之处,同样注重社会关系、价值规范以及互动过程。[③]在接受结构建构主义三个基本假定的前提下,主张过程与行为体是共生的、相互建构的(而非线性因果),理性之外的情感也对集体认同具有重要性,以及通过国际社会关系的流动能够运化权力、孕育规范。[④]秦亚青认为,国际关系主流理论所强调的规则治理(以理性作为核心理论假设)是重要的治理模式但非唯一模式,也不是在任何地缘文化中都具有同等效力;关系治理则是与规则治理并存并重、相辅相成的另一重要治理模式,它以关系性作为核心理论假设,尤为关注关系中非经济考量的一面,将理性之外、基于规范和道德的相互信任视为关键因素而非工具,目的是使社会成员以互惠与合作的方式进行交往,侧重点在于保持已经发展起来的关系,而不

---

① 参见徐英瑾:《世界秩序:"重建"抑或"改良"——与赵汀阳先生商榷》,载《探索与争鸣》2016年第3期,第30页。
② 参见周黎安:《如何认识中国?——对话黄宗智先生》,载《开放时代》2019年第3期,第56页。
③ 参见秦亚青:《建构主义:思想渊源、理论流派与学术理念》,载《国际政治研究》2006年第3期,第21页。
④ 参见秦亚青:《关系本位与过程建构:将中国理念植入国际关系理论》,载《中国社会科学》2009年第3期,第73—86页。

仅仅是获取实在的结果和利益;上述两种模式在不同社会文化语境中的表现程度不尽相同,关系治理在东亚社会比较明显,规则治理在欧洲则可能占据主导地位;同时也要警惕,规则和关系在某些条件下,都会产生负面效应,过于强调规则可能失之于人情,过于强调关系可能失之于公正,如果两者的缺陷叠加,则会使合作加倍困难。[1]概言之,秦亚青认为国际关系主流理论属于静态理论,而"过程建构主义"作为动态理论,弥补了主流理论之不足。中国哲学学者赵汀阳的"新天下"理论也留意到了"关系"的重要意义,其认为"西方的普遍主义追求的是对于每一个个体普遍有效的普遍原则,中国的普遍主义关注的是对于每种关系普遍有效的普遍原则"[2]"不是单边的普遍主义(unilateral universalism),而是兼容的普遍主义(compatible universalism)"[3]。人是活在关系中的,国家亦然,国家需要致力于在互动与合作中达成"包容的普遍性"。

中国的另一位国际关系学者阎学通则选取了中国传统思想中的"道义"作为对现实主义这一国际关系主流理论的补充,提出了"道义现实主义"(moral realism)理论。该理论在接受现实主义有关实力、权力和国家利益假定的基础上,引入政治领导和战略信誉这两个变量,并将前者视为战略选择以及崛起成败的核心因素,也就是在肯定物质实力是崛起基础的同时,提出政治领导是国际实力对比变化的根本,从而改变国际格局,建立新的国际规范和国际秩序。其认为,国际主导权包含了国际权力和国际权威两个要素,国际权力可以完全基于实力,但国际权威则须以道义为基础;但其也承认,战略信誉和道义并不能无条件地发挥作用,而只有在生存安全有基本保障且有较强物质实力的基础上,讲道义才能有利于维护崛起国的战略利益;其还强调,道义原则是普适性的而非民族性的,不能以民族道义取代国际道义。[4]且不论阎学通对于"道义"的定义是

---

[1] 参见秦亚青:《关系与过程——中国国际关系理论的文化建构》,上海人民出版社2012年版,第132—160页。
[2] 赵汀阳:《天下体系的一个简要表述》,载《世界经济与政治》2008年第10期,第64页。
[3] 赵汀阳:《天下:在理想主义和现实主义之间》,载《探索与争鸣》2019年第9期,第101页。
[4] 参见阎学通:《道义现实主义的国际关系理论》,载《国际问题研究》2014年第5期,第102—127页。

否准确(用"道德"的英文moral来译介"道义"容易引发误解),仅就其通过主流国际关系学的语言对"道义"进行阐释而言,仍具有更高的国际接受度。

"过程建构主义"与"道义现实主义"的方法论路径具有相似性,都体现出明显的将自身融入现有国际关系理论的学术自觉,在给予西方思想理论充分肯定的前提下,发扬中国传统思想中的智慧,这正是普遍性与包容性的结合。中国的国家定位是世界秩序的维护者、建设者而非颠覆者,故而选择肇始于西方国家的理念加以纠偏或完善、为我所用,或许是更容易实现目标的路径。

三、"新天下"理论难以发展出"包容的普遍性"

从内涵上看,中国古代"天下观"通常认为,首先要有一个中心,再围绕这个中心以"内服""外服""朝贡"等体制模式运行。换言之,中国古代"天下观"主张一种"内外有别"的稳态,带有一定排外("华夷之辨")的色彩,但没有太过强烈的"教化"外物与对外扩张的冲动(至于"内外"的界分则在不同时期有所变动)。中国历史学家许倬云先生认为,所谓"天下",以为光天化日之下只有同一人文的伦理秩序,中国是这一文明的首善之区;正是如此的"中国中心论"导致几千年来,中国不能适应与列国平等相处,令原本是胸襟开放的普世主义成为了自设的局限;"天下之内"不容许有平等的"他者",所有"他者"都不过是将要接受"王化"的"远人";但早在唐代中国,已有不少国家独立于"大唐秩序"之外,唐代中国已身在列国体制的国际社会之中,不能再自居为天下之中,更不能自以为中国即是"天下"了。[1]简言之,中国古代"天下观"是"大一统""中国"体系的基本规训工具和权力合法性基础,是皇权与儒家思想体系结合起来的区别自我与"他者"的重要标尺。[2]而中国哲学学者赵汀阳提出"新天下体系",意为"天下无外,即世界的内部化,使世界成为一个只有内部性而不再有外部性的无外世界;新天下体系属于世界而不属于任何国家;世界成

---

[1] 参见许倬云:《我者与他者:中国历史上的内外分际》,生活·读书·新知三联书店2015年版,第20—21、66—68页。

[2] 参见胡键:《"天下"秩序:一种文化意象》,载《学海》2017年第4期,第195页。

为政治主体"①"通过向心力而非向外侵略征服的'漩涡模式'去实现世界内部化,而在实现世界内部化之后就不再有漩涡中心"②"天下主要是一个世界制度的概念,而天子则主要是世界政府的概念"③。如此一来,"新天下体系"彻底推翻了中国古代"天下观"的两大前提,只剩下了"天下"这一个术语的空壳,其内涵已完全改变,"天下"被解读为"混沌"式的"世界",其主张的"内部化"是动态的,强调"化"入。质言之,赵汀阳的"新天下体系"很大程度上脱离了中国古代"天下观"的原有之义,那么,是否还有必要固守这一外国人很难理解的词汇而徒增译介之烦扰呢？中国历史学者许纪霖赞同"新天下"的提法,认为中国传统之中的"天下"具有双重内涵,既是理想的文明秩序,又是以中原为中心的世界空间想象;作为价值体的"天下",乃是一套文明的价值以及相应的典章制度,是普世的、人类主义的;虽然古代中国人也讲"夷夏之辨",但这是一个相对的、可打通的、可转化的文化概念;而"新天下主义"的特点是去中心、去等级化,创造新的普遍性,加入民族国家主权平等的原则,形成"分享的普遍性"。④许纪霖"去中心""去等级化""分享的普遍性"的提法直击要害,彰显了现代国际社会广泛认可的主权平等原则,较之赵汀阳的观点具有更强的现实性。但这各种版本的"天下观",哪怕是在被视作儒家文化圈的国家眼中,呈现的也可能是完全不同的另一番场景,甚至被疑为另一种帝国主义。即使对中国人自己来说,"天下观"与其说令人联想到"天下大同"或"天下为公",不如说更容易联想到"普天之下,莫非王土"的王权思想与等级观念。进而就回到了最初的疑问,是否非"天下"一词不可。当然,中国古代"天下观"有很多面向,在不同的历史阶段也有着不太相同的内涵,对它的解读因时而异、因人而异,无法对其"一言以蔽之",但仍要警惕对其抱以过分美好的想象。

赵汀阳还将"新天下"理论与西方政治思想进行比较,但其无论在中

---

① 赵汀阳:《天下观与新天下体系》,载《中央社会主义学院学报》2019 年第 2 期,第 71—72 页。
② 赵汀阳:《"天下"的外运用与内运用》,载《文史哲》2018 年第 1 期,第 8—9 页。
③ 赵汀阳:《"天下体系":帝国与世界制度》,载《世界哲学》2003 年第 5 期,第 8 页。
④ 参见许纪霖:《家国天下:现代中国的个人、国家与世界认同》,上海人民出版社 2017 年版,第 438—441、456 页。

西对比的方法论上还是对西方政治思想具体内容的评价上都殊为不公。一方面,赵汀阳在论证西方国际政治理论不好时采取的是结果论证方法——因为当今国际体系是一个乱世,可证明西方理论本身不好。①然而,所谓"乱世"是否能逆推出西方国际政治理论本身存在重大缺陷,其中的关联性并非不证自明。与此相对,赵汀阳尽力对中国传统的"天下"观念加以思想蒸馏,将天下体系净化、升华为"唯一"的世界制度哲学,并将这一理想化升级与西方国家构造的国家/国际体系的现实缺陷放置在一起比较,这是不对称的。②此为方法论上的双重标准,用"至善"的"新天下"理论以及并未实现的"新天下体系"与当今现实中"最糟糕"的一面做对照,由此得出"新天下"理论优于西方政治思想,逻辑上难以自洽。另一方面,赵汀阳认为西方政治理论中"国家—国际"这一框架缺乏世界公心的维度,而中国虽然以"家"作为基层单位,但中国政治思想的出发点是"世界"。③他批判国际政治理论只是国家政治理论的附庸,在民族国家体系的条件下不存在解决冲突的良方,只能斗争到底。④这至少是未将国际法理论与实践纳入思考范围所产生的偏颇。一些学者对现代国际秩序存在明显的误解,导致他们完全排斥现代国际秩序并否定其合理性,推断国际法和联合国都是虚设的;事实上,中国近年来的经济高速发展,在很大程度上得益于这个既有冲突也有合作的国际秩序。⑤"二战"后国际法主体理论以及国际人权法、国际刑法等理论与实践发展也都突破了"国家—国际"这一框架,尽管国际法仍是"名副其实"地以调整国际关系为主。诚然,在这一突破的过程中,中国也作出了自己的理论贡献。但"新天下主义"这种拯救世界的志向是不是过分夸大了中国因素在其中的重要性?

---

① 参见周方银:《天下体系是最好的世界制度吗?——再评〈天下体系:世界制度哲学导论〉》,载《国际政治科学》2008年第2期,第100页。
② 参见任剑涛:《当代中国的国际理念:融入"世界",抑或重启"天下"?》,载《山西师大学报(社会科学版)》2020年第5期,第8页。
③ 参见赵汀阳:《天下体系的一个简要表述》,载《世界经济与政治》2008年第10期,第60页。
④ 参见赵汀阳:《天下的当代性:世界秩序的实践与想象》,中信出版社2016年版,第14—16页。
⑤ 参见王庆新:《儒家王道理想、天下主义与现代国际秩序的未来》,载《外交评论(外交学院学报)》2016年第3期,第75、78、86页。

面对现实国际政治中的种种弊端,西方世界也一直在从它们的文化和传统中寻找解决问题的途径。①毫无疑问,赵汀阳的理论是新鲜而富有冲击力的,其内涵远不限于上述所言,它所引起的巨大争议也证明了相关问题的探讨价值。《探索与争鸣》编辑部为此特别组织了学术论坛,并将有关讨论和争辩实录《天下体系与未来世界秩序》登载于2016年第5期,呈现了诸多非常有见地的观点。虽然赵汀阳的论述中对于西方理论的抨击多于肯定,但朝着中西方思想可以形成良好互补这一思路前行,正是寻求普遍合作理论基础的方向,中国也积极尝试作出更大的理论贡献。

"新天下"是众多学者参与讨论、试图构建的理论,其尚未形成一个确定的内涵,甚至在诸多具体问题上存在截然相反的观点,如前所述对于"民族国家"的看法。"天下观"作为思想资源所具有的启发性,并不意味着在当代条件下寻求天下理想的复兴具有现实可能,一个明显的难题在于,天下思想不只对于西方世界是陌生异己的,在今天中国人的世界想象中,占据支配地位的意识也并不是"天下"而是"民族国家",这二者很多时候是冲突的;而在由"民族间的政治"(摩根索名著的标题)所确立的国际秩序中,放弃或弱化民族国家的立足点就等于自废武功:在民族国家这一"肉身"上,过分彰显中国文化的特殊性,鄙薄人类价值的共同性,容易被"中国威胁论"的制造者所利用。② 一意"激活"天下体系,不仅需要逆转近代以来中国国家建构的方向,而且需要完全重置中国的国际认知与国际关系行动模式,这很可能让国家失去方向感。③"新天下"可以是一种视野与情怀,它与西方理论的巨大差异反而引起西方学界浓厚的兴趣与激赏④,但将其置于规则与制度层面,却也因为与西方的巨大差异很难达成"包容的普遍性",加之其几乎没有将国际法治的元素加以考察,难免得出失之偏颇的结论。

---

① 参见姚大力:《新天下:拯救中国还是拯救世界》,载《探索与争鸣》2016年第5期,第56页。

② 参见刘擎:《重建全球想象:从"天下"理想走向新世界主义》,载《学术月刊》2015年第8期,第6—7页。

③ 参见任剑涛:《当代中国的国际理念:融入"世界",抑或重启"天下"?》,载《山西师大学报(社会科学版)》2020年第5期,第11、14页。

④ 参见赵汀阳等:《柏林论辩:天下制度的存在论论证及疑问》,载《世界哲学》2020年第3期,第203页。

四、遵循"包容的普遍性"思维的网络安全国际合作

网络安全国际合作是一个持续的过程,虽然我们无法预测合作的未来,且未来也并不是尽头,总是在变动之中,但合作终归要有一个方向和目标,并产生一定的实际成果,那就是"包容的普遍性"制度安排。"包容的普遍性"指向对普遍性与包容性的不可偏废,强调彼此尊重、积极互鉴、释放影响力。国际法律制度的普遍性与包容性必须在彼此的视域中被理解,是主动地以特殊性去修正、改造普遍性,看似矛盾的立场事实上蕴含着对立统一的规律。它既不是外力强加,也不是固步自封;既是对西方理念的含英咀华、纠偏完善,也是令中国传统文化"润物细无声"地发挥作用。

"普遍性"是世界观级别的概念,也可能是国际合作中令共识最容易萌发的基本概念,能够实现从理念到规则与制度的转化。"普遍性"是对包括中国古代"天下观"在内的文明中心论、文明优越论的超越;但又不能离开"包容性"去理解"普遍性","普遍性"包容"地方性",而"包容性"不只是"和而不同",还是"不同而和"。反人类的、一意孤行的自私行径可以一味去包容吗?这正如"无为"不等于不作为,而是不能乱作为,要遵循一定规律,因势利导、顺势而为。因此,我们一方面想要竭力避免"普遍性"的霸权主义意味,另一方面我们不能不坚持"普遍性"目标,否则国际合作将无所依附,即使这又可能陷入"普遍性"定义权的争夺中。我们的目标是达成更广泛的合作,但也不否认竞争的必然性以及斗争的必要性,只要它们是良性的、有限度的。

在完善网络安全国际合作法律制度的过程中,也必须始终秉持普遍性与包容性互塑的过程思维,同时以一定的阶段性成果如网络安全国际公约作为目标。既不幻想"毕其功于一役",也不"放任自流",而是不断调适方案、促成进展。

第四节 多边主义理论

作为国际合作的模式,狭义的多边主义仅指"真正的"多边主义,它与少边主义、区域主义之间并非纯粹的排他关系。开放的区域主义属于"真正的"多边主义("genuine" multilateralism);少边主义在价值观上有一定瑕疵,但在策略上可资利用。多种合作取向在一国的对外政策中可以并存、互补,只是在不同时期可能存在不同侧重,以此搭建多元、灵活的合作平台。

一、"真正的"多边主义

多边主义有两种基本意义,一是主权国家的外交行为取向;二是国际体系层次的制度形式。后者将规范、规则等制度因素也视为多边主义的重要成分,研究方法包括结构性分析、战略性分析、功能性分析、社会性分析等;制度性多边主义的成员多是主权国家,多边主义进程要在一定程度上约束国家的行为,包括在国家利益和国家主权问题上作出让步。①多边主义及其相对的少边主义,从制度框架上均会对网络安全国际合作产生影响。

国际关系学大师、新自由制度主义代表人物罗伯特·基欧汉将"多边主义"定义为,在三个或者更多的国家间,通过特别安排或机构设置,协调国家政策的实践;其成员因此对于"扩散的互惠性"(diffuse reciprocity)产生预期,抑制目光短浅的功利主义态度。②其中"扩散的互惠性"有别于"特定的互惠性"(specific reciprocity),它对于"对等"(equivalence)的定义不那么严格,也并非仅仅着眼于特定行为体的双边平衡,而是强调一个群体的总体平衡;"扩散的互惠性"只有在各国拥有广泛共享利益的合作性国际机制中才会发生,其不如小群体联系那样稳定团结,且因其缺乏强有力的义务规范而易被"搭便车";"扩散的互惠性"与"特定的互惠性"都不能单独构成令人满意的行动原则。③在此基础上,另一位国际关系学者约翰·鲁杰(John Gerard Ruggie)认为多边主义是一种可以生成更多具体规则和规定的框架性原则,其关键并不在于简单的数目,而在于行为体组

---

① 参见秦亚青:《多边主义研究:理论与方法》,载《世界经济与政治》2001年第10期,第9—13页。

② See Robert O. Keohane, Multilateralism: An Agenda for Research, *International Journal*, 1990 (4), pp. 731-733.

③ See Robert O. Keohane, Reciprocity in International Relations, *International Organization*, 1986 (1), pp. 4-7, 23-26.

织在一起的关系类型,不考虑在任何特定事件下各方特殊的利益或者战略紧急状况;多边主义制度的三个特性分别为不可分割性(indivisibility)、非歧视性的"普遍化组织原则"(generalized organizing principles)以及"扩散的互惠性";出于对多边主义规则的遵守和共同利益的追求,成员眼光长远而非功利主义取向,相信其短期的损失会换得长远的回报;多边主义也是一种信念,认为任何活动都应在一种普遍的基础上组织起来;多边主义在安全领域的对应形式应该是,国家对不管何时或何地发生的任何侵略行为都要作出反应,不管它们是否喜欢特定的侵略行为,且各国有权平等进入一个共同安全"保护伞";一开始导致建立多边协定很困难的因素,可能成为多边协定持久性和适应性的因素。①中国国际法学者车丕照也认为,多边体制(可分为普遍性多边体制和区域性多边体制)的选择仅仅表明国家对治理模式的一种偏好;理想的多边体制应能有效应对人类社会共同面临的挑战,并能公平地惠及各成员方和国际社会(讲求互惠而非必然是对等);在多边体制下,观照其他国家的利益即是在观照自己的长远利益。②可见,多边主义具有广泛性与开放性,其通常在制度设计阶段就旨在吸纳更多成员,也设定了较为长期的目标,发起国最初也抱持着积极供给公共产品的"觉悟"与"雄心"。需要强调的是,如果将关键性的利益相关方排除在外,即使参与者为数众多,也不应将其纳入多边主义的范畴。③当然,关键性的利益相关方视不同的合作议题可能有所不同。

美国著名经济学家曼瑟尔·奥尔森(Mancur Lloyd Olson)则认为,集团的规模越大,越不可能提供最优水平的集体物品,其原因有三:第一,集团越大,增进集团利益的人获得的集团总收益份额就越小;第二,集团越大,任何一个个体或集团中成员从集体物品获得的收益,就越不足以抵消他们提供集体物品所支出的成本;第三,集团成员数量越多,组织成本就

---

① 参见〔美〕约翰·鲁杰主编:《多边主义》,苏长和等译,浙江人民出版社 2003 年版,第 12—13、36、61 页。
② 参见车丕照:《我们需要怎样的国际多边体制》,载《当代法学》2020 年第 6 期,第 3、11 页。
③ 参见张勇:《奥巴马政府的亚太地区"少边主义"外交浅析》,载《美国研究》2012 年第 2 期,第 69 页。

越高,这样在获得任何集体物品前需要跨越的障碍就越大。[1]概言之,难以达成多边主义本质上是由于国家间根本利益的冲突。参与国数量越多,弥合利益冲突的难度越大。除此之外,多边主义低效的很大原因还在于结构上的缺陷,例如,议题的发散、投票机制的笨拙等。

随着"二战"后殖民解放运动的发展,多边主义与主权平等原则休戚相关;至少在正式的制度设计上,大多数战后国际多边组织使弱势国家在决策中发挥了比以前更大的作用,虽然大多数弱势国家从来不是,也不可能期望成为大国。多边主义遭受来自现实主义与新自由制度主义的批评,现实主义认为即使大国同意合作,它们也不会冒险加入被多数国家所支配的国际组织;新自由制度主义则认为多边主义对全球性组织的偏好,导致臃肿低效的条约制定和管理体系,正式、传统的协定给合作造成更大障碍;但这都是被过分夸大的悲观论调,虽然不乏少边合作、双边主义和区域合作对多边主义的减损,世界仍然需要"真正的"多边主义;合作的障碍在于大国的出尔反尔,而不在于数量众多的国家之间缺乏协调合作的能力,奥尔森的观点并非无可怀疑,"多数"未必就是合作难以逾越的障碍,集团规模的增大可能会带来集体物品生产的规模效应,从而抵消集团增大的负面影响,"少边解决方案"(minilateral solution)则反之。[2] "二战"后形成的多边主义是以美国为中心向外扩散的不均衡的多边主义,其至少在权力、有效性、合法性三个方面面临危机;而21世纪新多边主义则呈现分散化特点,具有更强的灵活性和适应性,区域贸易协定(RTA)成为主要制度纽带,国家之间的嵌入式合作关系取代互惠成为多边主义扩散的主要方式;多边主义的转型增强了发展中国家的代表性和发言权,但三元悖论(impossible trinity)同样制约着多边主义的效果,制度化和执行力强的治理模式代表性低,代表性和制度化高的模式执行力弱,代表性和执行力高的模式制度化水平低,因此推动"低制度化"的多边

---

[1] 参见[美]曼瑟尔·奥尔森:《集体行动的逻辑》,陈郁等译,格致出版社、上海三联书店、上海人民出版社2014年版,第33页。

[2] See Miles Kahler, Multilateralism with Small and Large Numbers, *International Organization*, 1992 (3), pp. 681-685, 703-707.

合作将是提升全球治理执行力的折中选择。①这些观点也基本适用于安全领域的国际合作。

有学者认可多边主义的新旧划分，认为"旧多边主义"（old multilateralism）是"自上而下""国家中心"，主要解决国家之间冲突和战争问题的；而"新多边主义"（new multilateralism）则是"自下而上"、多中心互动的网络结构，强调非国家行为体的作用。多边主义是国际制度的灵魂，新多边主义要求国际制度朝着法治化和公正化、社会化和多样化、政治透明化和决策公开化、民主化和强化监督的方向重构；但新多边主义也存在一定程度的乌托邦色彩，比如，过于高估各国政府、跨国公司和公民社会部门寻求合作的偏好（实际上三者之间也存在着相互抵制的倾向），过于看重公民社会部门积极的一面而对其隐含的危险缺乏有效制约。②无论如何，"新多边主义"的提法具有一定价值。新兴国家强调现有多边体系功能上的不足与合法性的缺失，合法性议题取决于新兴国家在国际组织中的投票权、代表性和决策权，"真正的"多边主义必定是非歧视的，其核心原则是包容性，能够兼容不干涉规则、国家平等原则、人的安全原则，甚至反殖民主义、反种族主义。③当然，如果是具有多边主义的形式、关键行为体依然是小数目的状况，也无法简单以好坏两分，需要具体情况具体分析。有可能关键行为体的合作提案已经体现了非关键行为体的利益，也有可能非关键行为体联合对关键行为体施加压力，令其不得不重视非关键行为体的意见。如果它们之间彼此监督、"重复博弈"，最后仍然可以带动形成合作。无论如何，多边主义要兼容主权，要讲求合法性与包容性，也要重视非国家行为体的作用。

还有学者提出"竞争性多边主义"这一概念，其认为，当代多边主义的特点是相互竞争的联盟以及不断变化的正式或非正式制度安排；对现有秩序不满的国家和非国家行为体可能通过转向已有的其他多边制度（re-

---

① 参见郑宇：《21世纪多边主义的危机与转型》，载《世界经济与政治》2020年第8期，第126—147页。

② 参见赵可金：《从旧多边主义到新多边主义——对国际制度变迁的一项理论思考》，载《世界经济与政治》2006年第7期，第28—32页。

③ 参见〔加拿大〕阿米塔·阿查亚：《重新思考世界政治中的权力、制度与观念》，白云真、宋亦明译，上海人民出版社2019年版，第152、159—161页。

gime shifting)或建立新的竞争性制度(competitive regime creation),对现有秩序进行挑战;这提供了促进政策和制度变革的方法,与旨在挑战和改变现状的单边或双边政策有所不同。[1]这为国家选择合作的对象与方式提供了思路,但也增加了制度复杂性与分散化程度。

有的中国国际法学者认为,多边主义出自西方的国际关系理论,而传统国际法虽有多边体制,却鲜见多边主义理论;而今,探索并坚持基于国际法基本原则的多边主义,首先必然包含对以联合国为中心的多边体制的维护和改进与完善。[2]可见,对于多边主义,不仅仅从国际关系学、经济学的角度,还要从国际法的视域加以诠释与应用。

综上所述,多边主义可以有狭义和广义两种理解,狭义的多边主义仅指"真正的"多边主义,其具有长期目标,着眼于公共产品的供给,不仅意味着促进合作的具体安排,而且还意味着一种超越短期自身利益的合作意愿。区域主义是否属于"真正的"多边主义要视其是否符合前述特征而定。制度一旦建立起来,就有其自在性,制度与行为体之间以及行为体相互之间都是双向互动关系,具有相互建构性。[3]多边主义有其利弊,弊在利益分化、议题复杂、投票机制笨拙、执行机制不够有力、效率不高等;但鉴于其具备相对充分的民主性与公平性,因此多边主义仍是国际合作的最终依归,只是要着力改进其弊端,以平衡其组织成本与成果产出。网络安全国际合作法律制度的完善需要提出更加有竞争力的多边主义制度方案。

二、开放的区域主义属于"真正的"多边主义

地区公共产品(Regional Public Goods)可以弥补全球公共产品(Global Public Goods)的不足,并满足地区内的个性需求。但区域主义究竟是全球化的推动力还是"绊脚石"? 抑或兼而有之。

---

[1] See Julia Morse, Robert O. Keohane, Contested Multilateralism, *Review of International Organization*, 2014 (4), pp. 385–386.

[2] 参见张乃根:《国际法上的多边主义及其当代涵义》,载《国际法研究》2021 年第 3 期,第 3—9 页。

[3] 参见魏玲:《规范、网络化与地区主义——第二轨道进程研究》,上海人民出版社 2010 年版,第 4 页。

有观点认为,区域制度建设不应沦为全球层次多边主义的配角,区域主义能够在新兴国家和全球治理的多边需求之间发挥重要的链接作用①。国际造法中的地方性实践,虽然可能加剧国际法的"不成体系",但是完全由西方话语体系统治的"成体系"未必就好,多元化正当诉求下的"不成体系"恰恰符合国际关系的民主化潮流。②不必过分强调主体意义上的普遍性,因为主体意义上的普遍性可能损害标准意义上的普遍性(各国适用共同的规则);有时即便特定国际法制度不具有主体意义上的普遍性,即某些国家没有接受特定的国际法制度,但它们的行为仍然可能受到相同或类似国际规则的约束,从而有利于促进国际法的标准意义上的普遍性;特定国际法制度既无必要也不可能适用于所有国家,区域性国际制度或机制可能有助于国际法更具针对性、更稳健、更有效地规范国际关系。③但其中,也要注意上文提及的国际制度的包容性与普遍性问题,不能毫无节制地包容。全球性与区域性之间不完全是竞争或排斥的关系,也可能形成互补、互促的关系。当然,不同行为体各自的优先事项与区域性、全球性的利益可能相左,必须设法在追求国家利益的过程中实现全人类共同利益。开放的区域主义讲究包容性,具有长期的建设目标,积极推进区域合作,以开放心态构建朋友圈,不以排斥区域外国家为目的。

在上述前提下,也要注意区域主义的具体实践并非统一模式,欧美区域主义与非西方区域主义背后的驱动力有所不同。欧洲区域主义寻求跨民族国家的区域性国际政治,非西方区域主义寻求创建与巩固民族国家,后者起初更多的是国家独立而非区域一体化的工具,因此非西方区域性制度并未采用欧盟式的超国家主义,而是支持不干涉规则,甚至不准许法律机构与争端解决机制;相较于西方制度严厉的法条主义、高度制度化,亚洲制度是非正式的、网络型的区域主义,某些亚洲价值观具有更为

---

① 参见〔加拿大〕阿米塔·阿查亚:《重新思考世界政治中的权力、制度与观念》,白云真、宋亦明译,上海人民出版社 2019 年版,第 11、162 页。
② 参见刘彬:《"规则制华"政策下中国自由贸易协定的功能转向》,载《环球法律评论》2020 年第 1 期,第 183 页。
③ 参见蔡从燕:《国际法的普遍性:过去、现在与未来》,载《现代法学》2021 年第 1 期,第 92—94 页。

普遍的应用性。①因此,欧美区域主义与非西方区域主义的区别不应被视为欧美的成功与非西方实践的失败。

此外,区域大国在区域主义中的作用十分微妙,也容易受到区域外大国掣肘。正如全球霸权一样,区域大国(或有抱负的国家)也会成为社会抵制的目标,这也代表了由公民社会行为体所领导的反全球化(及反区域化)运动,其主要有两种形式:一种是竞争性区域国家激起社会对区域大国的抵制;另一种是非政府组织和民族主义压力集团所动员起来的草根情绪。②区域外大国的介入也是区域主义的一个重要变量,反映了全球的领导权竞争。无论如何,只有开放的区域主义才属于"真正的"多边主义。

三、适当的少边主义是多边主义的补充

"minilateralism"的中译名为"少边主义"或"小多边主义",其核心特征是高效、灵活与排他性,无须用具体的数字去界定何为"少边"或"小多边"。③只是少边的治理体系往往限于解决问题所必要的最少国家之间的合作。④少边主义和多边主义的区分并不简单取决于参与国的数量,虽然数目确实是一个衡量指标,但更重要的是取决于组织关系类型以及设立目的。边数的意涵已超出对"合作方数量"的简单描述,演变出强调合作集中度的实质含义;少边选项常被作为拓展规则边界和提升规则深度的工具,甚至出现了少边选项被用于重构规则以建立新的多边制度的迹象。⑤少边主义也是安全合作制度建设的一种选择。相对于多边主义,少边主义有时候更像一个"快速消费品",其不具备广泛性与开放性,吸纳更多成员也不是其初衷,也不太考虑国际制度框架、全球安全环境的整体营

---

① 参见〔加拿大〕阿米塔·阿查亚:《重新思考世界政治中的权力、制度与观念》,白云真、宋亦明译,上海人民出版社2019年版,第35、67页。
② 同上书,第183页。
③ 参见沈伟、胡耀辉:《美式小多边主义与美国重塑全球经贸体系》,载《国际论坛》2022年第1期,第5—6页。
④ See Chris Brummer, *Minilateralism: How Trade Alliances, Soft Law, and Financial Engineering are Redefining Economic Statecraft*, Cambridge University Press, 2014, pp. 17-21.
⑤ 参见钟英通:《国际经贸规则的边数选择现象与中国对策》,载《国际法研究》2021年第5期,第101—102页。

造。少边主义在一定时期被滥用,很大程度上是由于某些国家既不想放弃扩大对世界政治的"超额"介入,又不愿意承担多边组织或制度运行的成本,也不愿意多边组织或制度过多掣肘己方行为。因此,在不同的历史时期,国际社会呈现出多边主义与少边主义拉锯的态势或是二者轮番占据主流的态势。

少边主义的负面典型表现如亚太地区军事同盟的"一二三四五"阵势:美国牵头是为"一",美日、美澳、美韩等一系列双边同盟是为"二",再加上美英澳"三方安全伙伴关系"(AUKUS)为代表的三边协定,美日印澳"四方安全对话机制"(QUAD),美国、英国、加拿大、澳大利亚和新西兰组成的情报共享联盟——"五眼联盟"(FVEY)。除此之外,日本—东盟网络安全政策会议、日印澳"供应链弹性倡议"(RSCI)等也都是少边主义的典型表现。当美国认为其难以通过订立国际公约来塑造全球规则的时候,就会转而采用输出国内立法、推行双边协定范本以及扩展区域性条约影响力等迂回方式。[1]有学者称其为"封闭式少边主义",与"开放式少边主义"相对[2]。东亚的多边制度化程度弱于欧洲,甚至美洲,安全威胁更为突出,双边关系更为重要,现实主义因素更为显著。[3]相较而言,欧洲的区域主义呈现对于规则的偏好,而东亚则呈现对协商机制的灵活性偏好。换言之,东亚的制度设计为具体情况具体处理留有很大余地,少边主义的制度设计也恰好迎合了这样的心理偏好。有学者指出,近十年来亚太地区相继出现的一系列小多边合作呈现"去东盟化"、意识形态色彩较浓和偏重安全议题(以往以经济合作为主)等新特点,东盟不仅失去了对建立新的地区机制的首倡权,也谈不上能够在新的机制中占据中心地位。[4]可见,面对亚太地区少边主义的冲击,作为亚太地区和平与发展两大中坚力量的东盟与中国有被边缘化的危险,其负面影响在于,可能造成已有的合

---

[1] 参见车丕照:《是"逆全球化"还是在重塑全球规则?》,载《政法论丛》2019年第1期,第17页。

[2] 参见王中美:《少边主义、美式联盟及对多边经济治理机制的影响》,载《太平洋学报》2024年第1期,第60页。

[3] 参见〔美〕罗伯特·基欧汉、〔美〕约瑟夫·奈:《权力与相互依赖(第四版)》,门洪华译,北京大学出版社2012年版,第30页,序言。

[4] 参见陈庆鸿:《当前亚太小多边合作及影响》,载《现代国际关系》2021年第3期,第56—58页。

作机制被架空以及地区秩序的不稳定。

但是,并非所有的少边主义合作形式都是负面的。少边主义具备"特定的互惠性",其对条约义务、成员构成的要求并不高,也没有形式和时间固定的例会安排,常以一般性倡议取代普遍性组织原则,所作的决议一般不具有约束力;它具有明确的问题导向性,通常先有议题后有合作,在没有新议题的情况下有可能进入时间较长的停摆;其优势在于打破行动困境、分担战略成本、调动成员主动作为的积极性、便于灵活增减成员或选择议题。①少边主义具有排他性、明确的问题导向和较强的功利性,其突出优势在于可以通过减少行动者的数量、淡化利益与身份差异来克服集体行动问题的障碍,因而在某些议题上更加有效;但少边主义也具备身份、利益和权力三个要素,同时通常建立在多组牢固的双边关系基础上,可以作为多边主义和双边主义的补充;其发展既需要特定国家的"主导性",又需要参与国充分发挥"主动性"。②少边主义可以弥补国际行动中集团规模增加所带来的不利后果,它将多数国家间的集体行动问题分解为一系列少数国家间的交流互动,以免一意孤行者或不能接受太快前进步伐的少数派成员选择退出。③概言之,少边主义倾向于短期目标而非长期制度建设,其运作形式较为灵活。少边主义认为每个成员国都被视为(也应当是)不可或缺的贡献者,能够比较有效地杜绝"搭便车"的行为。

少边主义常因其存在排他性、精英主义倾向以及程序不正义等问题被批判,但少边主义也被用于解决多边主义低效、不灵活以及集体行动困境的问题。换言之,评价少边主义不能脱离对多边主义的反思。少边主义虽然在正当性方面饱受质疑,但其不啻为打破僵局的重要方式,支持少边主义的观点也不少。罗伯特·基欧汉认为,没有必要将推动合作的制度推而广之,既然制度依赖于共同利益,还依赖于使集体行动困境得以克服的具体条件,那么,当数量较少而志趣相投的国家对制定和维护关键规

---

① 参见陈柏岑:《美国亚太战略中的小多边问题研究》,载《边界与海洋研究》2021年第5期,第24—36页。

② 参见王晓文:《特朗普政府印太战略背景下的小多边主义——以美印日澳四国战略互动为例》,载《世界经济与政治论坛》2020年第5期,第57页。

③ See Miles Kahler, Multilateralism with Small and Large Numbers, *International Organization*, 1992 (3), pp. 685, 706.

则承担责任时,制度就会发挥最大作用,并不需要将其纳入一个整体的体系。①有中国的国际关系学者认为,数目的多寡,与交易费用和不确定性成正比,数目越多则交易费用和不确定性程度越高,反之亦然;但数目问题对不同的公共问题与国际合作形式所产生的影响不同,在保证型和协调型博弈中,数目的庞大不会阻止合作,在囚徒困境和劝说型博弈下,数目越多则合作可能性越低。②换言之,在囚徒困境和劝说型博弈的情形下,少边主义可能会是国家的优先选择。可见,小范围率先达成高质量的共识并非全然不可接受,或许从长远来看也有助于达成更大范围的共识。

少边主义本身是一个中性词,其是否会成为集团政治、小团体主义或意识形态俱乐部,取决于发起国因何利用、如何利用这一合作的简便形式。无须一味排斥"少边主义",将少边主义内嵌于多边框架之下是一个较为灵活的选择。如若运用得法,少边主义可以成为平衡谈判效率与开放水平的一种选项,可以是一种重叠却不排他的状态。对少边主义的贬弃相当于对国际合作策略的自我设限。我们必须承认,少边主义也是可资选择的网络安全国际合作方式。例如,在多边框架之中嵌入"任择性条款",尽可能以相对低的成本来构建相对稳定、高效的决策结构。其中某些具体规范或安排对于多边主义的背离并不意味着多边主义的衰亡,而只是多边主义对于某些例外或豁免的容忍。与多边主义相似的是,少边主义也可能谋求规则的扩散,虽然其组织范围较小,但若能产生一定的外溢效果,则可能成为"真正的"多边主义的序曲。当然,从世界秩序长远走向来看,正如2020年《纪念联合国成立75周年宣言》(Declaration on the Commemoration of the Seventy-Fifth Anniversary of the United Nations,联合国大会第75/1号决议)所言:"多边主义不是一种选项,而是一种必要。"一部分国家先发展起来了,那么接下来就需要"先进带后来",以实现共同发展。同理,网络技术先进国之间先谋求合作是很自然的,但终究还是需要网络技术先进国与网络技术弱势国携手解决网络安全挑战,以

---

① 参见〔美〕罗伯特·基欧汉:《霸权之后——世界政治经济中的合作与纷争(增订版)》,苏长和等译,上海人民出版社2012年版,第238页。

② 参见苏长和:《全球公共问题与国际合作:一种制度的分析》,上海人民出版社2009年版,第140—143页。

实现共同安全。

　　总而言之,建设网络安全国际合作法律制度,需要处理好主权与合作之间、安全困境与合作之间、普遍性与包容性之间、多边主义与少边主义之间的关系,有意识地对抗网络主权极端化、网络威慑论、进攻性现实主义以及文明冲突论对安全合作制度化的不利影响,避免"自我实现的预言"。

第五章　完善网络安全国际合作法律制度的多元进路

完善网络安全国际合作法律制度以提升其公平性、合理性与有效性为目标，这需要把握制度完善的推进方向，并在规范层面与机制运行层面推动网络安全国际合作法律制度的革新。

第一节　网络安全国际合作法律制度的推进方向

完善网络安全国际合作法律制度首先要把握推进方向，包括制度完善要体现网络空间的双重属性、注重国家主导下的公私协同、超越"大国政治"思维、接纳合作前景的不确定性。

一、体现网络空间的双重属性

网络空间的双重属性指的是网络空间兼具不完全的主权属性与不完全的公域属性。认识到网络空间的双重属性，才不至于"一刀切"地看待网络安全国际合作模式。

有学者认为，网络空间常常被描述为公共产品或全球公域，但这些术语并不恰当。公共产品是所有人都能受益且任何人都不会被排除在外的物品，但位于主权国家领土范围内的互联网实体基础设施是稀有的专有资源。因而，网络空间充其量只是"不完全的公地"（imperfect commons）或没有完善规则的共有共管地（joint ownership），可以被归为诺贝尔经济学奖获得者埃莉诺·奥斯特罗姆（Elinor Ostrom）所说的"公共池塘资源"（common-pool resources，CPR），这种资源很难排他，一方对资源的利用会减少资源对他方的价值，政府不是解决这类"公共池塘资源"问题的唯一途径，而各种网络安全风险则可能导致"网络圈地"，也会引发责任和权威向网络平台等私人行为体转移。①在此基础上,有学者认为,与公海、太空和两极不同的是,网络空间在全球性与互联意义上的公共性特征依赖于基础设施所有者的选择与决定,依赖于各国接入全球网络的政策。②另有学者认为,网络空间与传统全球公域最大的不同是网络空间具有社会性,公海、太空和极地等传统的全球公域没有普通社会公众长期居住,形成不了一个社会;因此,即使网络具有互联互通性或无国界性,网络空间也并非一个全球公域,而是需要各国政府、组织和社会公众加强合作、共同治理的空间,各国对打击其领土上的网络犯罪等违法行为负有一定的国际义务和责任。③与此同时,网络空间又拥有一定的"公域"属性,因其如同海洋或外层空间那样,资源具有不可分割性,它的开发将给每个国家带来好处,它的边界无法明确划分;当然,这并不意味着全球公域不受法律管辖,并且如果各国决定指定某一地区为全球公域,并同意放弃对该区域行使其全部的主权时,这恰恰是一种主权权利的行使,主动受限(auto-limitation)是对主权的一种表达。④无论如何,网络空间的社会性特征及一定范围的物理性、不可分性特征决定了网络空间不可能是一个"绝对公域"。

有学者总结道,网络空间的本质属性是国内私域与全球公域的"混合场域":一方面,一国享有排他性主权的场域为国内私域,支持互联网发展的基础设施都是由私人企业或国家所拥有或运营;另一方面,任何单一国家所不能享有排他性主权的场域即为全球公域,但只有通过主权国家的承认与批准,全球治理框架才具有合法性与正当性,因此国家主权与全球公域概念是相辅相成的。在私域中,治理机制以国家的主权权利为核心,但需为其他国家提供适当的信息或技术便利,在不损害国内私域安全与公共利益的前提下,所有国家的信息或数据均享有无害通过并传播的权利;对公域问题,主要是建立起完整的国际机制,以集体行动对全球问

---

① 参见〔美〕约瑟夫·奈:《权力大未来》,王吉美译,中信出版社2012年版,第194—196页。
② 参见程卫东:《网络主权否定论批判》,载《欧洲研究》2018年第5期,第69页。
③ 参见谢永江:《网络空间的法律属性》,载《汕头大学学报(人文社会科学版)》2016年第4期,第38页。
④ See Nicholas Tsagourias, The Legal Status of Cyberspace, *Research Handbook on International Law and Cyberspace,* Edward Elgar Publishing, 2015, pp. 27-28.

题进行治理,任何国家均平等地参与全球公域的治理。①该学者描述了网络空间私域与公域的不同特征,并提出不同的治理方式。另有学者从网络空间分层架构的角度尝试对公私领域进行界分,其认为"全球网络公域"的主张在协议层之外的其他五个层级均无法有效成立,因为只有协议层具有绝对的非排他性,而内容层的排他性较难下定论(取决于特定内容所依附的应用层程序或者网络层服务),其他网络层级都具有排他性,因此网络空间主权在网络层(网络运营商为实际操作者)、硬件层(用户终端)、应用层和内容层具有实现可行性;但同时囿于底层技术逻辑的先决性限定,网络空间主权在法律秩序建构中仍然会体现出与传统主权不同的特性,因而网络空间不会完全"再主权化"。②这也说明逻辑层或者说协议层存在相互依赖的主权(interdependence sovereignty)。从网络空间分层架构的角度界分主权域与全球公域较为科学,但也无法完全排除模糊性,内容层涉及的信息安全治理问题正是如今各阵营存在较大分歧之处。

网络空间是由主权域与网络公域交织的不同层级组成的混合场域。之所以认同用"混合场域"来定位网络空间,是因为场域可以被定义为各种位置之间客观关系的构型(configuration),它是一个争夺的空间,是力量关系和旨在改变场域斗争关系的地方,也是无休止变革的地方,其疆界是动态的界限,不同种类资本(经济的、社会的、文化的、符号的)之间的等级次序随着场域的变化而有所不同,一个场域的动力学原则根源于场域中相互面对的各种特殊力量之间的距离、鸿沟和不对称关系。③概言之,场域中位置的占据者通过运用各种策略来巩固或改善自己在场域中的位置,这需要从关系的角度进行思考。网络空间混合场域中的国际合作同时也是变动不居的斗争。

网络安全国际合作法律制度的发展要体现网络空间的双重属性。首先,区分网络主权域与网络公域并进行国家的权责配置。这从海洋权益

---

① 参见张晓君:《网络空间国际治理的困境与出路——基于全球混合场域治理机制之构建》,载《法学评论》2015年第4期,第54—60页。
② 参见杨帆:《国家的"浮现"与"正名"——网络空间主权的层级理论模型释义》,载《国际法研究》2018年第4期,第42—45页。
③ 参见〔法〕布尔迪厄、〔美〕华康德:《反思社会学导引》,李猛、李康译,商务印书馆2015年版,第122—130页。

配置中可以得到启发:《联合国海洋法公约》将国家主权原则和国家的国际义务相结合,一是沿着国家主权领域向全球海洋公域对国家主权权利进行阶梯式递减处理,即从内水到公海和国际海底区域,沿海国的主权管辖和海洋权益依次递减,而其他国家在这些区域的权益逐渐上升,这既保证了主权明晰下的有效海域治理,又保证了人类共同遗产和公共利益免受或少受侵害;二是权利主张国应各自寻找并提出技术证据来证明自己的权利,通过联合国委托的技术专家委员会加以确认,而不是通过力量对比和国际斡旋来实现权益和权力的分配。[1]海洋自由与海洋主权这两个看似矛盾的观点在具体的落实之中可以相辅相成、相互制约,只是公域的范围在逐渐限缩,在领海之外有了毗连区、专属经济区和大陆架,各种各样的全球和区域性的、复杂的多边国际机制构成了多层次的海洋治理体系。[2]网络安全国际合作法律制度可以朝着这种方向去构建。其次,任何行为体在网络安全国际合作法律制度的运行中都难以拥有绝对控制权。即使在非技术性问题的公共政策制定上,也有必要征求非政府行为体的意见。这是由网络空间的技术性底层逻辑所决定的。网络治理涉及技术标准、资源分配和公共政策三类要素,前两者需要多种行为体共同决策,公共政策则是政府的传统职责范围,有待协商的只是在不同领域政府应在多大程度上拥有主导权;鉴于技术天然有忽略权利的任性以及罔顾伦理约束的本性,同时技术创新又是互联网存在和发展的基础,须构建以国家的主权权利与义务相一致为核心的、以国家能力和所享利益大小相匹配的责任共担与风险共担的体制机制。[3]无论是在网络主权域中的合作还是在网络公域中的合作,多利益攸关方之间的协作都十分重要。

二、注重国家主导下的公私协同

网络安全有关措施离不开国家主导实施,网络系统尤其是网络关键

---

[1] 参见黄志雄主编:《网络主权论——法理、政策与实践》,社会科学文献出版社2017年版,第28—29页。

[2] 参见何志鹏、都青:《从自由到治理:海洋法对国际网络规则的启示》,载《厦门大学学报(哲学社会科学版)》2018年第1期,第14—15页。

[3] 参见杨嵘均:《网络空间全球治理体系的价值共识与伦理责任——基于技治主义语境的思考》,载《中国行政管理》2017年第10期,第48、50、51页。

基础设施也离不开国家的保护。网络空间是一种建立在有形物理结构之上的人工创造物,实际上位于某个主权国家境内;随着技术以及政府经验的成熟,网络空间正被重塑,各国政府的资源和权力已经进入网络空间(网络空间不再是自组织),我们需要重新思考政府的作用,并承认主权的范围。①领土主权的历史、目的和基本特征明确表明了它的两大作用:一是作为国际关系的基本组织概念;二是作为一种驯服破坏性霍布斯倾向的行为规则。②网络空间中国家对一些新兴问题和未知风险的反应迟钝,只是说明国家的功能定位与施政理念尚未跟上技术变革的步伐,国家需要时间来适应、调整和重新定位;与此同时,不应低估非国家的利益攸关方之间目标差异与不信任感,避免错配国家和非国家行为体在网络空间中的角色和作用;未来网络空间治理的标准架构是层化分权而不是扁平化协商,国家始终是核心领导者,各类行为体在各自熟悉的领域内发挥着基于自身独特优势的治理功能。③与此同时,我们需要警惕对非政府间国际组织的"美德想象",其借助"全球市民社会"(global civil society)这一话语获得了公共利益代言人的角色,事实上也难免会从自利的角度关注自己的政治议程、财政和声誉,同样具有等级组织和管理官僚化现象;虽然国际法律制度依托非政府组织的参与获得了更强的"民主正当性",但国际非政府组织中依然存在东西差异和南北差异。④因此,国家必须充分发挥其之所以为国家的主体优势,并且无论在何种合作模式之下,国家只抓"牛鼻子",确保国家主导下的公私主体各司其职并协同共治。正如2015年联合国大会第70/125号决议"全面审查信息社会世界峰会成果落实的高级别会议成果文件"所指出的:重申多利益攸关方合作与参与的价值和原则……特别是在发展中国家享有均衡代表性的前提下(第3条);确认各国政府在涉及国家安全的网络安全问题上发挥的主导作用(leading

---

① See James A. Lewis, Sovereignty and the Role of Government in Cyberspace, *Brown Journal of World Affairs*, 2010 (2), pp. 62-64.

② See Sean Watts, Theodore Richard, Baseline Territorial Sovereignty and Cyberspace, *Lewis & Clark Law Review*, 2018 (3), p. 872.

③ 参见董青岭:《多元合作主义与网络安全治理》,载《世界经济与政治》2014年第11期,第67—72页。

④ 参见何驰:《国际法上的非政府组织:理论反思与重构》,载《中外法学》2020年第3期,第832—839页。

role)(第50条)。2017年《上海合作组织反极端主义公约》针对网络极端主义的问题,强调在反极端主义及相关国际合作中,国家及其主管机关发挥决定性作用,同时要在伙伴合作框架下共同努力。

不过,"由政府部门和公共机构明确战略发展方向及纲领性政策,由技术专家和协调人员通过具体规则设计和管理机制来达成目标"的观点看似理想,却忽视了经济和政治因素会改变社区与市场,进而对规则和管理实践产生无法预料的影响。[1]更何况"层化分权"之上纷繁的议题交错,难免导致公共政策与技术管理有时无法截然区分。[2] 无论如何,政府与互联网企业在网络安全国际合作模式中的作用需要动态协调,既不宜片面强调政府主导,以至于抑制了互联网企业在网络安全技术上的创新与应用,也不宜过分强调互联网企业自治、技术中立而损害了国家的网络主权。

三、超越"大国政治"思维

在多利益攸关方中,网络安全国际合作法律制度的运行需要国家发挥主导作用。而在众多国家中,大国可能拥有制度性网络权,即能够通过控制网络空间某些正式的和非正式的机制凌驾于他国之上或对他国进行制度性惩罚。[3] 这在一定程度上确有必要,但也会出现有损网络安全国际合作法律制度公平性的情况。

《联合国宪章》第2条就规定了各会员国应遵行主权平等之原则。《关于各国依联合国宪章建立友好关系及合作的国际法原则之宣言》(Declaration on Principles of International Law Concerning Friendly Relations and Co-operation Among States in Accordance with the Charter of the United Nations)将"各国主权平等之原则"(The principle of sovereign equality of States)阐释为:各国一律享有主权平等。各国不问经济、社会、政治或其

---

[1] 参见〔美〕劳拉·德拉迪斯:《互联网治理全球博弈》,覃庆玲等译,中国人民大学出版社2017年版,第10页。
[2] 参见〔美〕弥尔顿·L.穆勒:《网络与国家:互联网治理的全球政治学》,周程等译,上海交通大学出版社2015年版,第77页。
[3] 参见鲁传颖:《试析当前网络空间全球治理困境》,载《现代国际关系》2013年第11期,第52页。

他性质有何不同,均有平等权利与责任……主权平等尤其包括下列要素:(a)各国法律地位平等;(b)每一国均享有充分主权之固有权利……

澳大利亚国际法学者杰里·辛普森(Gerry Simpson)通过分析1815年以来对国际法具有转折意义的四个历史事件,得出如下结论:(1)国际法律秩序是由不平等的主权者构成;(2)尽管所有国家都享有形式平等,但并非所有国家都绝对地立法平等(只受到它们已经表示同意的规则拘束,并在国际机构的决策过程中具有效力相等的投票权和平等的代表权)或存在平等(得到完全承认的主权资格);(3)主权平等理论与一系列被容忍的社会不平等(物质上的等级)相容,同时与合法化等级之间存在紧张关系。①英国著名国际法学家拉萨·奥本海(Lassa Francis Lawrence Oppenheim)认为:(1)国家的法律平等不同于政治平等,各国之间在力量上的不平等是自然不平等的结果;(2)大国资格也不是法律给予的,而是由土地大小、军事力量强弱以及经济实力大小而决定的;(3)《国际联盟盟约》(第4条第1款规定英国等五国作为国际联盟行政院常任理事国)与《联合国宪章》确认了大国的法律优势。②进攻性现实主义理论的提出者、美国著名政治学者约翰·米尔斯海默(John Joseph Mearsheimer)认为,大国主要由其相对军事实力来衡量③。国际社会理论代表人物赫德利·布尔认为,大国可以通过如下方式处理相互关系:(1)维持总体均势;(2)努力避免或控制相互之间发生危机及其扩大;(3)努力限制相互之间的战争;(4)行使地区主导权以维持国际秩序;(5)相互尊重各方势力范围;(6)根据大国一致或共管(condominium)的理念来采取联合行动。当然,大国所维持的国际秩序并不能让所有国家都感到公正,大国使自己的角色具有合法性的条件有:(1)大国不能使自己的特殊地位正式化和明确化,毕竟国际社会建立在否定国家按等级排列的观念基础之上;(2)大国

---

① 参见〔澳〕杰里·辛普森:《大国与法外国家——国际法律秩序中不平等的主权》,朱利江译,北京大学出版社2008年版,第51—71、103、398页。
② 参见《奥本海国际法(上卷第一分册)》,〔英〕劳特派特修订,石蒂、陈健译,商务印书馆1989年版,第208—210页。
③ 参见〔美〕约翰·米尔斯海默:《大国政治的悲剧(修订版)》,王义桅、唐小松译,上海人民出版社2014年版,第4页。

必须努力避免破坏秩序;(3)大国必须满足公正变革的要求。[1]可见,不少西方学者肯定大国的作用、认可大国的特权,认为大国管理体系是维持国际秩序的重要制度。但仅仅如此,岂非倒退回"一战"前后的世界局势,将对大国的约束寄托于大国"自觉",可能导致小国的利益被牺牲。

对此,中国的国际法学者也发表了自己的看法。蔡从燕指出,基于功能与利益的考虑,在国际组织中向大国赋予某些法律特权、部分地背离主权平等原则也并非没有正当性,但大国并不能据此任意地主张或者维持法律特权,具体而言:(1)从功能方面来看,经典的主权平等原则使大国有权拒绝承担比小国更多的义务,这并不利于发挥大国在国际关系中的功能性优势。换言之,虽然经典的主权平等原则对于实践立足于消极作为的"共处国际法"至关重要,但对于实践立足于积极作为的"合作国际法"是不利的。(2)像《联合国宪章》那样明确向大国赋予法律特权的做法并不多,大国更多的是享有事实上的特权或者说政治特权,而政治优势也可能会产生深刻的法律后果,不受约束地运用政治优势可能导致法律平等形同虚设。(3)国际法必须约束政治优势的行使,适当限制大国的法律特权,并根据大国获得的法律特权来配套或强化其应当承担的法律义务,还需要针对大国特权构造有效的程序法约束机制。(4)即便在特定领域中并未获得法律特权,大国也应该对其他国家承担适当的特殊义务(包括法律义务)。[2]何志鹏持类似见解:(1)国家间的"不对称性"是客观而显著存在的,国家之间的平等仅仅是一种修辞和形式意义上的现象,因此在国际秩序的建构和变革中,不同国家的地位和作用是不对称的,大国具有引领性与示范性;(2)想要走出大国政治、权力导向的现实,形成一个规范导向的秩序模式,就必须更加周密和细致地设置程序规范;(3)理想的国际秩序需要通过大国的自我约束和相互约束,形成一个大国之间的均衡体系,通过对大国政治伦理疏导和制度约束,避免大国超越规范、冲击现有制度体系;(4)中小型国家也可以通过联合形成力量,来平衡和制约大国

---

[1] 参见〔英〕赫德利·布尔:《无政府社会:世界政治中的秩序研究(第四版)》,张小明译,上海人民出版社2015年版,第169—174,190—191页。

[2] 参见蔡从燕:《国际法上的大国问题》,载《法学研究》2012年第6期,第197—206页。

的权力。①总而言之，中国学者也认为大国特权有其必要性，大国未必就是强权；但大国必须接受国际法的实体性与程序性约束，而不能仅仅是自我约束。

　　大国和小国的区分，从应然上看不公平，从实然上看不绝对，因为并不存在科学、确切的区分标准，小国的联合或巧妙周旋有时亦会产生"四两拨千斤"之效。应然方面，基于国家主权平等原则，国家无论大小，其法律地位一律平等。国际秩序建构与维持中可以有引导者，但任何行为体不宜以领导者自居。联合国的宗旨是维护永久和平，以大国、小国一律平等为原则，但是又设定了五个常任理事国"一票否决"制，这种自相矛盾的设置也是大国博弈的结果。中国著名国际法学者周鲠生就曾言：即使联合国安理会常任理事国制度与主权平等原则有矛盾，也只是创立联合国当时情况下特殊的政治安排，不能看作在法律原则上树立会员国间的不平等，因而也并非一成不变的。②国际法律制度的长远发展如何，还必须秉持开放心态以对。实然方面，大国、小国的划分在不同情况下亦有变化。有学者得出的研究结论认为，在具有等级制的武器贸易共同体内，主导国家(dominant states)对次要国家(subordinate states)具有相对强大的影响力，从而能够在团体内部平息纷争、推行秩序；但在商业贸易网络中，等级制并未发挥同样作用。③信息技术在武力的使用上产生了某些有益于小国的影响，增加了大国的脆弱性；信息革命正在导致权力扩散，进入网域的低门槛，让非国家行为体和小国以低成本发挥重要作用，虽然这并不意味着权力均等，也不意味着政府不再是世界政治中最有影响力的行为体。④还有一国在全球政治网络中的位置和连接的程度，能赋予参与人讨价还价的能力和社会权力，从而抵消物质权力带来的不平

---

① 参见何志鹏：《国际法哲学导论》，社会科学文献出版社 2013 年版，第 138、146、147 页。
② 参见周鲠生：《国际法》(上册)，武汉大学出版社 2007 年版，第 183 页。
③ See Kyle Beardsley et al., Hierarchy and the Provision of Order in International Politics, *The Journal of Politics*, 2020 (2), pp. 734-743.
④ 参见〔美〕约瑟夫·奈：《权力大未来》，王吉美译，中信出版社 2012 年版，第 163—164、173、204 页。

等。①例如,瑞士等一些国家国土面积很小但连接度很高。此外,国际制度通过设定议题和确定问题领域来制定相互依存关系中的交易规则,最大的国家不一定总能在争夺经济相互依存操控权的斗争中占上风,小国或弱国往往利用较强烈的态度和较高的信用,克服自己在不对称的相互依存情势中的相对脆弱性处境。②在网络安全领域亦如此。既不能任由大国瓜分利益,决定小国、弱国的地位和命运,也不能忽视小国的谋略和作用。2022年4月26日,联合国大会第76届会议以协商一致(consensus)的方式通过76/262号决议"安全理事会发生投否决票情况时进行联大辩论的长期授权"(Standing mandate for a General Assembly debate when a veto is cast in the Security Council, A/RES/76/262),决定如果有安理会常任理事国在安理会决议表决中行使否决权,且联合国大会未就相同问题召开紧急会议,联合国大会主席应在10日内召开联合国大会正式会议,以讨论否决权行使的情形。虽然根据《联合国宪章》的规定,该决议并不具有法律约束力,但其占据道德制高点(大小国家权利平等)并据此形成一定的道义压力,不能等闲视之。

通常意义上,大国在全球政治中影响力更大,该争论投射到网络安全国际合作问题上就存在两种路径:一是先由诸大国就议题进行小圈子讨论,达成一定程度的共识之后,再吸收更多国家进行讨论;二是从一开始就进行大范围的探讨。两种路径何为最佳选择,仍需要视具体情况而定。但无论如何,最终都要就有关网络安全议题进行广泛的、充分的协商,顾及各方利益,获取最大公约数。

四、接纳合作前景的不确定性

网络安全国际合作法律制度的完善方向还包括减少不确定性与风险、增强可预期性。然而要安全也要发展,网络技术飞速迭代,谁都无法保证"科技向善"(Tech for Social Good)理念,不能为了绝对安全而牺牲

---

① See Miles Kahler ed., *Networked Politics: Agency, Power, and Governance*, Cornell University Press, 2009, pp. 13.
② 参见〔美〕小约瑟夫·奈、〔加拿大〕戴维·韦尔奇:《理解全球冲突与合作:理论与历史(第十版)》,张小明译,上海人民出版社2018年版,第339、340页。

发展利益。以上原因注定了网络安全合作前景的不确定性不可能被消除,制度建设只是尽可能降低不确定性。不确定性的治理应当成为网络空间秩序建设的逻辑起点,但不确定性的弱化并不意味着能够完全消除新技术蕴含的种种不确定性特征,寻求对不确定性及其后果进行绝对控制将徒劳无功,甚至适得其反;在安全领域避免追求"绝对安全"的理想状态,将低烈度网络冲突视为可能长期存在的常态,而以弱化和管控风险为导向。[①]不过度将追求确定性作为合作目标,不确定性也意味着灵活性与适应性,使行为体得以在瞬息万变的国际形势中留有及时调整合作安排的余地。

利益的争夺伴随网络安全合作始终,各方的利益及合作意愿也不可能一成不变。网络空间的形势不断发生变化,任何观点的对立或阵营的划分都可能只是暂时的,改革既有机制还是建立新机制并不一定是非此即彼,保持灵活性与适应性才是最好的选择。[②]例如,虽然美国、英国及欧盟的利益、立场之间有着千丝万缕的联系,但并非用"发达国家"的统称能够一言以蔽之。同理,中国的立场与印度、巴西等其他发展中国家也并非全然一致。我们不能拘泥于三个世界的划分或是发达国家、发展中国家的划分,而需要针对具体问题"合纵连横"。着力于抗拒边缘化,修正传统的理论叙事,塑造更加客观公正的理念。简言之,国际形势瞬息万变,需要坚守原则,也需要随势而为,不断然区分阵营、判定敌友,在努力化敌为友的基础上,也时刻保持警惕、泰然应对背盟败约的情况。

在接纳不确定性的同时,努力从中把握某种程度的确定性。网络安全国际合作法律制度发展的三个确定性在于:一是世界处于"后霸权时代",美国霸权虽然大不如前,但"瘦死的骆驼比马大",美国在诸多方面依然保持着领先优势与掌控力。"后霸权"与"反霸权"不尽相同,"反霸权"在界定多边主义时或许过于依赖市民社会的抵制或反抗,但事实上不应低估国家所主导的现有制度的权威持久性及其对不断变化的环境的适

[①] 参见刘杨钺:《技术变革与网络空间安全治理:拥抱"不确定的时代"》,载《社会科学》2020年第9期,第41、49—50页。

[②] 参见中国现代国际关系研究院编:《国际战略与安全形势评估(2017—2018)》,时事出版社2018年版,第166页。

应性。①二是非国家行为体在网络安全国际合作中扮演越来越重要的角色,国家行为体对此要善加引导。三是合作与竞争交替占据国际关系的主导位置,需要各国适应并应对持续竞争下合作的曲折性。

第二节 网络安全国际合作法律制度的规范拓展

在规范层面对网络安全国际合作法律制度进行拓展,主要包括以发展网络空间国际法为重心,细化国际法中的网络安全信任措施,重视网络安全负责任国家行为规范的谈判以及配套制定网络安全国际标准。

一、以发展网络空间国际法为重心

网络安全国际合作法律制度的稳定与否,很大程度上仰赖国际法作用的发挥。当前的规则之治是一种缺乏正义性和有效性的互联网治理,是全球互联网去中心化掩盖下的权力垄断,而非主体之间互相制约基础上的"法治";应以多边民主透明的方法制定反映多数国家意愿和利益的规则,反映公正、协调、升级以及合作发展的需要。②解决互联网治理的任何努力都必须牢牢地以国际法为依据,制定一份框架公约是值得各国考虑的合理之选。③ 在国家行为所受到的诸多制约因素中,国际法是一个虽不完美但不可无视的制约因素。一国在作出涉外决策前,都会寻找国际法依据或在现行国际法基础上将其调整后适用。只有国际法才能够设置法律责任,令网络安全国际合作成为法律义务。国际法中不乏惩罚机制,如果有国家以作为或不作为的方式违反国际法,国际法框架下要求国际法主体对其国际不法行为或国际法不加禁止行为的损害后果承担法律责任,将受害国受到的损害恢复原状或向受害国赔偿损失。即使为达到

---

① 参见〔加拿大〕阿米塔·阿查亚:《重新思考世界政治中的权力、制度与观念》,白云真、宋亦明译,上海人民出版社2019年版,第149—152页。
② 参见支振锋:《互联网全球治理的法治之道》,载《法制与社会发展》2017年第1期,第94、98、100页。
③ 参见〔美〕弥尔顿·L. 穆勒等:《互联网与全球治理:一种新型体制的原则与规范》,田华译,载《国外理论动态》2016年第9期,第81页。

某个政治目的,一国或许做好违反国际法的准备,但同时也会考虑是否能够承受违反国际法所带来的法律后果与政治代价。因此,网络安全国际合作既要推动国际法的适用,又要正视国际法的局限性。

目前,在网络安全国际合作方面能够直接适用的国际法规则并不多,仅《联合国打击网络犯罪公约》是较为普适的法律文件,况且网络安全问题不仅仅是网络犯罪。制定网络安全国际公约的目的不在于完全消除网络安全威胁(这是不现实的),不可能期待公约被百分百遵守,也不可能一劳永逸,但至少有助于将网络安全威胁限制在可控的范围。

自网络安全国际合作开展至今,时光已然流逝了 1/4 个世纪,各个谈判、交流平台也做了非常有意义的规则探索,我们终归不能一直在国际立法的门外徘徊,只停留在对指导性国际规则的打磨上。很多指导性国际规则是过渡性的,是形成国际法规则的序曲。法律应当是刚性的,要避免国际网络治理"软法化"。[1]因此,即使网络安全国际立法的难度巨大,也必须集中力量推动联合国立法进程,及时将合适的指导性国际规则转化为国际公约,令网络安全相关的诸多有益规则法律化。

制定网络安全国际公约主要在联合国框架下进行。或许如有些学者质疑的那样,联合国根本不是个世界性制度(institution),而只是个世界性组织或者说国家间机构(organization),是个关乎各国利益的谈判场所或机构,而且还是个不健全的谈判机构,因为它不仅没有超越民族、国家思维,而且还是附属于民族、国家体系的一个服务性组织,它要照顾的并非世界这个整体的利益,而是各国的利益,联合国的"决议"实质上仍然是国与国的协议。[2]然而不可否认的是,联合国是现阶段最能代表国际法治的组织。判断一个国际组织发达程度的简单方法是考察其决策机制,如果一个国际组织的所有决策都需要成员国的一致同意,那么,这个国际组织只能算是一个条约的物化,它的任何一项决策,都不过是成员国之间达成了一项新的协议而已;只有当一个国际组织可以依据"多数裁决"的原则作出决定时,这个组织才从人格上脱离了成员,成为一个真正独立的组

---

[1] 参见白续辉:《试论网络治理的国际法原则》,载《广东外语外贸大学学报》2014年第2期,第19—20页。

[2] 参见赵汀阳:《"天下体系":帝国与世界制度》,载《世界哲学》2003年第5期,第25、27页。

织,联合国就属于此类组织。①当然,充分肯定联合国在国际法治中的地位,也不能忽略"穿透国家面纱"的分析视角,国家背后是个人、是利益团体。不能完全割裂国家与个人的关系,国家也代表个人的利益。此外,在设计或实施网络安全国际合作法律制度之时,也需要尽量秉持整体、系统的思路,减少制度碎片化的影响。

网络安全国际公约不仅要进一步阐释现有国际法对于网络安全问题的适用,还要纳入必要的新规则。诚然,网络空间的发展不应被视为法律关系的根本变革,也不意味着社会决策全然交由市场或国际治理。②现有国际法在网络空间的适用,具有必然性和合理性,问题在于西方国家往往有意无意地对《联合国宪章》所确认的国家主权、不干涉内政、不使用武力等基本原则加以回避或淡化,使自卫权等例外规则"喧宾夺主",降低行使自卫权门槛,以利对网络攻击采取单边军事行动;同时,过度渲染"网络战"威胁,不断树立假想敌,借此强调诉诸武力权和战时法规的适用,客观上加剧了网络空间军事化和网络军备竞赛。③于是,除了挖掘现有国际法包括《联合国宪章》、国际人权法、国际人道法、国际刑法等有关制度用于推进网络安全国际合作的可能性,还要在协调定罪、协调管辖权、扩大合作范围等方面有所突破,并设置若干强制性措施,解决一些实际问题。

此外,以双边专项协定的形式逐步推进网络安全国际合作,也是较为务实的选择。有学者认为,不是所有条约都可以成为国际法的渊源,只有那些多数国家参加,具有广泛性和普遍性,旨在创设新的国际法原则、规则和制度,或修改原有国际法原则、规则和制度的一般条约才是国际法的直接渊源;那些只有两个或少数国家或某个区域内国家缔结的条约,只对两个或少数国家,或那个区域内的国家有拘束力,不具有普遍性。④但有反对意见认为,一个条约可能既规定缔约国的权利和义务,又包含国际社会

---

① 参见车丕照:《国际社会契约及其实现路径》,载《吉林大学社会科学学报》2013年第3期,第71—72页。

② See Joel P. Trachtman, Cyberspace, Sovereignty, Jurisdiction, and Modernism, *Indiana Journal of Global Legal Studies*, 1998 (2), pp. 570.

③ 参见黄志雄:《国际法在网络空间的适用:秩序构建中的规则博弈》,载《环球法律评论》2016年第3期,第8—9页。

④ 参见李振华:《国际法渊源新探》,载《法学评论》1993年第2期,第47页。

普遍接受和遵行的国际法规则;在判断一个条约是不是一般国际法时,其标准不应仅关注缔约国的数量,还要特别注重条约的宗旨、目的、性质和作用等其他因素,把一切条约"不论普通或特别国际协议",凡是"确立当事国明白承认之规条者",都视为国际法的形式。[①]并非只有全部国际法主体都遵守的法律规则才是国际法,特定的法的形式所约束的对象是有限的,但这并不妨碍它具备法的形式的根本属性。[②]无论是双边的条约,还是多边的条约,乃至单边的宣告,其本质都是国家作出的允诺,都会被视为国家应当遵守,甚至其他国家也应当尊重的国际法规则。[③]可见,双边协定同样属于国际条约,属于国际法。双边协定的内容同样具有发展成为区域性条约,甚至全球性条约的可能性。因此,不能忽视积极缔结双边协定在进一步完善网络安全国际合作法律制度中的作用。

当然,国家有意愿制定国际法、遵守国际法的首要前提是各国的国家利益均能够在国际法中得到一定程度的体现,或者至少实施国际法不损害本国国家利益。虽然不同国家的诉求不可能完全一致,但良好法律制度的建立与推广,需要满足多数国家的利益,同时又不能太过无视少数国家的诉求。行为体行动的目的是取得结果,但是在预知结果难以取得或是暂时无法取得的时候,维持过程可能比达到预期效果更加重要。即便无法达成预期结果,过程也通过关系的运动,调整着各方利益和对利益的认识,协调各方的关注和要求,它既是手段也是目的。[④]所以,即使无法在短期内制定出更多的网络安全国际条约,一直维持谈判的进程也是非常必要的。如果将目标设定得太低,最终结果可能远不如预期。

二、细化国际法中的网络安全信任措施

网络安全国际合作需要以长期稳定的信任关系为基础。但即使政府

[①] 参见王秋玲:《国际法表现形式与渊源之我见》,载《当代法学》2003 年第 4 期,第 156 页。

[②] 参见张磊:《论国际法渊源的内涵和外延》,载《河南科技大学学报(社会科学版)》2012 年第 6 期,第 92 页。

[③] 参见何志鹏:《以诺为则:现代性国际法的渊源特质》,载《当代法学》2019 年第 6 期,第 148 页。

[④] 参见秦亚青:《关系本位与过程建构:将中国理念植入国际关系理论》,载《中国社会科学》2009 年第 3 期,第 86 页。

了解其他各方的"相对恐惧",制定相应的政策,但谁都不可能形成长期信任,去相信不会出现某个国家的领导人及其政策不破坏既定形成的现状。[1]因此,营造长期稳定的信任关系需要诉诸制度化的手段——信任措施,还要将相关的有益措施用国际法的形式加以确认,细化现行国际法中较为笼统的规定。

本书第四章提到,纾解安全困境不仅需要从结构方面着手,还需要从心理方面建立国家之间的信任、减少战略误判,纾解网络安全困境同样如此。处理"零日漏洞"(zero-day)与加密(encryption)是较为容易达成合作的两个领域:以披露"零日漏洞"为例,在短期内一国报告漏洞不如利用它,但中长期来看,一国可能从报告零日漏洞中获得其他好处——明显而又代价高昂的举动可以建立信任,建立信誉的单边行动是可能的;加密也是国家可能发送昂贵信号的领域,强国可以选择推进真正安全的加密技术,提高所有参与者的网络安全,而非选择将问题甩给私营部门或为本国留有加密系统的"后门"。[2]国家的心理状况只能通过其行为表征得知,所以必须将良好的合作愿望以制度的形式呈现。

联合国信息安全政府专家组(GGE)2021年报告将建立信任措施划分为合作措施与透明度措施。合作措施包括设立联络点、对话和协商;透明度措施则涵盖自愿分享关于现有和新出现的与信通技术安全有关的威胁和事件、信通技术产品脆弱性分析的国家战略和标准、关于风险管理和预防冲突的国家和区域办法的信息和良好做法、经验教训或白皮书,并促进关键基础设施利益攸关方之间的信息共享,包括有关事件识别、分类和管理的国家做法。可以看出,合作措施、信任措施以及透明度措施三者很多是重复的,又或者说是通用的,令网络安全国际合作法律制度看上去存在多元手段,事实上有些混乱、重点不明。

合作措施应当是信任措施的上位概念,信任措施主要指的就是透明度措施和预警机制,涵盖各类信息的共享,包括联络点机制的建立、良好做法、网络安全威胁或漏洞情况的分享等。增加透明度和及时预警可以

---

[1] 参见员欣依:《从"安全困境"走向安全与生存——约翰·赫兹"安全困境"理论阐释》,载《国际政治研究》2015年第2期,第116—117页。

[2] See Ben Buchanan, *The Cybersecurity Dilemma: Hacking, Trust and Fear between Nations*, Oxford University Press, 2017, pp.168-177, 193.

促进合作,例如,1815年"滑铁卢战役"以后,政治家们意识到,相对全面、诚实的高水平交流可以增加保持合作的机会,为此,他们往往愿意放弃"出其不意行动"带来的好处,告诉其他国家他们计划做什么,这正是各大国经常开会的功能之一。① 完善网络安全国际合作法律规范需要尽可能将指导性国际规则中较为成熟的信任措施相关规定纳入国际法,目前国际法中的有关规定仍较为笼统。

三、重视网络安全负责任国家行为规范的谈判

网络安全负责任国家行为规范旨在约束国家无节制的网络行为,由于其被定位为国家自愿接受的行为准则,所以目前主要以指导性国际规则的形式呈现。有关指导性国际规则当然必不可少,但国际法终究为"本",长远来看网络安全国际合作法律制度的建设重点应当包括纳入网络安全负责任国家行为规范。负责任国家行为规范是指导国家在网络空间开展网络活动的不具有约束力的行为规范集合,其作为现有国际法适用于网络空间的重要补充而被提出。②从目的上看,确实需要在外交合作中,在持续互动孕育信任的基础上,设定和强化边界,把无节制的行为排除在外。③例如,在一国的措施对他国网络空间造成不利影响或在其领土内对他国造成跨界损害时,实施措施应及时通知或警告对方,甚至提前协商。④一国还可能需要对在其境内实施的网络行动所造成的跨境损害后果承担赔偿责任,对其境内开展的网络活动所引发的跨界影响承担补偿责任。这些都是国家自愿接受的行为准则,但也有被转化为国际法的可能。

在负责任国家行为规范方面,网络技术先进国与网络技术弱势国的制度性话语竞争较为激烈。第一,是否在网络安全负责任国家行为规范中贯彻"共同但有区别责任",强调网络技术先进国承担更大比重的责

---

① See Robert Jervis, From Balance to Concert: A Study of International Security Cooperation, *World Politics*, 1985 (1), pp. 73-74.
② 参见黄志雄:《网络空间负责任国家行为规范:源起、影响和应对》,载《当代法学》2019年第1期,第65页。
③ 参见〔美〕安妮-玛丽·斯劳特:《棋盘与网络:网络时代的大战略》,唐岚、牛帅译,中信出版社2021年版,第170—172页。
④ 参见张新宝、许可:《网络空间主权的治理模式及其制度构建》,载《中国社会科学》2016年第8期,第157页。

任,例如,不从事网络监听、网络攻击,甚至网络军备竞赛的责任。第二,如何界定"网络干涉""网络干预"等网络安全相关核心法律概念,直接影响网络安全负责任国家行为的判断。第三,探讨建立网络攻击合作溯源机制的可能性,重点解决溯源独立性、权威性、溯源流程、溯源结果的效力等问题,①这是提升负责任国家行为规范效果的重要手段。

"溯源"也称为"归因",网络攻击溯源目的在于确定一起网络攻击可否归于一个国家而成为该国的国家行为,这将涉及该国的国家责任以及受害国采取反措施的权利等问题;完全由私人发起的网络攻击则通常属于网络犯罪行为,主要通过有关国家国内法的管辖以及国家间的司法合作来应对。②就实体上的归因标准,目前各方缺乏统一认识。此外,对于网络攻击溯源机制的建设方案,各方也存在不同意见,美国主张单边溯源,印度和中国主张多边溯源,而一些私营部门则主张无政府参与的溯源。③简言之,能否设立一个全球网络溯源机制、哪些主体有资格参与、溯源可否公开等问题,都需要进一步谈判。2019 年,全球网络空间稳定委员会(Global Commission on the Stability of Cyberspace, GCSC)发布的总结报告《推进网络空间稳定性》(Advancing Cyberstability),强调规范的采纳、实施和落实问责制的必要前提是政府、民间社会和私营部门协作进行能力建设,其中私营部门在网络攻击溯源方面的作用更大。上海国际问题研究院和卡内基国际和平研究院联合组织编写并于 2022 年发布的《中美如何管控网络公开溯源争端》研究报告则指出,法律层面的网络溯源是指根据可适用的法律规则,构建恶意网络活动的侵害行为与侵害主体之间的法律联系,并确定后者法律责任的过程;作为国际安全领域的一项新议程,各方对于公开溯源的理解还缺乏共识,中国、法国、俄罗斯等国家都对公开溯源持谨慎态度;而美国支持公开溯源的理由包括:公开溯源能够用于威慑被指控国家以及被指控国家以外的其他行为体(虽然此种威慑的

---

① 参见唐岚:《国际网络攻击溯源机制的必要性和可行性探析》,载《中国信息安全》2022 年第 5 期,第 63—64 页。

② 参见黄志雄:《论网络攻击在国际法上的归因》,载《环球法律评论》2014 年第 5 期,第 157—158 页。

③ 参见徐培喜:《网络空间全球治理:国际规则的起源、分歧及走向》,社会科学文献出版社 2018 年版,第 148—153 页。

有效性存在争议),还可以提醒潜在的受害者和网络安全社群更好地自我保护,也有助于加强网络空间中负责任国家行为规范的形成;对公开溯源的质疑则认为,现有的公开溯源背后有两种主体,一是政府相关专业机构或部门,二是政府之外的行为体如网络安全公司、媒体、智库等,政府在公布证据时为保护情报来源往往有所保留,网络安全公司出于商业目的会夸大自身能力,媒体、智库则由于缺乏技术能力经常出现错误;能力不对称也会让溯源方与被溯源方对证据是否真实产生不同的解读。[1]因此,在规则层面统一网络攻击公开溯源的国际标准,在操作层面加强溯源国与被溯源国的事前沟通,避免加剧当事国之间的不信任,是完善网络安全国际合作法律制度的重要方面。

四、配套制定网络安全国际标准

国际层面的网络安全标准化有利于网络安全国际合作。网络安全标准化是指制定、推广或实施一致的网络安全核心概念、技术标准或管理标准,是一种制度性公共产品的供给,作用在于降低互联互通及其安全保障的成本、促进数字规模经济。标准化的本质特征是自下而上的价值取向和横向合作、协商共识的形成方式,[2]网络安全标准化同样具有"自下而上"特点,标准化工作主要由一些专业的国际组织以及互联网社群承担。当然,太过技术性、太过细节性的内容不适合由国际法直接规定,但可以在国际法中设置参照适用条款,指向合适的网络安全国际标准。

互联网工程任务组(IETF)、国际标准化组织(International Organization for Standardization,ISO)以及国际电工委员会(International Electrotechnical Commission,IEC)都是国际上著名的标准化组织。还有国际电信联盟(ITU)、电气与电子工程师协会(Institute of Electrical and Electronics Engineers,IEEE)、互联网名称与数字地址分配机构(ICANN)也承担了众多的网络技术标准制定工作。

配套制定网络安全国际标准能够夯实网络安全国际合作法律制度的

---

[1] 参见鲁传颖等编:《中美如何管控网络公开溯源争端》,载 https://www.siis.org.cn/db-file.svl?n=/updates/cms/cms/202203/29124417t3ew.pdf,最后访问时间:2025年2月26日。

[2] 参见崔俊杰:《个人信息安全标准化进路的反思》,载《法学》2020年第7期,第170页。

技术基础,网络安全标准化不是网络技术先进国家的标准的国际化,也不是全由政府主导、无视私主体作用的标准化。一是持续解决网络安全标准制定权分布不均的问题。从 2023 年《数字 ISO》报告(ISO in figures 2023)的数据分析来看,ISO 成员国贡献情况为:德国承担国际秘书处数量居首位,美国承担工作组召集人数量居首位;截至 2023 年,中国承担了 81 个技术机构的秘书处,与日本并列第 4 名,排在德国(133 个)、美国(93 个)、法国(82 个)之后;中国承担了 292 个工作组的召集人,位列第 3 名,排在美国(416 个)、德国(367 个)之后。对比之前的数据,中国在 ISO 中的贡献份额一直在上升。美国大西洋理事会(Atlantic Council of the United States)2021 年发布了智库报告《标准化未来:美国如何驾驭国际技术标准的地缘政治?》(Standardizing the Future: How Can the United States Navigate the Geopolitics of International Technology Standards?),系统梳理了截至 2021 年 7 月,9 个国家在 39 个重要国际标准制定机构的参与情况,得出结论,美国在所评估的 11 个国际标准制定机构中至少拥有 50% 的选票,而其他 8 个国家无一能在任一国际标准制定机构中获得 50% 的选票。换言之,美国依然牢牢占据着国际标准化的主导地位。二是充分体现"市场化"的特点。只有市场化的标准才容易获得国际社会的接受,从而实现标准国际化。例如,2021 年中国《国家标准化发展纲要》提出"充分释放市场主体标准化活力,大幅提升市场自主制定标准的比重,到 2025 年实现标准供给由政府主导向政府与市场并重转变,并积极参与国际标准化活动"。三是不任由私主体主导可能影响公共利益的标准化。私营企业在互联网标准开发和应用推广方面发挥了积极有益的社会治理职能,但这种私有化的治理方式开始被质疑其合法性基础,尤其对于影响公共利益的标准,是否具备充分的公共监管及问责机制,政府作为开发者、采购者还是监管者应该何时介入。[①]四是不贸然挑战现有的成熟标准。例如,中国在国际上已推行美国 CDMA 标准和欧洲 W-CDMA 的局面下,在本国国内强制适用自主研发的第三代移动通信 TD-SCDMA 标准,遭到西方国家批评,认为中国违背了其在世界贸易组织(WTO)《技术性贸易壁垒协定》(Agreement on Technical

---

[①] 参见〔美〕劳拉·德拉迪斯:《互联网治理全球博弈》,覃庆玲等译,中国人民大学出版社 2017 年版,第 92—93 页。

Barriers to Trade,TBT)中所承担的义务,构成贸易保护主义措施。《技术性贸易壁垒协定》第2.4条款规定,若有关国际标准已经存在或即将拟就,各成员应直接使用,除非这些国际标准无法实现合法目标。因此,推行网络安全领域的国际标准化须与有关国家充分协商。

第三节 网络安全司法协助的机制优化

网络安全司法协助主要是刑事司法协助,通常根据双边司法协助协定或互惠关系来进行,具体包括调查取证、送达文书、涉案财物处理(查封、扣押、冻结、没收、返还)、引渡等。尊重国家主权、秉持互惠原则是网络安全司法协助在国际法上合法性的来源,在此基础上才是对效率的追求,也因此网络安全司法协助的机制优化不能够完全抛弃已有的机制。

一、遏制网络安全跨境司法单边化

面对巨大的网络安全威胁,扩大网络安全领域的司法协助往往是非常直接、有效的应对方法,特别是在打击网络犯罪与网络恐怖主义方面。但鉴于司法主权独立的原则以及许多信息涉及国家秘密的情况,相关合作又必然有所保留,导致司法协助存在范围与程度模糊、程序不便的问题;也因为网络技术制约,难以对司法协助的具体操作进行有效监督,安全合作的有效性与效率皆受影响。这原是正常现象,也因此才有排除障碍、推进合作的必要。但有的国家仅为本国司法的效率,强推单边司法行动,绕过刑事司法协助机制,直接向外国的网络服务提供商提出取证要求,罔顾他国司法主权,未免"因小失大"。例如,2013年美国纽约南区联邦地区法院要求微软公司协助一起毒品案件的调查,为此必须将一名用户的电子邮件内容和其他账户信息提交给美国政府,而相关数据存放在微软设在爱尔兰的服务器上。这就相当于允许美国执法部门强迫美国公司提供存储在美国境外的数据内容。对此,爱尔兰政府提交了一份"法庭之友"意见,强调爱尔兰的主权不应受到侵犯,并指出应通过国际条约和国际合作来获取存储于爱尔兰境内的数据。

根据2024年《联合国打击网络犯罪公约》第40、42、43、44、45、46条之规定,跨境快速保全存储的电子数据、快速披露所保全的流量数据、访问存储的电子数据、在实时收集流量数据方面、拦截内容数据仍要以司法协助的方式进行。2001年《网络犯罪公约》第32条就规定,只有在可公开访问的情况下或获得数据的合法拥有者同意后,缔约国才能不经另一缔约国同意即可跨境取证。但某些国家的实践已经大大突破了这种方式,对网络安全国际合作产生了巨大的负面影响。2022年《"中国+中亚五国"数据安全合作倡议》也提出:首先,未经他国法律允许不得直接向企业或个人调取位于他国的数据。其次,各国如因打击犯罪等执法需要跨境调取数据,应通过司法协助渠道或根据国家间协定解决。最后,国家间缔结跨境调取数据协定,也不得侵犯第三国司法主权和数据安全。因此,有必要推动国际公约或更多区域、双边协定禁止单边取证,合理设置网络服务提供者尤其是大型互联网科技企业在网络安全司法协助中的义务。

至于可否通过限制单边取证所获证据的可采性来遏制网络安全跨境司法单边化,现行国际法通常只建议排除严重违反国际人权法所获证据。例如,1998年《国际刑事法院罗马规约》(Rome Statute of the International Criminal Court)第69条规定,以违反本规约或国际公认人权的手段获得的证据,一定条件下不予采纳。对于网络安全司法协助所获证据的可采性,有必要根据不同类型的司法协助证据构建一种精细化的分类判断方法[1]。可以从一国涉外立法的角度,明确电子数据跨境取证程序的合法性对电子证据可采性的限制。例如,欧盟2016年《通用数据保护条例》(General Data Protection Regulation)第48条规定:任何法庭裁决、仲裁裁决或第三国行政机构的决定,要求数据控制者或处理者转移或披露个人数据,必须基于法律互助协定等国际条约。

二、提升网络安全司法协助的效率

提升网络安全司法协助效率需要更科学的国际法律制度安排,以协调各国的立法和实践。建议尽可能授权满足条件的司法机关与执法机关

---

[1] 参见冯俊伟:《刑事司法协助所获证据的可采性审查:原则与方法》,载《中国刑事法杂志》2017年第6期,第79页。

直接对接相应的外国机关,适当设立一定的行动时限,并建设司法协助网上合作平台,包括快速响应机制和联系渠道等。

签订有关的双边协定也是提升网络安全司法协助效率的重要方式。2001年生效的《中华人民共和国政府和美利坚合众国政府关于刑事司法协助的协定》设置了迅速协商与通知义务,如在拒绝协助请求之前,被请求方应与请求方协商,考虑可否在其认为必要的条件下给予协助;被请求方应对请求方就执行请求的进度所提出的合理要求作出回应;无论是提供协助、不能提供、推迟提供,抑或无法保证保密,请求方都应迅速通知被请求方(第6、7条)。不过,该协定并未考虑网络时代电子证据跨境调取等问题,因此需要新的国际立法。2020年修正的《最高人民法院关于内地与澳门特别行政区法院就民商事案件相互委托送达司法文书和调取证据的安排》第3条规定,双方相互委托送达司法文书和调取证据,可通过内地与澳门司法协助网络平台以电子方式转递。这种电子化的司法文书转递平台无疑大大缩减了司法文书传递的在途时间,使更多的时间可以用于审查司法文书的实质内容而不是被消耗在程序性事项上。但这只适用于区际民商事司法协助,能否有条件拓展到跨国刑事司法协助值得研究。2021年,中国浙江省瑞安市人民法院经最高人民法院审查同意、浙江省高级人民法院全程指导,利用在线开庭审理平台成功协助芬兰共和国西南地方法院完成一起该国倒卖人口案件的证人线上出庭作证工作,这是中国法院刑事案件中首次采用线上视频方式开展国际司法协助取证。[①]在网络安全司法协助中,也可以尝试附条件电子取证与送达,或是附条件赋予电子方式送达的优先性。

2019年签署、2022年生效的《英美关于为打击严重犯罪而获取电子数据的协定》(Agreement between the Government of the United States of America and the Government of the United Kingdom of Great Britain and Northern Ireland on Access to Electronic Data for the Purpose of Countering Serious Crime)是全球第一部专门针对数据跨境取证的国际协定,其规定

[①] 参见最高人民法院:《瑞安法院完成全国法院首例刑事案件视频取证司法协助》,2021年10月28日,载https://baijiahao.baidu.com/s?id=1714843371052221232&wfr=spider&for=pc,最后访问时间:2025年2月26日。

了对命令目标的限制,对命令发布与传递的要求,对数据获取、使用、转让、保存的要求,以及对协定实施的审查与磋商义务等内容。2023年《欧洲议会和欧盟理事会关于刑事诉讼及之后执行监禁刑判决中电子证据的欧洲调取令和保全令的条例》[Regulation(EV)2023/1543 of the European Parliament and of the Council of 12 July 2023 on European Production Orders and European Preservation Orders for electronic evidence in criminal proceedings and for the execution of custodial sentences following criminal proceedings]也旨在构建便捷高效的数据跨境取证的司法协助路径,响应时间根据不同事项设定为最短8小时、最长90天。同时通过的《欧洲议会和欧盟理事会关于指定特定机构与任命法定代表人以收集刑事诉讼电子证据的统一规则的指令》[Directive(EU)2023/1544 of the European Parliament and of the Council of 12 July 2023 laying down harmonised rules on the designation of designated establishments and the appointment of legal representatives for the purpose of gathering electronic evidence in criminal proceedings]是实施前述条例的重要辅助文件,旨在指定特定机构与任命法定代表人以接受并响应刑事诉讼电子证据调取令和保全令,并规定了不遵守指令的惩罚措施。

第六章　完善网络安全国际合作法律制度的中国方案

网络安全国际合作总体上会持续竞争性合作的状态，现有网络安全国际合作法律制度仍需进行多方面的完善，但制度目标始终是在确保网络安全、尊重网络主权的基础上促进互联互通。在这个过程中，中国不是颠覆者而是共建者。中国在本国国内法层面对网络安全国际合作已作出不少规定，在参与有关国际法律制度建设方面，中国也需要构建、论证更多的制度性话语，为网络安全国际合作法律制度的良性发展作出更大贡献。

第一节　中国的网络安全国际合作规范

中国的网络安全国际合作规范在国内法、顶层政策部署以及双边共识文书中均有体现。中国对网络安全国际合作法律制度的基本立场是坚持维护网络主权与现行国际法，以联合国为核心制定新的国际法，加强执法协作、信息交流与共享以及能力建设，也支持就网络安全负责任国家行为规范与信任措施进行谈判。这些立场在国际社会中基本得到认可并体现在国际规范中。但在推动将信息安全纳入网络安全谈判、加强国际电信联盟作用、促进互联网基础资源公平分配、跨境数据调取等方面，中国倡导的方案遭遇了较大阻碍。

一、中国法律与国家政策有关网络安全国际合作的规定

1994年4月20日，中国与国际的64KInternet信道开通，标志着中国正式全功能联入了国际互联网。如今，根据国际电信联盟（ITU）2024年发布的《全球网络安全指数（第5版）》调查报告，中国的网络安全指数得

分位列第二梯队(总共五级梯队),在技术措施、组织措施、能力建设和合作措施这四大支柱领域都存在欠缺,故整体网络安全能力距离全球领先水平仍有一定的差距,但中国在网络安全法律措施领域已获满分。

2014年2月中央网络安全和信息化领导小组成立(2018年改组为国家互联网信息办公室与中央网络安全和信息化委员会办公室,一个机构两块牌子,简称"网信办"),中国的网络安全立法进入提速阶段,并且越来越重视网络安全国际合作。

2016年《网络安全法》规定,网络安全国际合作的范围包括网络空间治理、网络技术研发和标准制定、打击网络违法犯罪等方面(第7条),国家保护公民、法人和其他组织依法使用网络的权利(第12条第1款)。2018年修正的《国家情报法》第13条规定,国家情报工作机构可以按照国家有关规定,开展对外交流与合作。2018年修正的《反恐怖主义法》规定,反恐怖主义国际合作包括政策对话、情报信息交流、执法合作和国际资金监管合作,以及涉恐怖活动犯罪的刑事司法协助,引渡和被判刑人移管(第68—70条);经与有关国家达成协议,并报国务院批准,国务院公安部门、国家安全部门可以派员出境执行反恐怖主义任务(第71条第1款)。2018年《国际刑事司法协助法》界定的国际刑事司法协助开展范围包括刑事案件中的调查、侦查、起诉、审判和执行等活动,协助方式包括送达文书,调查取证,安排证人作证或者协助调查,查封、扣押、冻结涉案财物,没收、返还违法所得及其他涉案财物,移管被判刑人以及其他协助(第2条);对于刑事司法协助请求明显损害中国主权、安全和社会公共利益的,可以拒绝协助(第15条第2款)。2024年,国家监察委员会、最高人民法院、最高人民检察院等七部门制定《关于实施〈中华人民共和国国际刑事司法协助法〉若干问题的规定(试行)》,该规定设置了国际刑事司法协助的时限,对外联系机关最长45日、主管机关最长45日、办案机关最长90日处理完毕,符合第6条优先处理的则各机关最短时限均为30日,需要采取紧急冻结等措施的则各机关最短时限均为15日(第7条);建立由刑事司法协助对外联系机关和主管机关等组成的刑事证据出境审查工作机制(以下简称"工作机制"),统筹负责刑事证据出境安全审查相关工作(第12条)。2021年《数据安全法》第11条规定,国家积极开展数据安全治理、数据开发利用等领域的国际交流与合作,参与数据安全相关国际规则和标准的制定。同年的《个人信息保护法》第 12 条以及 2024 年《网络数据安全管理条例》第 6 条也作了类似规定,国家积极参与个人信息保护、网络数据安全相关国际规则和标准的制定,促进个人信息保护方面的国际交流与合作,推动与其他国家、地区、国际组织之间的个人信息保护规则、标准等互认。

2021 年是中国的网络安全立法"三驾马车"《网络安全法》《数据安全法》《个人信息保护法》齐备的标志年份,其中不乏可资对外分享的中国经验,有利于中国扩大有关网络安全国际合作的制度性话语影响力。

中国网络安全行政法规及部门规章的制定主体包括公安部、工业和信息化部(简称"工信部")、商务部以及网信办,外交部则专门设立了"网络事务办公室"来协调开展网络空间的外交活动。

2016 年网信办发布的《国家网络空间安全战略》提出,推进世界各国在技术交流、打击网络恐怖和网络犯罪等领域的合作,首要原则是尊重维护网络空间主权。该战略还提出强化网络空间国际合作的措施包括:(1)支持联合国发挥主导作用,推动制定各方普遍接受的网络空间国际规则、网络空间国际反恐公约;(2)推动互联网地址、根域名服务器等基础资源管理国际化;(3)深化同各国的双边、多边网络安全对话交流和信息沟通,有效管控分歧;(4)健全打击网络犯罪司法协助机制;(5)深化在政策法律、技术创新、标准规范、应急响应、关键信息基础设施保护等领域的国际合作;(6)加强对发展中国家和落后地区互联网技术普及和基础设施建设的支持援助。

2017 年外交部、网信办联合发布的《网络空间国际合作战略》,吸收了此前的规范性成果并加以拓展,全面、系统地阐释了推进网络安全国际合作的中国方案。主要归纳为以下几点:(1)在联合国框架下制定各国普遍接受的网络空间国际规则和国家行为规范,支持并推动联合国大会通过信息和网络安全相关决议,支持并推动联合国安理会在打击网络恐怖主义国际合作问题上发挥重要作用,其他国际机制和平台也发挥各自优势,提供有益补充;(2)国际社会共同管理和公平分配互联网基础资源,建立多边、民主、透明的全球互联网治理体系,实现互联网资源共享、责任共担、合作共治;(3)完善网络空间对话协商机制,支持加强包括各国政府、国际组织、互联网企业、技术社群、民间机构、公民个人等各利益攸关方的沟通与合作;(4)积极推动双边、区域和国际发展合作;(5)与其他国家警方建立双边警务合作机制,健全打击网络犯罪司法协助机制,加强打击网络犯罪技术经验交流;(6)推动加强各国在预警防范、应急响应、技术创新、标准规范、信息共享等方面合作;(7)制定关键信息基础设施保护的合作措施,加强关键信息基础设施保护的立法、经验和技术交流;(8)加大对发展中国家在网络能力建设上的资金和技术援助。概言之,中国有关网络安全国际合作的策略重心在于支持联合国制定有关国际规范,提升全球互联网治理体系的多边性、民主性、透明性,建设多元主体、多元层次的网络安全合作协商机制,加强有关刑事司法协助,完善信息共享、预警防范、应急响应机制,加大对外援助力度,强调保障信息安全尤其是关键信息基础设施安全。

除此之外,中国国内法也对网络安全国际合作的两大前提作出必要规定,既强调维护网络主权的重要性,又对私主体的网络权利以充分保障。前者是网络技术弱势国的底线,后者是网络技术先进国的关切。中国国内立法规定,在必要情势下,如为维护国家安全、保障国家重大任务、处置重大突发事件,可以对个人的网络隐私权、知情权等权利施加一定限制,但这种限制应尽可能地小,并且只能由特定国家机关依照法律规定的程序进行。这在 2016 年修订的《电信条例》第 65 条、2023 年修订的《反间谍法》第 11 条、2015 年《国家安全法》第 43 条以及 2016 年《网络安全法》第 30 条等条款中均有体现。《国家网络空间安全战略》强调信息自由流动与维护国家安全、公共利益要实现有机统一;一方面,网络空间主权不容侵犯,尊重各国自主选择发展道路、网络管理模式、互联网公共政策和平等参与国际网络空间治理的权利;另一方面,公众在网络空间的知情权、参与权、表达权、监督权等合法权益得到充分保障,网络空间个人隐私获得有效保护,加强网络空间通信秘密、言论自由等合法权益的保护。《网络空间国际合作战略》中也有类似表述。

在网络安全国际合作法律制度中,维护网络主权与保护个人网络权利这两大合作前提没有绝对的优先顺序,都必须放在具体的情境中去考察。在涉及国家安全之时,个人网络权利须让位于网络主权的行使;与此同时,保护个人网络权利也是网络主权的题中之义,网络主权在非必要情形下、非必要限度内不得侵犯个人的网络权利。在网络安全国际合作法律制度建设中,片面强调网络主权或个人网络权利都是不正确的。

二、中外双边网络安全合作共识文书

早在2002年,《中国与东盟关于非传统安全领域合作联合宣言》就已将网络犯罪作为合作重点,具体内容包括:(1)确认《联合国宪章》《东南亚友好合作条约》所体现的和平共处五项原则和其他公认的国际法准则以及各国的法律制度是合作的法律依据;(2)尽可能利用东盟打击跨国犯罪部长会议和高官会等现有机制,制定中长期合作规划;(3)合作形式包括加强信息交流、加强人员交流与培训、促进能力建设、加强共同研究以及设立专门工作组等。

2020年《中国—东盟关于建立数字经济合作伙伴关系的倡议》提出,充分尊重网络主权,保护个人隐私和信息通信技术安全,推进网络安全务实合作。主要措施包括:(1)共同加强数字基础设施安全保障;(2)共建跨境网络安全事件响应信息共享体系;(3)增进双方网络安全法律、政策理解,深化双方地区能力建设合作(含网络安全相关企业能力建设)。这也意味着中国与东盟的合作旨在推动数字经济发展,兼顾网络安全。

2015年《中华人民共和国政府和俄罗斯联邦政府关于在保障国际信息安全领域合作协定》规划了中俄合作的主要方向,包括:(1)合作制定并推动国际法准则的制定与实施;(2)加强在联合国、国际电联、国际标准化组织、上海合作组织、金砖国家、东盟地区论坛等框架下的合作;(3)建立交流和沟通渠道,包括一年两次的定期磋商等,开展情报交流与执法合作,及时进行情报和信息共享、研判、预警,开展技术交流与立法信息交流;(4)开展共同研究与人员培训;(5)制定并实施必要的信任措施。前述主要内容在2016年中俄两国元首《关于协作推进信息网络空间发展的联合声明》中又得到重申。

2022年《中华人民共和国和俄罗斯联邦关于新时代国际关系和全球可持续发展的联合声明》重申将深化国际信息安全领域协作,包括:(1)强调《联合国宪章》确立的不使用武力、尊重国家主权和基本人权及自由、不干涉内政等原则适用于信息空间,重申联合国在应对国际信息安全威胁领域的关键作用;(2)联合制定具有法律效力的、规范各国信息通信技术领域活动的普遍性国际法律文件以及信息网络空间新的、负责任的国家行为准则;(3)促进国际电信联盟在解决有关问题上发挥更加积极的作用,支持东盟在东亚合作中的中心地位。应该说,该声明与中俄等国联合提案的《信息安全国际行为准则》遥相呼应,再次表达了对推动将信息安全纳入网络安全合作谈判的关切,因此不仅强调联合国的作用,还强调国际电信联盟的作用;在东亚地区强调东盟的作用,也是对美国频频在亚太地区组织"少边主义"同盟的"拨乱反正"。

2021年《中阿数据安全合作倡议》提出的主要内容包括:(1)各国应尊重他国主权、司法管辖权和数据安全管理权,未经他国法律允许不得直接向企业或个人调取位于他国的数据,并要求企业严格遵守所在国法律;(2)各国如因打击犯罪等执法需要跨境调取数据,应通过司法协助渠道或其他相关多边、双边协议解决(包括国家间缔结跨境调取数据双边协议),不得侵犯第三国司法主权和数据安全。2022年《"中国+中亚五国"数据安全合作倡议》也作出类似规定。在这一问题上,中美之间分歧较大,这反映在2017年大陪审团调查朝鲜公司刑事犯罪案[①]等诸多美国法院审理的案件中,美国倾向于绕过国际条约进行单边取证。

2021年《中非携手构建网络空间命运共同体倡议》中,有关网络安全国际合作的内容有:(1)发挥联合国在网络空间国际治理中的主渠道作用,支持并积极参与联合国打击网络犯罪全球性公约谈判,支持在联合国框架下制定各方普遍接受的网络空间负责任国家行为规则、规范和原则,有效协调各国立法和实践;(2)平等参与互联网基础资源管理,保障各国使用互联网基础资源的可用性和可靠性,推动国际社会共同管理和公平分配互联网基础资源;(3)开展数据安全和个人信息保护及相关规则、标准的国际交流合作,推动符合《联合国宪章》宗旨的个人信息保护规则标准国际互认;(4)加强在预警防范、信息共享、应急响应等方面的合作,积极开展关键信息基础设施保护的经验交流;(5)深化中非数字创新领域人才交流合作,推动中非网信智库对话交流,帮助非洲国家提升参与网络空间治理的能力。这些内容基本是中国2017年《网络空间国际合作

---

① See In Re Grand Jury Investigation of Possible Violations of 18 U.S.C. § 1956 and 50 U.S.C. § 1705 (April 10, 2019).

战略》的"翻版",是中国网络安全政策主张的对外传播。

中美双方于 2005 年前后尝试搭建网络安全相关事项高级别联合对话机制。中美执法合作联合联络小组(JLG)2005 年第四次会议确定设立网络犯罪专家级工作组。① 2013 年,中美双方在中美战略与经济对话机制(U.S.-China Strategic and Economic Dialogue)下设立网络安全工作小组,就两国网络关系、网络空间国际规则、双边对话合作措施等进行了交流。2015 年《中美打击网络犯罪及相关事项指导原则》提出建议:(1) 对网络犯罪案件协查及信息共享请求的渠道、形式、内容、响应以及保密措施等作出规定,提出建立两国打击网络犯罪及相关事项热线;(2) 合作案件范围涵盖网络传播儿童色情、网络窃取知识产权(包括贸易秘密以及其他机密商业信息)、网络诈骗、不正当使用技术和通讯帮助暴力恐怖活动、网络贩枪等;(3) 在各自法律框架内对某些司法协助请求提供合作,如请求对方调查网络犯罪、收集电子证据、减少源自其领土的恶意网络行为等,并随时就重大紧急网络案件及相关执法合作事宜进行直接沟通。2016 年《中美打击网络犯罪及相关事项热线机制运作方案》就热线的范围、目标和程序达成一致。

综上所述,中国的网络安全国际合作规范与现有国际法、联合国项下的指导性文件基本保持一致。但中国关切并推动将信息安全纳入网络安全合作谈判、加强国际电信联盟作用、促进互联网基础资源公平分配、跨境数据调取等方案,在向外输出的过程中遭遇较大阻碍。内外政治二元协调、良性互动是参与全球治理较为合理的逻辑。② 国家武断推行单边制度对于网络安全国际合作十分不利,中外双边或区域实践需要持续与相关的全球性制度平台进行互动。

---

① 参见中华人民共和国外交部条约法律司编著:《中国国际法实践案例选编》,世界知识出版社 2018 年版,第 434 页。
② 参见苏长和:《中国与全球治理——进程、行为、结构与知识》,载《国际政治研究》2011 年第 1 期,第 36、41 页。

第二节　中国网络安全国际合作的制度经验

中国想要引领网络安全国际合作的制度建设,需要在妥协与坚持中寻求平衡,在巩固与调整中等待契机。我们需要找准自身定位,以国内法律法规的体系化助推中国在国际层面的话语影响力的提升,在网络技术先进国的"主阵地"加入网络技术弱势国的意见,加快国际法与国内法的良性互动。

一、辩证地看待"大国责任"

"大国责任"(great powers responsibility)主要指道义责任,是大国在国际法律责任之外需要额外做出的国际贡献。大国责任不仅在制度设计方面顾及各国的利益以及全人类共同利益,而且在价值观层面倡导、树立实质平等、公正的价值理念。大国在事实上具备更多资源和手段,应该发挥好自己的作用,同时支持其他国家,特别是广大发展中国家广泛平等地参与网络安全国际合作。

大国责任可以理解为大国在力所能及的范围内对国际社会应做出的贡献,这并不是随着国家实力的增长而逐步积累的,而是在国家互动中形成的角色认知。[1]这意味着大国身份不仅取决于自身条件,还取决于对他国期待的满足;除了国际法律义务,大国还需要承担道义责任,那么"道德绑架"也可能随之而来。对国际责任的认定来源包括国际法定义、自我定义及他方定义三个方面,脱离国际法谈国际责任,容易陷入因自我认定责任不当或他者认定责任不当而导致的困境。[2] 但所谓大国,有时是客观存在的事实,并不是自身能够否认的。

有的学者认为,"大国责任"必然走向霸权,其赋予了大国更多的权力和机会去干涉弱小国家的行为,西方学者设置的"大国责任"价值标准是

---

[1] 参见蔡翠红:《网络空间治理的大国责任刍议》,载《当代世界与社会主义》2015年第1期,第172页。
[2] 参见李东燕:《从国际责任的认定与特征看中国的国际责任》,载《现代国际关系》2011年第8期,第52、57页。

高于现存的国际法准则的,应以"多元中心责任"替代"大国责任",克服"搭便车"现象、责任回避或机会主义诱惑。①但是正如大国责任与"利益攸关方"模式并不必然冲突一样,承担大国责任,做一个负责任大国,并不必然与"多元中心责任"冲突,网络安全的维护是所有国家的共同责任,同时各国按照能力的大小承担各自的责任。各国究竟应当承担怎样的具体责任并没有也不可能有一个统一的普适性标准,缺乏多样性内涵的主权责任只会导致霸权与冲突。②虽然主权责任不存在统一标准,但也需要根据不同的议题设定一个适当基准(配套例外条款),以免发生"公地悲剧"。"共商"不排除一国或数国在多边体制建立过程中发挥主导作用;同时,大国主导也并不意味着大国在多边体制中有特殊的法律地位或特别的权力(联合国安理会"五大常任理事国"因历史原因可能是唯一的例外);其他国家认同大国在多边体制创设中的主导地位,是因为大国倡议很好地表达了其他国家的意愿。③关键在于如何恰当发挥自身影响力去团结其他国家参与国际事务,且每一个大国都应当承担相应的大国责任,大国之间更需要加强沟通与协作,共同出力、共同担责。

美国著名政治学家约瑟夫·奈对美国提出的建议是,在接受多样性现实的同时,努力推进民主的逐步演进,少一些为世界民主而战的召唤,转而在国际争端升级前居中斡旋,并制定国际规则与制度,强调联盟、制度和顺应全球信息时代新情景的网络,成为一个灵巧的大国。④这些建议在一定程度上也适用于中国。中国甚至需要设立一套让美国保持体面的霸权衰落而实际影响尚存的长效机制,主动去包容西方;同时警惕一种倾向——回到"天下体系",这或多或少带有"中国中心论""中国例外论"的情结,是对"西方中心论""美国例外论"的矫枉过正。⑤中国国际法学者

---

① 参见曹阳:《国际秩序中"大国责任"的困境与重构》,载《当代世界》2010年第11期,第48、49页。
② 参见赵洲:《主权责任论》,法律出版社2010年版,第357页。
③ 参见车丕照:《我们需要怎样的国际多边体制》,载《当代法学》2020年第6期,第8页。
④ 参见〔美〕约瑟夫·奈:《权力大未来》,王吉美译,中信出版社2012年版,第319—321页。
⑤ 参见王义桅:《超越和平崛起——中国实施包容性崛起战略的必要性与可能性》,载《世界经济与政治》2011年第8期,第150、152、153页。

车丕照也指出,以往的法律大国一般都有比较完备的法律制度,能对他国法律制度产生重要影响,并且能够引导国际法规则的创设;现行国际法的主导权仍然在几个西方大国手中,各种国际法新制度、新规则往往是在这些大国的引领或推动下产生的,中国主导或倡导建立起来的国际法律制度还不多见;然而是否具有传统的法律大国的特征不足以评判中国是否已具备法律大国地位,现今一个法律大国的使命应该是在全球范围内倡导不同法律制度之间的包容性,并维持各种制度的共存共荣。[1]正如中国《网络空间国际合作战略》所倡导的,"国家不分大小、强弱、贫富,都是国际社会平等成员,都有权……平等参与网络空间的国际秩序与规则建设"。在推动网络安全国际合作法律制度完善的过程中,中国还是需要找准自己的"舒适"定位及发展方向。

当前国际政治领域的强权政治和单边主义以及世界经济领域的不公平、不公正还普遍存在,但在既定的情势下,中国只有先在一定程度上遵从现有国际秩序,才更有条件逐步对其进行改良和完善;中国的国际责任不是分担西方大国的霸权成本,而是以发展中国家利益为重进而增进全人类共同利益。[2]中国自古以来便坚持"不明显的国家利益"(non-apparent national interests),即长期地需要通过稳定关系培养才可能产生和获取的国家利益,这不同于主流国际关系理论仅关注明显的国家利益计算,也不仅仅是"权利和义务"或"交换关系"。[3]中国国务院 2011 年发布的《中国的和平发展》白皮书提出"积极有为的国际责任观",宣示"作为国际社会负责任的国家,中国遵循国际法和公认的国际关系准则,认真履行应尽的国际责任","各国国情和发展阶段不同,应按照责任、权利、实力相一致的原则,着眼本国和人类共同利益,从自身国力出发,履行相应国际义务"。对于国际责任,中国明确强调根据本国的权利、实力"力所能及地承担"。

当然,中国已是举世瞩目的大国,他国难免对中国有期待、有要求,这

---

[1] 参见车丕照:《中国的法律大国地位问题》,载《上海政法学院学报(法治论丛)》2023 年第 4 期,第 1、8、11 页。
[2] 参见罗建波:《负责任的发展中大国:中国的身份定位与大国责任》,载《西亚非洲》2014 年第 5 期,第 35—37 页。
[3] 参见李形、彭博:《中国崛起与全球安全治理转型》,载《国际安全研究》2016 年第 3 期,第 70—71 页。

是无法回避的。如果我们选择全然回避,那么我们也会丧失在诸多场合的影响力。反过来讲,中国承担了更多的国际责任,也必然要赋予中国对等的、更大的权利。责任应与本国的实力与权利相符,这需要中国自己的争取,也需要西方大国的尊重与分享。因此,中国作为负责任的发展中大国,我们所承担的责任分为两个部分:一是履行国际法律义务的榜样示范;二是适度的、可承受的、可调节的以及与本国权利相匹配的国际道义责任,我们需要在本国利益与国际利益之间寻找共同点、平衡点。

二、提升制度方案的系统供给能力

美国政府及其企业是互联网基础架构的设计者、核心资源的控制者、运行规范的制定者、技术协议的主要拥有者、软件应用的主要供应者,这些优势给美国带来的战略利益是明显的:它可以基于自身经济发展和国家安全需要,自主制定并实施网络空间的安全战略,并对其他国家施加影响,形成符合其自身利益的资源分配和制度安排。① 例如,2021 年 10 月,由美国政府牵头,法国、德国、英国等 31 个国家和欧盟代表参加的反勒索软件倡议国际会议(Counter Ransomware Initiative Meeting)提出,在符合各国国内法的前提下加强国际执法合作,对威胁关键基础设施和公共安全的勒索软件操作人员采取行动,调查和起诉相关责任者,并鼓励各国采取合理措施处理源自其领土内的勒索软件操作。② 想要打破美国在网络安全领域的霸权,谋求网络安全国际合作的公平性,其重要前提是其他国家能否提供可信赖的并获得多数国家接受的网络安全公共产品,包括网络安全国际秩序建构与维护的系统规划方案,同时还应当考虑到新方案同现有规则的兼容性。目前我国在输出网络安全话语体系方面表现积极,但仍存在宏观有余、中微观不足的问题,虽然占据着道德的高点,却无法落实到务实的制度设计中,缺乏可操作性。

在制度设计方面,中国需要提升向国际社会提供良好实践方案、能力

---

① 参见周琪、汪晓风:《网络安全与中美新型大国关系》,载《当代世界》2013 年第 11 期,第 31 页。
② Joint Statement of the Ministers and Representatives from the Counter Ransomware Initiative Meeting October 2021, https://insidecybersecurity.com/sites/insidecybersecurity.com/files/documents/2021/oct/cs2021_0188.pdf, last access: Feb. 26, 2025.

建设(capacity building)方案等公共产品的能力,包括输出网络安全示范法、行业标准、协调方案、专业人才等。其中,国际规范制定是制度建设的重要部分,也同国家必须履行的国际法律义务息息相关。国家对于国际规范的义务可分为遵从国际规范的义务、维护国际规范的义务和革新国际规范的义务,可分别被视作"基础责任""有限责任""领袖责任"。[1]革新国际规范的责任并非每个国家都有能力承担,该目标是中国作为负责任大国需要代表广大发展中国家去着力突破、实现的。《信息安全国际行为准则》的联合提案正是良好示范,在制定网络安全负责任国家行为规范方面中国走在前列,但面临着与网络技术先进国在制度话语方面的激烈竞争。还如在数据本地化问题上,需要就不同的数据本地化立法模式(禁止数据离境模式、附条件禁止数据离境模式、境内数据中心模式等)[2]提出协调方案,还需要从跨国诉讼程序的角度设计管辖权协调方案;网络安全司法协助不仅与前述数据本地化问题密切相关,还需要将双边、多边网络安全对话交流和信息沟通的成果逐步向区域、全球推广;网络安全审查制度设计上,必须坚持的前提是"立足开放环境下维护网络安全"[3],兼顾安全利益和网络产业、技术发展利益。中国应更加充分地利用联合国等国际组织的数据库资源,例如,联合国毒品和犯罪问题办公室(UNODC)推出的网络犯罪信息库(Cybercrime Repository),包含法律数据库(Database of Legislation)、案例数据库(Case Law Database)以及经验数据库(Lessons Learned Database)三部分。诸多国际组织及其下辖机构,特别是一些国际地位尚不突出、受政治影响不那么深的机构,都可以被发展为中国的海外智库,加大对其研究成果的翻译与分析力度,同它们结成相互提携的关系。

此外,有学者在国际经贸领域提倡"效率提升型"制度供给,包括贸易投资便利化、商务人员流动便利化、原产地规则弹性灵活化等,目的在于促使国际经贸活动加速运转。[4]顾名思义,"效率提升型"制度供给致力于

---

[1] 参见周鑫宇:《中国国际责任的层次分析》,载《国际论坛》2011年第6期,第6页。
[2] 参见王玥:《试论网络数据本地化立法的正当性》,载《西安交通大学学报(社会科学版)》2016年第1期,第58—59页。
[3] 中国《国家网络空间安全战略》第四部分"战略任务"。
[4] 参见刘彬:《"规则制华"政策下中国自由贸易协定的功能转向》,载《环球法律评论》2020年第1期,第189—190页。

优化机制、提升效率,虽然将其运用于安全领域或许不如在经贸领域易于推行,但不失为一个容易见效的努力方向,如继续推进网络安全信息共享便利化机制安排、安全标准互认、网络安全技术援助以及网络安全协作能力建设等。

在制度推广环节,提高议程设置与引导能力是很重要的一环,即通过议题的选择及优先排序渐进式地影响网络安全国际合作机制的建构,最终实现网络安全公共产品供给责任的共担。这需要"准确地选择议程切入点,合理地界定议题,广泛地进行利益动员,吸引足够多的潜在支持者,将更多的利益相关方牵涉进来,从而导致议题联盟的出现"①。例如,美国就曾凭借其议程设置能力将其关切的网络经济窃密设置为优先议题,并将网络人权议题的讨论重点置于自由领域,规避"棱镜门事件"后各国要求强化网络主权的讨论。与网络技术先进国相比,我国在议程设置与引导能力上还存在较大差距。

我们需要将中国网络安全制度实践中的有效经验转化为能为国际社会所分享的共有知识产出,"帮助行为体形成共识,保证行为体采取自发集体行动"②,还需要统筹"运行多种制度,不能只采用单一的方案,'有私有特征'的制度和'有公有特征'的制度不是非此即彼的关系,要建立信任的途径,援助力量较弱的群体,使绝大多数受操作规则影响的个人能够参与对操作规则的修改"③,以此减少网络安全威胁带来的风险和损失,增加收益的确定性。

我们还需要持续关注有关网络安全的国际谈判平台,即使有些平台目前被冷落,但不排除其有朝一日乘势而起、重回谈判中心的可能。例如,有学者就认为,虽然联合国互联网治理论坛(IGF)不是我们理想中的平台,但依然是最值得我们重视、迄今未被超越的国际网络治理机制;即使资金问题极大局限了 IGF 发挥更大的全球影响力,可这也正是 IGF 的

---

① 王彬:《国际议程设置:全球化背景下的法律对话》,载《理论视野》2015 年第 3 期,第 19 页。
② 苏长和:《中国与全球治理——进程、行为、结构与知识》,载《国际政治研究》2011 年第 1 期,第 43 页。
③ 参见〔美〕埃莉诺·奥斯特罗姆:《公共事物的治理之道:集体行动制度的演进》,余逊达、陈旭东译,上海译文出版社 2012 年版,第 19—27 页。

可塑性和可能性所在；相比之下，ICANN 内的域名商和互联网巨头加上美国政府，已经形成强大的利益格局和制度体系，要更深入参与、发挥更大作用，难度大很多。①该结论正确与否见仁见智，但其体现的长期主义思维值得重视。

三、助力中国互联网机构进入"多利益攸关方"决策层

网络安全国际合作绕不开各国政府同本国产业界的互动，有时是由政府代表产业利益，有时是让产业界体现政府利益。政府的作用视网络安全不同层面的合作有所不同。中国在区分技术层面机制、"闲谈"机制与经济、安全层面机制的基础上需采取不同的参与策略：对 ICANN、IETF、ISOC 等技术层面的机制，侧重鼓励政府和私营企业相关技术部门的深度融入；对 IGF 和 WSIS 等"闲谈"机制，政府部门可以保持适度介入，在非政府主体背后掌控大局。②政府通过甩包袱式的让渡、转移管理权限和权威而变得更为精干、敏捷以及更具合法性，只在一些关键领域亲力亲为；在另外一些领域如民用生活领域和商用开发领域，政府放权、让权和分权并同各类非国家行为体一道分担安全责任。③将我国的"主权"分化到技术群体、商业群体、非商业群体以及一般用户之中，本质上并不是对"主权"的消解，而是对主权的增强。④ 对于经济、安全层面的机制则还是需要国家来主导。

中国必须提升自己在网络安全相关国际组织中的影响力和代表性，推动网络安全国际合作机制兼顾公平与效率。在公平层面，中国需要助力本国互联网企业、行业组织和学术机构参与 ICANN、国际互联网工程任务组(IETF)、互联网架构委员会(IAB)等机构的人才选拔；在效率层面，中国需要促成决策机制的革新——"根据选拔对象对网络安全所做出

---

① 参见方兴东、陈帅、徐济函：《中国参与互联网治理论坛(IGF)的历程、问题与对策》，载《新闻与写作》2017 年第 7 期，第 30—31 页。
② 参见郎平：《网络空间国际秩序的形成机制》，载《国际政治科学》2018 年第 1 期，第 42、54 页。
③ 参见董青岭：《多元合作主义与网络安全治理》，载《世界经济与政治》2014 年第 11 期，第 70 页。
④ 参见刘晗、任启明：《简析如何在 ICANN 新机制下维护我国网络主权》，载《中国信息安全》2017 年第 5 期，第 45 页。

的贡献来担任相应的高级管理职务,而非传统政府间组织的一国一票或按照人口、经济比例来分配名额"①,如果"多方治理机制中不考虑行为体能力差别而进行权利均等化会导致责任的均等化,并使互联网全球治理陷入集体行动的困境,导致没有国家有意愿承担起领导的责任"②。追求实质公平与有效激励是不可偏废的。

还需要创设具有广泛影响力的中国背景的国际性非政府组织(International non-governmental organization,INGO)。此处所谓"中国背景",可以是毫无官方背景的社会组织,也可以是"第二轨道",即有官方背景的学者参与的非官方组织。"第二轨道"可以说是"半官方"(semi-governmental)性质的活动,它为"官方"提供智力支持,因而不会"倒逼"政府,但也不是"官方"操纵的工具,其最主要的作用对象是政府;"第二轨道"并非纯然以物质实力为前提,不纯粹是补充性的外交斡旋与利益议价场所,也不仅以"安全困境"作为出发点,而是十分重视观念、规范与制度的作用;"第二轨道"有着相对独立的人格,在与各方持续互动的过程中塑造自己,同时通过自身身份的建构来塑造各个层面的规范结构和文化,这说明其并非只是一种工具或手段;"第二轨道"的根本任务是促进合作,其动力机制是非正式的"清谈",虽然形式松散,但却可以成为意义紧密的言语建构活动,成为开放的"倾听"状态下积极的论证和劝服活动,成为建构关系网络、社会现实和共有意义的重要机制;但"第二轨道"进程是一个长期演进的过程,因而无法在短期内对其功能和作用进行全面准确的判断。③换言之,"第二轨道"之所以区别于"认知共同体"(epistemic community)以及"跨国倡议网络"(transnational advocacy)等其他类似的国际合作形式,就在于其有着相对独立的人格,不完全依附于"第一轨道"(官方);"第二轨道"的主体性体现为温和的,并不咄咄逼人,这又决定了它的开放性、互动性,它与其他行为体之间存在互构性,强调体系中行为体相互作用的过程。在网

---

① 鲁传颖:《网络空间治理的力量博弈、理念演变与中国战略》,载《国际展望》2016年第1期,第133页。
② 刘贞晔、杨天宇:《中国与互联网全球治理体系的变革》,载《人民论坛·学术前沿》2016年第4期,第11页。
③ 参见魏玲:《规范、网络化与地区主义——第二轨道进程研究》,上海人民出版社2010年版,第36—64、111—118、262页。

络安全国际合作法律制度完善中可以更多地运用这种方式。

除此之外,中国背景的国际性非政府组织不能只在中国境内开展活动,还必须关注全球议题,具备跨国甚至国际影响力。虽然国际性社会组织不隶属于任何一个政府,但不少组织都是在美国登记的国际性社会组织,事实上不可能不受登记国政治风向以及法律政策变化的影响,如国际Wi-Fi联盟组织(WFA)、蓝牙技术联盟(Bluetooth SIG)、固态技术协会(JEDEC)、SD存储卡协会(SDA),2019年,华为被暂停会员资格(约半个月后恢复)[1]。国际协会联盟(Union of International Associations,UIA)编辑的《国际组织年鉴(2021—2022)》(Yearbook of International Organizations 2020—2021)显示,世界范围内的国际组织总数为7.425万个,其中非政府间国际组织为6.6425万个。以联合国经济及社会理事会(Economic and Social Council,ECOSOC,以下简称"经社理事会")与非政府组织的合作为例,截至2022年12月21日,有6343家非政府组织在经社理事会具有咨商地位(consultative status)。[2] 根据联合国2018年《与经社理事会合作:非政府组织咨商地位指南》(Working With ECOSOC: an NGOs Guide to Consultative Status),具有咨商地位的非政府组织可以参加国际会议和活动,在这些活动上做书面和口头发言,组织会外活动,甚至帮助监督和实施国际协议。[3]因此,中国背景的国际性非政府组织不仅要存在,还要能够真正发挥作用(高质量发言、组织边会、进行斡旋等),真正成为世界性的社会组织。这需要国家支持一些具有国际化潜力的专业性社会组织,使其逐步从国内走向国际。值得欣喜的是,2022年7月世界互联网大会国际组织成立,总部设在中国北京,会员涵盖全球互联网领域相关国际组织、企业机构和专家学者。当然,国家也要警惕国际性非政府组织自身可能存在管理不善的问题或异化风险,应对其实施科学的监督与帮扶。

---

[1] JEDEC, WiFi & Bluetooth alliance restore Huawei membership, zinggadget (July 30, 2019), https://en.zinggadget.com/jedec-wifi-bluetooth-alliance-restore-huawei-membership/, last access: Feb. 26, 2025.

[2] United Nations Department of Economic and Social Affairs, Introduction to ECOSOC Consultative Status, https://ecosoc.un.org/en/ngo/consultative-status, last access: Feb. 26, 2025.

[3] United Nations Department of Economic and Social Affairs, Working with ECOSOC: an NGOs Guide to Consultative Status, https://ecosoc.un.org/en/ngo/guide-to-consultative-status, last access: Feb. 26, 2025.

结 论

网络给人们带来巨大便利与收益的同时,也产生了巨大的安全风险。网络要发展,就必须保持网络空间的开放性,但开放就难以避免安全威胁。网络安全的含义随着网络技术的发展不断丰富,主要是指网络系统的运行安全(包括硬件和软件),涵盖网络基础设施安全、技术安全与管理安全。网络安全问题持续作为各国国家安全的"痛点",反映出网络安全国际合作的必要性。网络安全威胁无处不在,各国无一能够置身事外;也只有网络安全得到基本保障,方能言及网络发展红利的释放与共享。

网络安全国际合作以安全利益为主要关切,同时兼顾发展利益。在合作过程中需要平衡安全与发展的关系,不宜为了绝对安全、绝对的风险消除而牺牲发展利益,更不能为了追求本国的绝对安全而牺牲他国的安全与发展利益,即风险可控即可。要在确保网络安全的基础上,提升互联网市场开放水平、促进互联网产业健康发展、弥合数字鸿沟、惠益分享数字红利,最终实现网络安全全球共治。

网络安全国际合作大致始于1999年,可以分为探索发展期(1999—2012年)、快速推进期(2013—2016年)、曲折前行期(2017年至今)三个阶段。其间,2013年"棱镜门"事件是网络安全国际治理史上的一个重要转折点。美国因此在国际社会的压力下作出一些让步,令网络安全国际合作有了若干实质性的推进,合作的广度与深度都有所提升,有关制度的公平性也愈发得到重视,规则制定也愈加频繁。针对不同类型的网络安全挑战,有关国际合作的程度与方式有所不同,从地域范围、合作对象、合作类型上也可以作出不同种类的划分。多个谈判机制都在发力,合作的范畴也超出了网络基础设施维护,扩及网络安全战略与政策。在这个过程中,网络安全国际合作与斗争相生相伴,反抗权力控制、不懈斗争不是目的而是手段,斗争仍是为了促进公平的合作。而今,各国所采取的措施仍不足以应对频发的网络安全事件,若干国家对网络空间主导权的执迷更加大了网络安全国际合作的难度,完善网络安全国际合作法律制度势在必行。

国际法律制度是依据国际法形成的、具有法律强制力的一系列制度安排。国际法律制度包括有关的国际组织运行、谈判机制、立法程序、实施机制、监督机制、争端解决机制等。国际合作法律制度是促进跨国合作的国际法律制度,是国际合作的制度化、法治化,需要接受公平性、合理性、有效性的检视。国际政治催生了国际法律制度,国际法律制度也反作用于国际政治,其不乏对国际政治"游戏规则"以及国家利益的重塑。探究网络安全国际合作法律制度,既要分析有关的文本规则,又要剖解其背后的权力分配与利益博弈,理解法律制度与利益、观念的双向互构;既要看到各行为体合作的良好意愿,又要看到须以斗争促合作的一面;既要看到非政府行为体在法律制度建设中的积极作用,又要看到其依然无法摆脱权力关系,也非全然公益的化身,其也有自身要追求的私益。

现行的全球性网络安全国际合作法律制度并不多,有关打击网络犯罪与网络恐怖主义的全球性与区域性条约以及保障国际信息安全的协定基本可以适用于网络安全问题,其主要明确:合作前提是遵守公认的国际法原则和准则,特别是国家主权原则,要求各方遵守国际人权法义务、保护个人网络权利,具体内容包括信息交换、定期磋商、设立有效联络渠道、设立威胁评估与监测系统、分享良好实践、制定共同标准、制定信任措施、司法协助、联合培训或研究、对外援助、慎用例外条款等。这些规定既有义务性,亦不乏灵活性。总体而言,目前网络安全国际合作的具体法律安排"务虚"大于"务实",具有可操作性的合作义务设定并不多,其原因自然还是各方矛盾较为突出,一时难以妥协。且由于目前网络安全国际合作相关国际法律规则并不多,具体内容也较为笼统,还需要从指导性国际规则中捕捉网络安全国际合作的制度安排及其发展趋势。

虽然网络安全国际合作相关指导性国际规则不是国际法,也不能替代国际法,但它是国际法的重要补充,甚至可能催生国际法。诸多并未转化成国际法义务的制度安排,对网络安全国际合作也起到重要作用,包括有关的联合国安理会决议、联大决议、联合国各专家组报告、国际会议成果文件及其他指导性国际规则等。其中联合国安理会决议、联大决议能否成为国际法渊源的问题广受讨论。

联合国安理会决议所涉网络安全国际合作的内容主要体现在打击恐怖主义的相关决议中,所规定的合作形式主要有信息共享,技术援助,分享良好实践,能力建设援助,建立全天候的反恐网络等。相较于有关国际条约与联合国安理会决议,联大决议中有关网络安全国际合作的内容更详细,吸收了不少联合国各专家组报告中提出的建议:(1)明确提出联合国应发挥主导作用,包括由联合国制定网络空间负责任国家行为规范,并鼓励构建多利益攸关方参与的网络安全合作伙伴关系;(2)使信息分享制度化,改进相关信息和证据的收集、处理、保存和共享,并细化信息交流的内容,包括交流和分析有关脆弱性、威胁和事故的情报,强调合作的及时、有效;(3)尽力缔结和执行司法互助和引渡协定,加强执法机构之间的合作;(4)促进建立信任措施,例如,建立全球政府间联络点名录;(5)建立供应链风险管理框架和机制,制定和执行全球共同的供应链安全规则和标准;(6)加强对发展中国家信息技术转让的支持和能力建设援助。联合国各专家组报告并不直接解决网络安全问题,但可以促进有关行为体观念的改变,进而影响行为。联合国框架下与网络安全国际合作相关的专家组主要有联合国信息安全政府专家组(GGE)、联合国信息安全开放式工作组(OEWG)以及联合国网络犯罪问题政府专家组(IEG)。它们出具的报告中有关网络安全国际合作的建议具有较高的可操作性,例如,建立预警机制、联络点名录或协调中心,建立国际合作快速反应机制、优化国际合作程序,在提供援助和回应援助请求方面建立共同、透明、便利的程序并制定通用模板,在供应链风险管理、报告信通技术漏洞并分享补救办法方面加强合作,及时回应了现实中的新挑战。此外,在对外援助与能力建设两个方面增加了新做法,引入了"共同但有区别的责任"的新提法。但自2022年以来,联合国各专家组就网络安全国际合作再没有较为突出的新进展。

指导性国际规则中提及的设立联络点机制,制定供应链安全规则并建立供应链风险管理机制,报告信通技术漏洞及分享补救办法,优化援助程序等,都有待被国际法酌情吸收。指导性国际规则不是国际法,但其可能催生国际法。然而,也要注意,指导性国际规则具有较大的易变性,其价值不能被过分高估,更不能因此削减制定有关国际法的努力。

就网络安全国际合作法律制度的运行现状来说,旨在打击网络犯罪和网络恐怖主义、规范网络战和网络间谍活动的网络安全国际合作虽受到各行为体的持续推动,但仍面临不小障碍。(1)合作模式之争仍在拉锯。"多边主义"模式由国家主导,主要围绕国与国之间关系协调,有利于高效动员、应对网络安全挑战,但开放性、灵活性与包容性可能有所欠缺。"多利益攸关方"模式并不意味着实质平衡的权力关系,强势的非国家行为体不免与网络技术先进国的政府达成某种交易(政府监管代理化),网络技术弱势国的影响力相较强势的非国家行为体未必占优。但即使是"多利益攸关方"模式,也可以打造成国家主导、非国家行为体主导或彻底的"一视同仁"三种样态,关键在于行为体如何引导有关模式更有利于有效、公平的合作。"多边主义"抑或"多利益攸关方",名称不重要,关键是模式的具体设计。(2)制度构建的多元性与效率性难以兼顾。公民社会参与网络安全国际合作的优势及其功能发挥有赖于它的开放性、多样化与非官方性,但过分看重网络安全国际合作法律制度的多元性,只求民主不求集中,可能折损有关制度的有效性;反之,制度的合法性又可能被削弱。因此,网络安全事务的国际决策之多元性(合法性)与效率性常常无法同时得到保证。(3)是否将信息安全合作纳入网络安全合作范畴存在争议,网络技术先进国认为将信息安全纳入网络安全的内涵有损互联网自由,其将网络主权的内涵窄化为网络基础设施的管辖权,否认网络主权涵盖网络信息监管。(4)网络主权作为基本规则的适用不一致,涉及的争议一是国家主权是否适用于网络空间;二是网络主权只是不具可操作性的一般原则(不产生国际义务),还是会被单独触犯的国际法规则,进而,未达国际法上"干涉"的门槛时,网络活动(如网络间谍)是否侵犯了国家领土主权。

  上述障碍的根源在于:第一,各行为体的利益驱动各异。其中,中国的优先诉求仍在于维护网络主权(含网络信息内容审查)与发展互联网经济,美国的优先诉求在于全面保持互联网优势(涵盖网络知识产权保护、数据自由流动、网络军备优势等),欧盟的优先诉求在于发展互联网经济与保护个人网络权益,俄罗斯的优先诉求在于维护网络主权(含网络信息内容审查)与网络军控。在打击网络犯罪问题上,美国与欧盟的诉求也并非全然一致,欧盟想要维系、改良、推广《网络犯罪公约》,但美国对此并不热衷。就网络间谍活动而言,中国侧重推动网络政治间谍活动的国际法规制,而美国侧重推动网络商业间谍活动的国际法规制。不同国家对网络安全优先诉求及主要威胁的理解与判断,决定了它对不同问题所投入与分配的力量的不同,进而将其呈现在网络安全国际合作法律制度中。第二,合作成本分摊的博弈。除成本如何在不同利益群体之间分配之外,还存在成本在网络安全国际合作不同实现方式之间的分配问题。例如,网络技术先进国更愿意将成本花费在现行国际法对网络安全问题的适用,而非新国际公约的制定上,因为后者可能给网络技术弱势国提供更多扩大其制度话语影响力的机会。第三,就主权与人权理念"工具价值"的不同判断。发展中国家将网络空间管理视作网络主权,是为了避免国家与人民遭受跨国有害信息侵蚀而损害来之不易的独立果实,由此希望赋予政府更多的监管互联网的权力,必要的时候需要牺牲一定的个人网络权利;而对于发达国家来讲,推广人权理念比推广国家主权理念更能帮助自己扩张国家利益,于是极力鼓吹不受限的跨国数据流动不仅不会削弱反而能够增强国家执法能力,并将对网络信息传播的限制视作对根本人权的违反,发展中国家抨击的"网络霸权"在发达国家的定义中乃是为满足发展中国家民众知悉、获取信息这一人权诉求而采取的合理手段。于是,就主权与人权理念"工具价值"的不同判断便成为进一步达成网络安全国际合作共识的障碍。第四,各国网络安全保障能力存在差距,这不仅影响网络安全国际合作法律制度本身的公平性,也常令有关制度难以有效推行。综上,障碍的产生既源于利益分歧,又源于认知殊异,还源于各国网络安全技术与法律保障能力的差距。所要警惕的是,各行为体争取自身利益最大化的努力若导致国际社会集体怠于作为或竞争失序,则可能产生零和博弈或负和博弈的不良后果,这无益于全人类的整体福利。

完善网络安全国际合作法律制度的理论基础在于网络主权理论、防御性现实主义的安全理论、"包容的普遍性"理论以及多边主义理论,这些理论为完善网络安全国际合作法律制度提供了世界观与价值观的指引。(1)网络主权是一个关系性、过程性、演化的概念,其随着网络技术的进步以及人类对网络空间认识的加深而衍生出新的内涵。网络主权的存在并不意味着国家对整个网络空间抱有绝对控制的野心,它只意味着国家享有基本自保与必要规制的权力。有利于国际合作的网络主权,不仅强调主权平等,也肯定网络安全国际合作的义务,这是主权责任;有利于国际合作的网络主权,允许网络主权自主自愿、适当有限的让渡;有利于国际合作的网络主权,是在主权行使的过程中考虑多利益攸关方的利益与作用。网络主权是国际法的一部分,它既受到国际法的确认与保障,又受到国际法的限制。因此,网络主权并不必然导致网络空间安全合作的分化与碎片化,重要的是如何在维护网络主权的基础上加深合作,如何在开放与可控之间把握平衡。(2)依据"安全困境"理论与"国际政治的社会演化范式"加以分析,建设网络安全国际合作法律制度的社会背景是防御性现实主义的世界,存在"安全困境"且困境无法消除,只能通过行为节制与合作来缓解。因此,虽然权力仍是维持和促进合作的核心要素,制度背后也可能隐藏权力操控所导致的不公平,但将网络安全国际合作制度化并通过制度(或规则)来保障合作仍是较优选择,有助于纾解网络安全困境。(3)"包容的普遍性"指向对普遍性与包容性的不可偏废,强调积极互鉴、发挥影响,不仅要消极地尊重"存异",更要积极地"求同",对西方理念谨慎选择。发出"中国声音",寻求真正的融合,达成"新的普遍性"。中国的国家定位是世界秩序的维护者、建设者而非颠覆者,故而选择肇始于西方国家的理念加以纠偏或完善、为我所用,或许是更容易实现目标的路径。以此指导网络安全国际合作法律制度的建设,兼顾了延续与变革,有利于取得共识。(4)"真正的"多边主义与区域主义、少边主义之间并非纯粹的排他关系。开放的区域主义属于"真正的"多边主义;少边主义在价值观上有一定瑕疵,但在策略上可资利用。多种合作取向在一国的对外政策中可以并存、互补,以此搭建多元、灵活的合作平台。但网络安全国际公约的制定必须在联合国这一"真正的"多边主义组织下进行,并以开放的区域主义对美国频繁在亚太地区组织"少边主义"同盟进行"拨乱反正"。建设网络安全国际合作法律制度,需要处理好主权与合作之间、安全困境与合作之间、普遍性与包容性之间、多边主义与少边主义之间的关系,有意识地抵制网络主权极端化、网络威慑论、进攻性现实主义以及文明冲突论对安全合作制度化的不利影响,避免"自我实现的预言"。

完善网络安全国际合作法律制度的多元进路包括把握推进方向、拓展具体规范以及优化司法协助机制。首先,制度完善的方向在于:(1)体现网络空间主权域与网络公域交织的双重属性,区分网络主权域与网络公域进行国家的权责配置,同时,无论在网络主权域还是网络公域都有必要征求非政府行为体的意见;(2)注重国家主导下动态的公私协同,既不宜片面强调政府主导,以至于抑制了互联网企业在网络安全技术上的创新与应用,也不宜过分强调互联网企业自治、技术中立而损害了国家的网络主权;(3)超越"大国政治"思维,大国必须接受国际法的实体性与程序性约束,而不能仅仅是自我约束,小国的作用亦不能忽视;(4)接纳合作前景的不确定性,不确定性也意味着灵活性与适应性,不确定性中也可以捕捉到一定的确定性。其次,拓展网络安全国际合作规范在于:(1)以发展网络空间国际法为重心,在联合国框架下制定网络安全国际公约,及时将网络安全相关的诸多有益规则法律化,形成双边专项协定群也是较为务实的选择;(2)细化国际法中的网络安全信任措施,尽可能将指导性国际规则中较为成熟的信任措施相关规定纳入国际法;(3)重视网络安全负责任国家行为规范的谈判,包括是否在网络安全负责任国家行为规范中贯彻"共同但有区别责任",如何界定"网络干涉""网络干预"等网络安全相关核心法律概念,建立网络攻击合作溯源机制的可能性等;(4)配套制定网络安全国际标准,持续改善网络安全标准制定权的分布不均的状况,充分体现"市场化"的特点,但不任由私主体主导可能影响公共利益的标准化,不可贸然挑战现有的成熟标准。最后,加强网络安全司法协助在于:(1)遏制网络安全跨境司法单边化,推动将禁止单边取证及其例外纳入国际条约,合理界定网络服务提供者,尤其是大型互联网科技企业在网络安全司法协助中的责任;(2)提升网络安全司法协助的效率,尽可能授权满足条件的司法机关与执法机关,使其直接对接相应的外国机关。

  作为现行国际秩序的共建者、引领者,中国在本国国内法及中外双边协定中对网络安全国际合作已作出不少规定。中国对网络安全国际合作法律制度的基本立场是坚持维护网络主权、遵守国际法,在国际层面以联合国为核心展开合作,也支持制定网络安全信任措施与负责任国家行为规范。这些立场在国际社会中基本得到认可并体现在国际规范中。但在推动将信息安全纳入网络安全谈判、加强国际电信联盟作用、促进互联网基础资源公平分配、在尊重网络主权的前提下提升网络安全司法协助效率等方面,中国倡导的方案遭遇了较大阻碍。中国还需要在以下方面有所作为:(1)辩证看待"大国责任"。中国所承担的责任分为两个部分:一是履行国际法律义务的榜样示范;二是出于道义责任的中国贡献,这部分贡献应是适度的、可承受的、可调节的。中国基于自身的义务和能力承担相应责任,责任承担应与国际制度的赋权相匹配。(2)提升制度方案的系统供给能力。在制度设计方面,中国需要提升向国际社会提供良好实践方案、能力建设方案等公共产品的能力,制度推广环节需要通过议题的选择及优先排序渐进式地影响网络安全国际合作机制的建构,最终实现网络安全公共产品供给责任的共担。(3)助力中国互联网机构进入"多利益攸关方"决策层。不仅要加深中国互联网机构对网络安全相关国际组织的参与,还需要创设具有广泛影响力的中国背景的国际性非政府组织。

绳其祖武,倍道而进。面对网络安全领域的种种威胁,面对网络安全国际合作的制度性话语影响力竞争,也面临着各方分歧对网络安全国际合作法律制度建设的阻碍,作为负责任国家的中国需要秉承"利而不害,为而不争"的哲学,在已有建设成果的基础上,突破有关合作的"瓶颈",令网络安全国际合作法律制度建设再上一个新台阶。

参考文献

一、中文文献

(一) 著作类

1. 方滨兴主编:《论网络空间主权》,科学出版社 2017 年版。
2. 郭玉军主编:《网络社会的国际法律问题研究》,武汉大学出版社 2010 年版。
3. 郭旨龙、丁琪、高严:《网络犯罪公约的修正思路》,中国法制出版社 2016 年版。
4. 古祖雪、柳磊:《国际通信法律制度研究》,法律出版社 2014 年版。
5. 惠志斌:《全球网络空间信息安全战略研究》,上海世界图书出版公司 2013 年版。
6. 何志鹏:《国际法哲学导论》,社会科学文献出版社 2013 年版。
7. 黄志雄主编:《网络主权论——法理、政策与实践》,社会科学文献出版社 2017 年版。
8. 吕波:《网络安全与法律应对》,吉林大学出版社 2008 年版。
9. 鲁传颖:《网络空间治理与多利益攸关方理论》,时事出版社 2016 年版。
10. 刘衡:《国际法之治:从国际法治到全球治理》,武汉大学出版社 2014 年版。
11. 刘品新:《网络法:原理、案例与规则》(第三版),中国人民大学出版社 2021 年版。
12. 李艳:《网络空间治理机制探索:分析框架与参与路径》,时事出版社 2018 年版。
13. 马骏等:《中国的互联网治理》,中国发展出版社 2011 年版。

14. 马秋枫等:《计算机信息网络的法律问题》,人民邮电出版社1998年版。

15. 潘新睿:《网络恐怖主义犯罪的制裁思路》,中国法制出版社2017年版。

16. 皮勇:《防控网络恐怖活动立法研究》,法律出版社2017年版。

17. 秦亚青:《关系与过程——中国国际关系理论的文化建构》,上海人民出版社2012年版。

18. 任孟山:《国际传播与国家主权——传播全球化研究》,上海交通大学出版社2011年版。

19. 苏长和:《全球公共问题与国际合作:一种制度的分析》,上海人民出版社2009年版。

20. 孙昌军、郑远民、易志斌:《网络安全法》,湖南大学出版社2002年版。

21. 孙南翔:《互联网规制的国际贸易法律问题研究》,法律出版社2017年版。

22. 唐世平:《我们时代的安全战略理论:防御性现实主义》,林民旺等译,北京大学出版社2016年版。

23. 唐世平:《国际政治的社会演化:从公元前8000年到未来》(修订版),董杰旻、朱鸣译,天津人民出版社2022年版。

24. 吴建民:《外交案例》,中国人民大学出版社2007年版。

25. 王舒毅:《网络安全国家战略研究:由来、原理与抉择》,金城出版社2016年版。

26. 徐培喜:《网络空间全球治理:国际规则的起源、分歧及走向》,社会科学文献出版社2018年版。

27. 朱立群等主编:《全球治理:挑战与趋势》,社会科学文献出版社2014年版。

28. 张笑宇:《技术与文明:我们的时代和未来》,广西师范大学出版社2021年版。

29. 朱雁新:《数字空间的战争——战争法视域下的网络攻击》,中国政法大学出版社2013年版。

30. 中国现代国际关系研究院编:《国际战略与安全形势评估(2017—

2018)》,时事出版社 2018 年版。

31. 〔澳〕杰里·辛普森:《大国与法外国家——国际法律秩序中不平等的主权》,朱利江译,北京大学出版社 2008 年版。

32. 〔澳〕约瑟夫·A. 凯米莱里、〔澳〕吉米·福尔克:《主权的终结?——日趋"缩小"和"碎片化"的世界政治》,李东燕译,浙江人民出版社 2001 年版。

33. 〔法〕阿芒·马特拉:《世界传播与文化霸权:思想与战略的历史》,陈卫星译,中央编译出版社 2001 年版。

34. 〔法〕布尔迪厄、〔美〕华康德:《反思社会学导引》,李猛、李康译,商务印书馆 2015 年版。

35. 〔加拿大〕阿米塔·阿查亚:《重新思考世界政治中的权力、制度与观念》,白云真、宋亦明译,上海人民出版社 2019 年版。

36. 〔美〕埃莉诺·奥斯特罗姆:《公共事物的治理之道:集体行动制度的演进》,余逊达、陈旭东译,上海译文出版社 2012 年版。

37. 〔美〕安妮-玛丽·斯劳特:《棋盘与网络:网络时代的大战略》,唐岚、牛帅译,中信出版社 2021 年版。

38. 〔美〕巴里·E.卡特、〔美〕艾伦·S.韦纳:《国际法》,冯洁菡译,商务印书馆 2015 年版。

39. 〔美〕亨利·基辛格:《大外交(修订版)》,顾淑馨、林添贵译,海南出版社 2012 年版。

40. 〔美〕卡尔·施米特:《大地的法》,刘毅、张陈果译,上海人民出版社 2017 年版。

41. 〔美〕劳拉·德拉迪斯:《互联网治理全球博弈》,覃庆玲等译,中国人民大学出版社 2017 年版。

42. 〔美〕罗伯特·基欧汉:《霸权之后——世界政治经济中的合作与纷争(增订版)》,苏长和等译,上海人民出版社 2012 年版。

43. 〔美〕劳伦斯·莱斯格:《代码 2.0:网络空间中的法律(修订版)》,李旭、沈伟伟译,清华大学出版社 2018 年版。

44. 〔美〕兰登·温纳:《自主性技术——作为政治思想主题的失控技术》,杨海燕译,北京大学出版社 2014 年版。

45. 〔美〕弥尔顿·L.穆勒:《网络与国家:互联网治理的全球政治

学》,周程等译,上海交通大学出版社 2015 年版。

46.〔美〕米尔顿·L.穆勒:《从根上治理互联网:互联网治理与网络空间的驯化》,段海新等译,电子工业出版社 2019 年版。

47.〔美〕迈克尔·施密特主编:《网络行动国际法塔林手册 2.0 版》,黄志雄等译,社会科学文献出版社 2018 年版。

48.〔美〕门罗·E.普莱斯:《媒介与主权:全球信息革命及其对国家权力的挑战》,麻争旗等译,中国传媒大学出版社 2008 年版。

49.〔美〕曼瑟尔·奥尔森:《集体行动的逻辑》,陈郁等译,格致出版社、上海三联书店、上海人民出版社 2014 年版。

50.〔美〕尼尔·波兹曼:《技术垄断:文化向技术投降》,何道宽译,中信出版社 2019 年版。

51.〔美〕斯科特·巴雷特:《合作的动力——为何提供全球公共产品》,黄智虎译,上海人民出版社 2012 年版。

52.〔美〕约翰·伊肯伯里:《大战胜利之后:制度、战略约束与战后秩序重建》,门洪华译,北京大学出版社 2008 年版。

53.〔美〕小约瑟夫奈、〔加拿大〕戴维·韦尔奇:《理解全球冲突与合作:理论与历史(第十版)》,张小明译,上海人民出版社 2018 年版。

54.〔美〕朱迪斯·戈尔茨坦、〔美〕罗伯特·O.基欧汉编:《观念与外交政策:信念、制度与政治变迁》,刘东国、于军译,北京大学出版社 2005 年版。

55.〔日〕篠田英朗:《重新审视主权——从古典理论到全球时代》,戚渊译,商务印书馆 2004 年版。

56.〔泰〕克里安沙克·基蒂猜沙里:《网络空间国际公法》,程乐等译,中国民主法制出版社 2020 年版。

57.〔英〕安德鲁·查德威克:《互联网政治学:国家、公民与新传播技术》,任孟山译,华夏出版社 2010 年版。

58.〔英〕赫德利·布尔:《无政府社会:世界政治中的秩序研究(第四版)》,张小明译,上海人民出版社 2015 年版。

59.〔英〕苏珊·斯特兰奇:《国家与市场》,杨宇光等译,上海人民出版社 2006 年版。

(二)论文类

60. 初北平、薛天赐:《国际组织遭受网络攻击后的刑事管辖权研究》,载《江苏大学学报(社会科学版)》2021年第4期。

61. 蔡翠红:《国际关系中的网络政治及其治理困境》,载《世界经济与政治》2011年第5期。

62. 蔡翠红:《国家—市场—社会互动中网络空间的全球治理》,载《世界经济与政治》2013年第9期。

63. 蔡翠红:《网络空间治理的大国责任刍议》,载《当代世界与社会主义》2015年第1期。

64. 蔡从燕:《国际法上的大国问题》,载《法学研究》2012年第6期。

65. 蔡从燕:《国际法的普遍性:过去、现在与未来》,载《现代法学》2021年第1期。

66. 蔡从燕:《"赋能国际法"证成、实践与中国贡献——中国式现代化与国际法变革的国家能力之维》,载《吉林大学社会科学学报》2025年第1期。

67. 车丕照:《国际社会契约及其实现路径》,载《吉林大学社会科学学报》2013年第3期。

68. 车丕照:《是"逆全球化"还是在重塑全球规则?》,载《政法论丛》2019年第1期。

69. 车丕照:《制度变革与理论解说——国际经济法基础理论的嬗变》,载《中国法律评论》2023年第2期。

70. 陈颀:《网络安全、网络战争与国际法——从〈塔林手册〉切入》》,载《政治与法律》2014年第7期。

71. 陈一峰:《国际法不禁止即为允许吗?——"荷花号"原则的当代国际法反思》,载《环球法律评论》2011年第3期。

72. 陈一峰:《国际法的"不确定性"及其对国际法治的影响》,载《中外法学》2022年第4期。

73. 陈一峰:《超越规则:国际法的论辩主义转向》,载《北京大学学报(哲学社会科学版)》2023年第1期。

74. 戴丽娜、郑乐锋:《联合国网络安全规则进程的新进展及其变革与前景》,载《国外社会科学前沿》2020年第4期。

75. 董青岭:《多元合作主义与网络安全治理》,载《世界经济与政治》2014 年第 11 期。

76. 何驰:《国际法上的非政府组织:理论反思与重构》,载《中外法学》2020 年第 3 期。

77. 胡健生、黄志雄:《打击网络犯罪国际法机制的困境与前景——以欧洲委员会〈网络犯罪公约〉为视角》,载《国际法研究》2016 年第 6 期。

78. 何志鹏:《国际社会契约:法治世界的原点架构》,载《政法论坛》2012 年第 1 期。

79. 何志鹏、都青:《从自由到治理:海洋法对国际网络规则的启示》,载《厦门大学学报(哲学社会科学版)》2018 年第 1 期。

80. 何志鹏:《国际法的现代性:理论呈示》,载《清华法学》2020 年第 5 期。

81. 何志鹏:《国家本位:现代性国际法的动力特征》,载《当代法学》2021 年第 5 期。

82. 黄志雄:《2011 年"伦敦进程"与网络安全国际立法的未来走向》,载《法学评论》2013 年第 4 期。

83. 黄志雄:《论网络攻击在国际法上的归因》,载《环球法律评论》2014 年第 5 期。

84. 黄志雄:《国际法视角下的"网络战"及中国的对策——以诉诸武力权为中心》,载《现代法学》2015 年第 5 期。

85. 黄志雄:《论间谍活动的国际法规制——兼评 2014 年美国起诉中国军人事件》,载《当代法学》2015 年第 1 期。

86. 黄志雄:《国际法在网络空间的适用:秩序构建中的规则博弈》,载《环球法律评论》2016 年第 3 期。

87. 黄志雄:《网络空间规则博弈中的"软实力"——近年来国内外网络空间国际法研究综述》,载《人大法律评论》2017 年第 3 期。

88. 黄志雄:《网络空间国际规则制定的新趋向——基于〈塔林手册 2.0 版〉的考察》,载《厦门大学学报(哲学社会科学版)》2018 年第 1 期。

89. 黄志雄:《网络空间负责任国家行为规范:源起、影响和应对》,载《当代法学》2019 年第 1 期。

90. 李伯军:《论网络战及战争法的适用问题》,载《法学评论》2013 年第 4 期。

91. 金慧华：《论国际网络空间法中的应有注意义务》，载《东方法学》2019 年第 6 期。

92. 刘碧琦：《论国际法在网络空间适用的依据和正当性》，载《理论月刊》2020 年第 8 期。

93. 刘碧琦：《论国际法类推适用的有效性——以〈塔林手册〉为视角》，载《社会科学家》2021 年第 5 期。

94. 鲁传颖：《网络空间治理的力量博弈、理念演变与中国战略》，载《国际展望》2016 年第 1 期。

95. 刘晗：《域名系统、网络主权与互联网治理历史反思及其当代启示》，载《中外法学》2016 年第 2 期。

96. 刘晗、叶开儒：《网络主权的分层法律形态》，载《华东政法大学学报》2020 年第 4 期。

97. 林婧：《网络安全国际合作的障碍与中国作为》，载《西安交通大学学报（社会科学版）》2017 年第 2 期。

98. 林婧：《论国际法协调互联网权利与网络主权的进路反思与重构》，载《中国科技论坛》2019 年第 9 期。

99. 罗建波：《负责任的发展中大国：中国的身份定位与大国责任》，载《西亚非洲》2014 年第 5 期。

100. 刘建伟：《恐惧、权力与全球网络安全议题的兴起》，载《世界经济与政治》2013 年第 12 期。

101. 李鸣：《国际法的性质及作用：批判国际法学的反思》，载《中外法学》2020 年第 3 期。

102. 郎平：《全球网络空间规则制定的合作与博弈》，载《国际展望》2014 年第 6 期。

103. 郎平：《国际互联网治理：挑战与应对》，载《国际经济评论》2016 年第 2 期。

104. 郎平：《从全球治理视角解读互联网治理"多利益相关方"框架》，载《现代国际关系》2017 年第 4 期。

105. 郎平：《网络空间国际秩序的形成机制》，载《国际政治科学》2018 年第 1 期。

106. 郎平:《呼吁国际社会共同探索网络主权实践》,载《网络传播》2020年第12期。

107. 刘擎:《重建全球想象:从"天下"理想走向新世界主义》,载《学术月刊》2015年第8期。

108. 刘胜湘、石磊:《网络安全困境与国际治理探析》,载《深圳大学学报(人文社会科学版)》2014年第2期。

109. 刘杨钺、王宝磊:《弹性主权:网络空间国家主权的实践之道》,载《中国信息安全》2017年第5期。

110. 罗昕:《全球互联网治理:模式变迁、关键挑战与中国进路》,载《社会科学战线》2017年第4期。

111. 凌翔、杨茗薇:《联合国OEWG进程中的联络点名录机制研究》,载《中国信息安全》2023年第5期。

112. 李艳:《网络空间治理的学术研究视角及评述》,载《汕头大学学报(人文社会科学版)》2017年第7期。

113. 李彦:《网络犯罪国际法律机制建构的困境与路径设计》,载《云南民族大学学报(哲学社会科学版)》2019年第6期。

114. 刘杨钺:《网络空间国际冲突与战略稳定性》,载《外交评论(外交学院学报)》2016年第4期。

115. 刘杨钺:《重思网络技术对国际体系变革的影响》,载《国际展望》2017年第4期。

116. 李哲、朱晓琴:《〈联合国打击网络犯罪公约〉的中国立场与核心问题》,载《北京师范大学学报(社会科学版)》2024年第5期。

117. 刘作翔:《当代中国的规范体系:理论与制度结构》,载《中国社会科学》2019年第7期。

118. 刘志云:《自由主义国际法学:一种"自下而上"对国际法分析的理论》,载《法制与社会发展》2010年第3期。

119. 刘贞晔、杨天宇:《中国与互联网全球治理体系的变革》,载《人民论坛·学术前沿》2016年第4期。

120. 马民虎、马宁:《国家网络安全审查制度的法律困惑与中国策略》,载《云南师范大学学报(哲学社会科学版)》2015年第5期。

121. 苗伟山、朱鸿军:《中国网络安全话语分析——以〈人民日报〉

1994—2016年的报道为例》,载《西安交通大学学报(社会科学版)》2019年第3期。

122. 秦晓程:《网络对国际法的冲击和影响》,载《外交学院学报》2000年第4期。

123. 秦亚青:《关系本位与过程建构:将中国理念植入国际关系理论》,载《中国社会科学》2009年第3期。

124. 任剑涛:《当代中国的国际理念:融入"世界",抑或重启"天下"?》,载《山西师大学报(社会科学版)》2020年第5期。

125. 任琳:《多维度权力与网络安全治理》,载《世界经济与政治》2013年第10期。

126. 任琳、龚伟岸:《网络安全的战略选择》,载《国际安全研究》2015年第5期。

127. 苏长和:《中国与全球治理——进程、行为、结构与知识》,载《国际政治研究》2011年第1期。

128. 盛红生:《论国际法对网络战的规制——兼评〈塔林手册2.0版〉》,载《观察与思考》20121年第3期。

129. 张晓君:《网络空间国际治理的困境与出路——基于全球混合场域治理机制之构建》,载《法学评论》2015年第4期。

130. 沈逸:《全球网络空间治理原则之争与中国的战略选择》,载《外交评论(外交学院学报)》2015年第2期。

131. 宋亦明、李冰:《竞争之后:国际制度竞争的演进逻辑》,载《世界经济与政治》2023年第11期。

132. 田立:《国际安全视角下的中国参与网络空间国际法建构的路径选择》,载《云南社会科学》2021年第6期。

133. 汤啸天:《计算机信息网络安全的法律对策》,载《上海大学学报(社会科学版)》2000年第4期。

134. 王彬:《国际议程设置:全球化背景下的法律对话》,载《理论视野》2015年第3期。

135. 王超:《主权原则在网络空间适用的理论冲突及应对》,载《法学》2021年第3期。

136. 王贵国:《网络空间国际治理的规则及适用》,载《中国法律评论》2021年第2期。

137. 王虎华、张磊:《国家主权与互联网国际行为准则的制定》,载《河北法学》2015年第12期。

138. 王孔祥:《网络安全的国际合作机制探析》,载《国际论坛》2013年第5期。

139. 王孔祥:《区分原则在网络战中的适用》,载《国际安全研究》2013年第1期。

140. 王孔祥:《计算机网络攻击的法律规制》,载《西安政治学院学报》2013年第3期。

141. 王庆新:《儒家王道理想、天下主义与现代国际秩序的未来》,载《外交评论(外交学院学报)》2016年第3期。

142. 万霞:《国际法中的"软法"现象探析》,载《外交学院学报》2005年第1期。

143. 王玥:《试论网络数据本地化立法的正当性》,载《西安交通大学学报(社会科学版)》2016年第1期。

144. 徐崇利:《国际秩序的基础之争:规则还是国际法》,载《中国社会科学评价》2022年第1期。

145. 熊光清:《从辅助原则看个人、社会、国家、超国家之间的关系》,载《中国人民大学学报》2012年第5期。

146. 徐英瑾:《世界秩序:"重建"抑或"改良"——与赵汀阳先生商榷》,载《探索与争鸣》2016年第3期。

147. 杨帆:《国家的"浮现"与"正名"——网络空间主权的层级理论模型释义》,载《国际法研究》2018年第4期。

148. 杨帆:《网络犯罪国际规则编纂的现状、目标及推进路径》,载《信息安全与通信保密》2019年第5期。

149. 杨海坤、张开俊:《软法国内化的演变及其存在的问题——对"软法亦法"观点的商榷》,载《法制与社会发展》2012年第6期。

150. 俞婷宁:《互联网国际规则建构:话语策略的公共安全视角》,载《国际安全研究》2017年第3期。

151. 阎学通:《道义现实主义的国际关系理论》,载《国际问题研究》2014年第5期。

152. 杨永红:《从域名领土看网络空间主权的边界》,载《学术界》2023 年第 10 期。

153. 赵春燕:《对"软法"概念的冷思考——兼谈对卢曼法社会学理论的正确理解》,载《河北法学》2010 年 12 期。

154. 周光辉、周笑梅:《互联网对国家的冲击与国家的回应》,载《政治学研究》2001 年第 2 期。

155. 张华:《论非国家行为体之网络攻击的国际法律责任问题——基于审慎原则的分析》,载《法学评论》2019 年第 5 期。

156. 张华、黄志雄:《网络主权的权利维度及实施》,载《网络传播》2021 年第 1 期。

157. 张华:《论网络空间自卫权的行使对象问题》,载《法学论坛》2021 年第 1 期。

158. 张华:《网络空间适用自卫权的法律不确定性与中国立场表达——基于新近各国立场文件的思考》,载《云南社会科学》2021 年第 6 期。

159. 张华:《网络空间适用禁止使用武力原则的法律路径》,载《中国法学》2022 年第 2 期。

160. 赵金刚:《列文森的"剃刀"——传统文化与普遍性》,载《开放时代》2023 年第 5 期。

161. 朱杰进、孙钰欣:《新兴领域国际制度改革的路径选择》,载《太平洋学报》2022 年第 5 期。

162. 张路遥、龚雯聪:《联合国打击网络犯罪公约相关法律问题的各国立场》,载《中国信息安全》2020 年第 9 期。

163. 周琪、汪晓风:《网络安全与中美新型大国关系》,载《当代世界》2013 年第 11 期。

164. 赵汀阳:《天下观与新天下体系》,载《中央社会主义学院学报》2019 年第 2 期。

165. 张新宝:《论网络信息安全合作的国际规则制定》,载《中州学刊》2013 年第 10 期。

166. 张新宝、许可:《网络空间主权的治理模式及其制度构建》,载《中国社会科学》2016 年第 8 期。

167. 章晓英、苗伟山:《互联网治理:概念、演变及建构》,载《新闻与传播研究》2015 年第 9 期。

168. 郑宇:《21 世纪多边主义的危机与转型》,载《世界经济与政治》2020 年第 8 期。

169. 张豫洁:《评估规范扩散的效果——以〈网络犯罪公约〉为例》,载《世界经济与政治》2019 年第 2 期。

170. 左亦鲁:《国家安全视域下的网络安全——从攻守平衡的角度切入》,载《华东政法大学学报》,2018 年第 1 期。

171. 钟英通:《国际经贸规则的边数选择现象与中国对策》,载《国际法研究》2021 年第 5 期。

172. 朱雁新:《国际法视野下的网络主权问题》,载《西安政治学院学报》2017 年第 1 期。

173. 支振锋:《互联网全球治理的法治之道》,载《法制与社会发展》2017 年第 1 期。

174.〔加〕唐纳德·K.皮雷格夫:《打击网络犯罪和网络恐怖主义中的国际合作》,卢建平等译,载《法学家》2003 年第 5 期。

二、外文文献

1. Adeno Addis, The Thin State in Thick Globalism: Sovereignty in the Information Age, *Vanderbilt Journal of Transnational Law*, 2004 (1).

2. Alaa Assaf, Daniil Moshnikov, Contesting Sovereignty in Cyberspace, *International Cybersecurity Law Review*, Vol. 1, 2020.

3. Alastair Iain Johnston, China in a World of Orders: Rethinking Compliance and Challenge in Beijing's International Relations, *International Security*, 2019 (2).

4. Amy Lynne Bomse, The Dependence of Cyberspace, *Duke Law Journal*, 2001 (6).

5. Amanda N. Craig, Scott J. Shackelford, Janine S. Hiller, Proactive Cybersecurity: A Comparative Industry and Regulatory Analysis, *American Business Law Journal*, 2015.

6. Ben Buchanan, *The Cybersecurity Dilemma: Hacking, Trust and Fear*

between Nations, Oxford University Press, 2017.

7. Christine Hine, *The Formation of Conventions for Internet Activities. In: Governance, Regulation and Powers on the Internet*, Cambridge University Press, 2012.

8. Carol M. Glen, Internet Governance: Territorializing Cyberspace?, *Politics & Policy*, 2014 (5).

9. David J Betz, Timothy C. Stevens, *Cyberspace and the State: Toward a Strategy for Cyberpower*, Routledge, 2011.

10. David L. Levy, Aseem Prakash, Bargains Old and New: Multinational Corporations in Global Governance, *Business and Politics*, 2003 (2).

11. David R. Johnson, David Post, Law and Borders: The Rise of Law in Cyberspace, *Stanford Law Review*, 1996 (5).

12. David Satola, Henry L. Judy, Towards a Dynamic Approach to Enhancing International Cooperation and Collaboration in Cybersecurity Legal Frameworks, *William Mitchell Law Review*, 2011 (4).

13. Dimitris Vardoulakis, *Sovereignty and its Other: Toward the Dejustification of Violence*, Fordham University Press, 2013.

14. Daniel W. Drezner, The Global Governance of the Internet: Bringing the State Back In, *Political Science Quarterly*, 2004 (3).

15. Eric Brousseau, Meryem Marzouki, Cécile Méadel, *Governance, Regulation and Powers on the Internet*, Cambridge University Press, 2012.

16. Elias Pimenidis, Internet Governance or Internet Control?, *International Journal of Information Science and Management*, 2009 (1).

17. Eric Talbot Jensen, Cyber Sovereignty: The Way Ahead, *Texas International Law Journal*, 2014 (2).

18. Forrest Hare, Borders in Cyberspace: Can Sovereignty Adapt to the Challenges of Cyber Security?, *The Virtual Battlefield: Perspectives on Cyber Warfare*, Vol. 3, 2009.

19. Frank Webster, *Theories of the Information Society*, Routledge, 1995.

20. Gurmanpreet Kaur, Anand Pawar, Simranpreet Kaur, *Cyber Terrorism and Law: Cyber Crimes*, LAP LAMBERT Academic Publishing, 2012.

21. Heather Harrison Dinniss, *Cyber Warfare and the Laws of War*, Cambridge University Press, 2012.

22. Henry H. Perrit, The Internet as a Threat to Sovereignty? Thoughts on the Internet's Role in Strengthening National and Global Governance, *Indiana Journal of Global Legal Studies*, 1998 (2).

23. Henning Lahmann, On the Politics and Ideologies of the Sovereignty Discourse in Cyberspace, *Duke Journal of Comparative & International Law*, 2021 (1).

24. I. Trotter Hardy, The Proper Legal Regime for 'Cyberspace', *University of Pittsburgh Law Review*, Vol.55, 1994.

25. James A. Lewis, Sovereignty and the Role of Government in Cyberspace, *Brown Journal of World Affairs*, 2010 (2).

26. Jean d' Aspremont, Cyber Operations and International Law: An Interventionist Legal Thought, *Journal of Conflict & Security Law*, 2016 (3).

27. Jason Healey, *The Five Futures of Cyber Conflict and Cooperation*, Georgetown Journal of International Affairs, International Engagement on Cyber: Establishing International Norms and Improved Cybersecurity, Georgetown University Press, 2011.

28. Judith H. Germano, Cybersecurity Partnerships: A New Era of Public-Private Collaboration, Center on Law and Security, *New York University School of Law*, 2014.

29. John H. Herz, Idealist Internationalism and the Security Dilemma, *World Politics*, 1950 (2).

30. John Mathiason, *Internet Governance: The New Frontier of Global Institutions*, Routledge, 2008.

31. Julia Morse, Robert O. Keohane, Contested Multilateralism, *Review of International Organization*, 2014 (4).

32. James N. Rosenau, J. P. Singh ed., *Information Technologies and Global Politics: The Changing Scope of Power and Governance*, State University of New York Press, 2002.

33. Joel P. Trachtman, Cyberspace, Sovereignty, Jurisdiction, and Modernism,

Indiana Journal of Global Legal Studies, 1998 (2).

34. Jon R. Lindsay, The Impact of China on Cybersecurity: Fiction and Friction, *International Security*, 2015 (3).

35. Joseph S. Nye, The Regime Complex for Managing Global Cyber Activities, *Global Commission on Internet Governance series*, 2014 (1).

36. Joe Waz, Phil Weiser, Internet Governance: The Role of Multistakeholder Organizations, *Journal of Telecommunications and High Technology Law*, 2013 (2).

37. Kris E. Barcomb et al., Establishing Cyberspace Sovereignty, *International Journal of Cyber Warfare and Terrorism*, 2012 (3).

38. Karen J. Alter and Kal Raustiala, The Rise of International Regime Complexity, *Annual Review of Law and Social Science*, 2018 (1).

39. Kevin Jon Heller, In Defense of Pure Sovereignty in Cyberspace, *International Law Studies*, Vol. 97, 2021.

40. Kubo Mačák, From Cyber Norms to Cyber Rules: Re-engaging States as Law-makers, *Leiden Journal of International Law*, 2017 (4).

41. Katharina Ziolkowski ed., *Peacetime Regime for State Activities in Cyberspace: International Law, International Relations and Diplomacy*, NATO CCD COE Publication, 2013.

42. Luke Chircop, Territorial Sovereignty in Cyberspace after Tallinn Manual 2.0, *Melbourne Journal of International Law*, Vol. 20, 2019.

43. Lianne J. M. Boer, *International Law As We Know It: Cyberwar Discourse and the Construction of Knowledge in International Legal Scholarship*, Cambridge University Press, 2021.

44. Lawrence T. Greenberg, Seymour E. Goodman, Kevin J. Soo Hoo, *Information Warfare and International Law*, National Defense University Press, 1998.

45. Madeline Carr, Power Plays in Global Internet Governance, *Millennium: Journal of International Studies*, 2015 (2).

46. Myriam Dunn Cavelty, Breaking the Cyber-Security Dilemma: Aligning Security Needs and Removing Vulnerabilities, *Science and Engineering Ethics*, 2014 (3).

47. Martha Finnemore, Duncan B. Hollis, Beyond Naming and Shaming: Accusations and International Law in Cybersecurity, *Temple University Legal Studies Research Paper*, No. 2019-14.

48. Milton L. Mueller, Against Sovereignty in Cyberspace, *International Studies Review*, 2020 (4).

49. Michael N. Schmitt, Liis Vihul. Respect for Sovereignty in Cyberspace, *Texas Law Review*, 2017 (7).

50. Malcolm N. Shaw, *International Law*, 8th Edition, Cambridge University Press, 2017.

51. Marco Roscini,*Cyber Operations and the Use of Force in International Law*, Oxford University Press, 2014.

52. National Academy of Sciences (U.S.), *Committee on Strengthening and Expanding the Department of Defense Cooperative Threat Reduction Program, Global security engagement: a new model for cooperative threat reduction*, National Academies Press, 2009.

53. Nicholas Tsagourias, *The Legal Status of Cyberspace, Research Handbook on International Law and Cyberspace*, Edward Elgar Publishing, 2015.

54. Nicholas Tsaugourias, Law, Borders and the Territorialisation of Cyberspace, *Indonesian Journal of International Law*, 2018 (4).

55. Neil W. Netanel, Cyberspace Self-Governance: A Skeptical View from Liberal Democratic Theory, *California Law Review*, 2000 (2).

56. Paul Cornish, Governing Cyberspace through Constructive Ambiguity, *Survival: Global Politics and Strategy*, 2015 (3).

57. Lieutenant Colonel Patrick W. Franzese, Sovereignty in Cyberspace: Can it Exist?, *Air Force Law Review*, Vol. 64, 2009.

58. Perry Keller, *Sovereignty and Liberty in the Internet Era*, Social Science Electronic Publishing, 2012.

59. Przemysław Roguski, Layered Sovereignty: Adjusting Traditional Notions of Sovereignty to a Digital Environment, *11th International Conference on Cyber Conflict: Silent Battle*, 2019.

60. Russell Buchan, *Cyber Espionage and International Law*, Hart

Publishing, 2019.

61. Ronald Deibert, Rafal Rohozinski, Liberation vs. Control: The Future of Cyberspace, *Journal of Democracy*, 2010 (4).

62. Robert Jervis, Cooperation under the Security Dilemma, *World Politics*, 1978 (2).

63. Robert O. Keohane, International Institutions: Two Approaches, *International Studies Quarterly*, 1982 (4).

64. Rebecca Ingber, Interpretation Catalysts in Cyberspace, *Texas Law Review*, 2017 (7).

65. Sean Watts, Theodore Richard, Baseline Territorial Sovereignty and Cyberspace, *Lewis & Clark Law Review*, 2018 (3).

66. Steven Wheatley, Election Hacking, the Rule of Sovereignty, and Deductive Reasoning in Customary International Law, *Leiden Journal of International Law*, 2023 (1).

67. Susan W. Brenner, *Cybercrime: Criminal Threats from Cyberspace*, Praeger, 2010.

68. Timothy C. Campbell, series editor. *Sovereignty and Its Other*, Fordham University Press, 2013.

69. Thomas J. Smedinghoff, *Information Security Law: The Emerging Standard for Corporate Compliance*, IT Governance Ltd, 2008.

70. Timothy S. Wu, Cyberspace sovereignty? – The internet and the international system, *Harvard Journal of Law & Technology*, 1997 (3).

71. Wolff Heintschel von Heinegg, Territorial Sovereignty and Neutrality in Cyberspace, *International Law Studies*, Vol. 89, 2013.

附 录

一、术语表

网络安全　　cyber security
网络犯罪　　cybercrime
网络恐怖主义　　cyberterrorism
网络战　　cyberwar
网络攻击　　cyberattacks
网络间谍活动　　cyber espionage
他国网络干涉　　foreign cyber intervention
互联网审查　　internet censorship
关键信息基础设施　　critical information infrastructure
数据本地化　　data localization
网络空间主权　　cyberspace sovereignty
相对主权主义　　relative sovereigntist
纯粹主权主义　　pure sovereigntist
网络空间的分层主权理论　　layered sovereignty in cyberspace
网络治理制度复合体　　Cyber Regime Complex
指导性国际规则　　guiding international rules
多边主义　　multilateral
竞争性多边主义　　contested multilateralism
少边主义　　minilateralism
多利益攸关方　　multistakeholder
网络空间负责任国家行为　　responsible State behaviour in cyberspace
信任措施　　confidence-building measures, CBMs
透明度措施　　transparency measures

联络点机制　　Points of Contact, PoCs
溯源/归因　　attribution

二、网络安全领域主要的国际条约

2001 年《网络犯罪公约》(Cyber-crime Convention)

2003 年《〈网络犯罪公约〉关于通过计算机系统实施种族主义和排外性行为的犯罪化附加议定书》(Additional Protocol to the Convention on Cybercrime, Concerning the Criminalisation of Acts of a Racist and Xenophobic Nature Committed through Computer Systems)

2022 年《〈网络犯罪公约〉关于加强合作和电子证据披露的第二附加议定书》(Second Additional Protocol to the Convention on Cybercrime on enhanced cooperation and disclosure of electronic evidence)

2001 年《独立国家联合体打击计算机信息犯罪合作协定》(The Commonwealth of Independent States Agreement on Cooperation in Combating Offences related to Computer Information)

2009 年《上海合作组织成员国保障国际信息安全政府间合作协定》(Agreement on Cooperation in Ensuring International Information Security between the Member States of the Shanghai Cooperation Organization)

2010 年《阿拉伯国家联盟打击信息技术犯罪公约》(Arab Convention on Combating Information Technology Offences)

2014 年《非洲联盟网络安全与个人数据保护公约》(African Union Convention on Cyber Security and Personal Data Protection)

2024 年《联合国打击网络犯罪公约》(United Nations Convention against Cybercrime; Strengthening International Cooperation for Combating Certain Crimes Committed by Means of Information and Communications Technology Systems and for the Sharing of Evidence in Electronic Form of Serious Crimes)

后 记

科技与国际法具有这样一种共性:它们可以是统治工具,可以是反抗工具,也可以是"善治"的工具。因此,科技与国际法未必一直在"进步",它们甚至可能走向"倒退"。对此,身在当下的人们往往难以判断,我们需要时刻警惕"进步的陷阱"。

回顾历史长河,15—17 世纪地理大发现时期(大航海时代)与欧洲三十年宗教战争交织,领土、海洋争端频发。乱世之中,可视作近代国际法起点的 1648 年《威斯特伐利亚和约》签订,西方的国家主权理念逐渐确立,但所谓的"不文明国家"被排除在外。18 世纪 60 年代至 20 世纪初的工业革命是人类历史上最重要的一次生产力飞跃,它令西方列强拥有了加快殖民扩张的资本,在加剧对非西方世界掠夺的同时,也将大量工人驯化为机器的附庸。第二次世界大战之后,一边是非西方国家逐渐拥有独立主权,另一边是金融资本主义这一殖民新形态渗透全球、走向极端。现代国际法也在这一背景下快速发展,作为塑造国际秩序的手段之一,其调整范围和领域不断扩大,规则数量大幅增加。几乎与此同时,自 20 世纪四五十年代开始,世界迎来第三次科技革命,以电子计算机的发明和应用(自动化与数字化)为主要标志。1969 年阿帕网正式投入运行、20 世纪 90 年代初因特网开始商业化运行、2022 年人工智能大模型提速研发等事件,都是第三次科技革命的重要里程碑。法律不断回应科技创新所带来的问题,尤其自人类步入互联网时代,为应对网络安全威胁这一全球性问题,网络空间国际法成为国际法的新领域和重要组成部分。

从《威斯特伐利亚和约》签订至今近 400 年,国际法是在不断进步吗?何谓"进步性"?"进步"有时难以界定,何况曾几何时,所谓"进步性",掩盖了国际法作为西方殖民扩张工具的一面,西方在不断重申自身主权的同时否认非西方国家的主权。而在广大发展中国家艰难地赢得了国家主权之后,科技发展一边便利了人们的生产生活,一边动摇了国家的传统主权控制。如今,国际法对网络空间的规制也仍在国家主权的绝对控制与主权适当让渡的国际合作之间反复拉扯,不时暴露出多边"外衣"下的单边内核。

目前从整体上看,国际法在持续地"增长",在不断演化、不断回应科技创新所带来的新问题。但国际法也遭遇了发展的"瓶颈",陷于"缝缝补补"却没有突破性进展的困境。在全球经济处于低增长、高负债、投资疲软和贸易受地缘政治及保护主义干扰的拐点之下,整个世界似乎亦是在治乱兴衰的历史周期中循环。如何推动国际法朝着符合国际社会共同利益的方向发展,如何提升发展中国家对国际法律制度完善的实质性参与,是我们必须知难而进的任务。

时至今日,我们或许以为自己早已获得主权独立,殊不知对西方"祛魅"的历史使命远未达成。这既有意识不到位的原因,也有我们在诸多专业上确实尚未超越西方的原因。对标阿米塔·阿查亚和唐世平两位东方学者对国际关系学作出的原创的、突出的贡献(不意味着我赞同他们所有的观点),我们还是"国际法的中学生"。认识到这一点,并不意味着我们缺乏"中国自信",也不意味着我们轻信"外来的药方";相反,这说明我们对客观世界还有着清醒的认识,也是我们继续"追赶"的动力。追随周鲠生、王铁崖、李浩培等国际法学元老以及车丕照、徐崇利、蔡从燕等富有真知灼见的学者们的步伐,务实地研究真问题,现在才开始。

本书的撰写可以追溯到我的博士学位论文《国家信息主权研究》,感谢我的博士生导师曾文革教授当年为我定下的选题,该论文却久拖未予出版。至今十年过去,学界的热点从信息转向网络、数据、人工智能。我也不禁思考,世间万物的变与不变究竟是怎样的,技术会"失控"吗,抑或已然"失控"? 在充斥着不确定性的时代,在传统与变革之中,我们究竟要锚定什么作为"压舱石"? 我们能否在现实主义道路上低头赶路的同时,仰望理想主义的星空?

感谢蔡从燕教授为拙著作序,肯定了我不成熟的思考。

感谢编辑杨玉洁老师、孙辉老师为本书的出版付出辛劳。

每个人都有自己的人生功课,人类和地球也有自己的命运。期待下一个十年!

林婧

2025 年孟春